黑龙江省高等教育应用型人才培养系列教材

# 跨 国 公 司 概 论

主 编　曲慧梅　丛　丽　杨晓丹　史春蕾

副主编　葛寰忠　潘　娟

HEUP 哈尔滨工程大学出版社

## 内 容 简 介

本书全面、系统地阐述了跨国公司的基本理论。全书共十章,主要包括跨国公司概述、跨国公司经营环境、跨国公司的市场进入模式、跨国公司的组织管理、跨国公司的全球战略及战略联盟、跨国公司的营销管理、跨国公司的人力资源管理、跨国公司的跨国并购、跨国公司的技术转让、跨国公司财务管理等内容。

本书可作为高等院校经济、管理类专业及相关专业师生的参考用书,也可作为自考教材,同时可作为从事跨国经营活动的管理者和相关专业人员的学习和工作的参考用书。

**图书在版编目(CIP)数据**

跨国公司概论/曲慧梅等主编. —哈
尔滨:哈尔滨工程大学出版社,2015.1(2021.3 重印)
ISBN 978 - 7 - 5661 - 0956 - 9

Ⅰ.①跨…  Ⅱ.①曲…  Ⅲ.①跨国公司 - 概论
Ⅳ.①F276.7

中国版本图书馆 CIP 数据核字(2015)第 013577 号

---

出版发行  哈尔滨工程大学出版社
社　　址  哈尔滨市南岗区南通大街 145 号
邮政编码  150001
发行电话  0451 - 82519328
传　　真  0451 - 82519699
经　　销  新华书店
印　　刷  北京中石油彩色印刷有限责任公司
开　　本  787mm × 1 092mm　1/16
印　　张  13
字　　数  342 千字
版　　次  2015 年 1 月第 1 版
印　　次  2021 年 3 月第 4 次印刷
定　　价  38.00 元
http://www.hrbeupress.com
E-mail:heupress@hrbeu.edu.cn

# 前　言

一个社会由低级向高级发展，一个企业由内向外发展，这是历史发展的必然趋势。各国企业进行海外投资和跨国公司经营，是当代生产社会化发展的结果。企业参与国际投资，促进国际分工的不断发展，世界经济联系就越来越紧密，跨国公司对外投资日益成为经济全球化的发动机。尽管跨国公司已经产生100多年了，但真正的大发展是在第二次世界大战以后，特别是20世纪60年代以来，跨国公司得到了迅速发展，成为当代国际经济中一支最活跃、最有影响的力量。

根据联合国贸易与发展会议发布的2013年世界投资报告显示：全球FDI规模继2012年大幅下降之后，2013年上扬了9%至1.45万亿美元，预计2014年会进一步上扬12.5%至1.6万亿美元，2015年将达到1.8万亿美元。除规模恢复上升外，全球FDI流动趋势也将出现变化。过去十多年来，FDI流入发展中国家始终是主流，但这种情况行将变化。2000年，流入发展中国家和转型期国家的FDI仅占全球总量的19%，到2013年这个比例已经增至近60%。但联合国贸易与发展会议的经济学家认为，发达国家的复苏正在进行中，这可能会改变现有格局。他们预期2014年流入发达经济体的FDI将增加35%，而流入发展中国家的FDI可能会出现0.2%的下降。到2016年，预期流入发达国家的FDI会超过发展中国家，占到全球总量的52%。另外，2013年中国对外投资即国内公司投资于国外资产的资金数量首次超过1 000亿美元大关。虽然2012年中国吸引外资流入仍高达1 240亿美元，高于流出规模，但联合国经济学家认为，2013年可能是最后一年中国存在资本净流入的年份。"如果现有趋势（即对外投资大幅增加）持续下去，那么2014年或2015年流出中国的FDI就会超过流入中国的FDI。"标志着中国将结束过去20多年来作为全球主要FDI目的国的角色，变身为全球FDI的重要来源国。

中国经济已经深深地融入国际经济，兼具跨国公司东道国与母国双重身份，在这样的条件下，更要求我们对跨国公司有一个全面、深入的了解，厘清其行为背后的影响因素。在增强我们与跨国公司打交道能力的同时，促进中国跨国公司的不断发展与壮大。

本书是由黑龙江东方学院、哈尔滨金融学院的教师结合多年的教学经验和我国跨国公司的实践共同编写完成。其中，曲慧梅编写第一章、第三章、第五章、第九章；丛丽编写第四章、第七章；杨晓丹编写第六章、第八章；史春蕾编写第二章、第十章。在本书的编写过程中，从资料收集、数据的查找与核实，到作表、制图等工作，得到了葛寰忠、潘娟等人的帮助，在这里一并表示感谢。

在本书的编写过程中，参考了国内外现有的研究成果，在此表示感谢。同时，在本书的编辑和出版过程中，得到了哈尔滨工程大学出版社的大力支持和帮助，在此表示衷心的感谢。

由于编者水平有限，书中难免存在错误和疏漏之处，恳请读者批评指正，以便我们进一步修改和完善。

编　者

2014 年 10 月

# 目　　录

# 第一章　跨国公司概述

## 【学习目标】

1. 掌握跨国公司的定义与划分标准。
2. 掌握跨国公司的特征。
3. 了解跨国公司形成与发展的历史。

## 第一节　跨国公司的含义与特征

跨国公司是现今世界经济中一股特殊的经济力量,是在新科技革命的推动下由生产国际化和资本国际化塑造出来的企业跨国化经营的典范。它的经营活动跨越国界,它的影响力遍及全球。跨国公司使传统的以国内生产、对外交换的贸易导向型国际分工向以国际生产、跨国经营为特征的投资导向型国际分工转移。跨国公司的演变与发展推动了世界经济的发展,成为世界经济发展的火车头。

### 一、跨国公司的定义与划分标准

#### (一)跨国公司名称的由来

跨国公司是第二次世界大战后迅速发展起来的一种国际企业的组织形式。随着跨国公司在世界经济中扮演越来越重要的角色,1974 年联合国经济及社会理事会组织一个专家小组,对跨国公司的性质和活动以及对当代世界经济发展的影响进行了评估。在此基础上,联合国一致同意建立一个政府间的跨国公司委员会和跨国公司中心(United Nations Commission Transnational Corporations,简称 UNCTC)。此后,跨国公司(Transnational Corporations,简称 TNCs)成为联合国文件的统一名称。目前,联合国跨国公司的工作由联合国贸易发展委员会(UNCTAD)主持。

在世界经济文献的资料中,有关跨国公司名称出现频率最高的有:"跨国公司""国际公司""多国企业"和"国际企业"等。这些名称其内涵往往有所不同。跨国公司与国际公司的概念既有相同点,又有不同点。跨国公司强调其国际性和多国性。国际性(Internationality)是指在国与国之间开展业务活动;多国性(Multinationality)是指在许多不同的国家开展业务活动。而国际公司仅仅具有国际性这一个特征。

国际经贸业务主要包括商品转移、知识产权转让和资本投资等。通常,国际贸易公司从事商品的进出口贸易;国际技术咨询公司从事知识产权转让;跨国公司通过对外直接投资,在东道国进行产品制造和销售活动,能最有效地使资金、商品、劳务、技术、信息和人力资源实现全球一体化的效果。

"多国企业"这一名称通常为西方学者所使用,指的是该企业在许多国家从事经营活动。"国际公司"常使用于企业界,它与"多国公司""跨国公司"等名称是可以通用的,有的

人将国际公司特指母公司的国际部或地区部(International or Regional Division)。"国际企业"一词流行于我国的港澳台地区。"全球公司""世界公司"和"宇宙公司"常常是通用的,它们都以全球竞争环境为出发点制定企业经营战略,企业的业务面向全球,实施全球取向(Global Orientation)。

### (二)跨国公司的定义

跨国公司的称谓多种多样,1974年联合国统一了跨国公司的名称,但关于跨国公司的定义和划分标准仍然是见仁见智、众说纷纭。

在1974年联合国秘书长指定的"知名人士小组"会议上提出:"跨国公司是指在国外拥有或者控制着生产和服务设施的企业,它们不一定是股份公司或私人企业。它们也可能是合作企业或国有企业。"在1978年联合国秘书处准备的一份研究报告中,跨国公司一词被定义为"凡是在两个或两个以上国家里控制有工厂、矿山、销售机构等类似财产的所有企业"。可以看出,这样一些定义对跨国公司经营活动的基本特征没有作出相应的界定。

经过十多年热烈争论,1983年在联合国跨国公司中心发表的第三次调查报告《世界发展中的跨国公司》中,世界各国对跨国公司定义的三个基本要素取得了一致的意见,它们是:

第一,跨国公司是指一个工商企业,组成这个企业的实体在两个或两个以上的国家经营业务,而不管这些实体采取何种法律组织形式经营,也不论其在哪一经济部门从事经营活动。

第二,这种企业在一个决策体系中进行经营,能通过一个或几个决策中心采取一致的对策和共同战略。

第三,这种企业通过参股或其他方式形成关系,使其中一个实体或几个实体对其他的实体有可能实施重大影响,并与其他实体分享资源、信息和分担责任。

1986年联合国《跨国公司行为守则》中对跨国公司的定义是:"本守则中使用的跨国公司一词系指在两国或更多国家之间组成的公营、私营或混合所有制的企业实体,不论此等实体的法律形式和活动领域如何;该企业在一个决策体系下运营,通过一个或一个以上的决策中心使企业内部协调一致的政策和共同的战略得以实现;该企业中各个实体通过所有权或其他方式结合在一起,从而使其中的一个或多个实体得以对其他实体的活动施行有效的影响,特别是与别的实体分享知识、资源和分担责任。"

可以看出,这个定义强调的是企业内部管理、战略实施的统一,但同时也突出了与外部建立联系时的控制问题。应当说联合国关于跨国公司的定义比较合理地把有关因素都包括在内,既明确了跨国性及在跨国经营条件下的独有的管理特征,同时又强调了控制能力,特别是其所涉及行业的广泛性。因此可以说,该定义更具有权威性。此定义是对1983年联合国跨国公司中心发表的《世界发展中的跨国公司》中提出的跨国公司定义的进一步规范化。

在对跨国公司三要素取得共识的基础上,20世纪80年代以来,西方著名教授邓宁(John Harry Dunning)、巴克列(Peter J. Buckley)、卡索恩(Mark C. Casson)等又提出一种新的看法:一个国际公司未必一定通过拥有海外股份而成为跨国公司,通过租赁和管理合同形式,同样可以成为跨国公司。因此,在他们看来,某些形式的纯对外贸易(租赁、特许、管理合同)劳务公司,虽然没有传统定义所要求的海外股份或控制权,仍可以列为跨国公司。

进入新世纪,在科技高速发展和新的国际分工条件下,跨国公司利用其资金、技术、管理和组织机构等方面的优势,通过对外直接投资,在世界各地设立分支机构,形成全球性的生产、销售、研发和经营一体化网络的一种现代国际企业形式。

## (三)跨公司的划分标准

各国对跨国公司的定义有不同的标准,跨国公司的划分大体上有三种标准。

1.结构标准(Structural Criteria)

结构性标准包括:地区分布、所有权、股权比例以及生产或服务设施等划分标准。

(1)地区分布标准

该标准以跨国公司在国外进行投资或经营的国家数目作为划分的标准。那么究竟跨越多少个国家才算是跨国公司呢? 原欧共体在1973年认为,在两国以上拥有生产设施的跨国经营企业即称其为跨国公司;而美国的一些学者则提出了另外的标准,如哈佛大学"美国多国公司研究项目"提出,必须在6个以上国家设有子公司或分支机构的才算跨国公司。该项目主持人雷蒙德·维农 (Raymond Vernon) 教授于1971年在其著作《国家主权处于困境中》中指出:"跨国公司是指控制着一大群在不同国家的企业的总公司。这些企业一般都有相当广泛的地区分布。一个在本国基地以外只在一两个国家拥有股权(子公司)的企业,就不能将它列入跨国公司的行列。"

(2)所有权标准

"所有权"在西方文献中既指资产的所有权形式,又指企业的拥有者和公司高层主管的国籍。资产所有权形式是指国营(国有)、私营、合作制或公私合营以及合伙股份公司等。联合国经社理事会认为"……至于公司的法律组织形式并不重要,可以是私人资本的公司,也可以是国有或合作社所有的实体"。另外,经合组织的文件也认为,跨国公司的所有权形式可以是私有、国有或混合所有。但也有一些人认为跨国公司必定是国际垄断组织,是垄断资本主义所有制。

关于企业的国籍问题,则认识各异。美国学者梅森诺基(J. Maisonrouge)认为,跨国或多国公司的股权应是多国公民所有,管理也应是多国性的。麻省理工学院国际经济学专家查尔斯·金德尔伯格(Charles P. Kindleberger)认为,跨国或多国公司的特征应是"无国籍性"的,即"并不忠于哪一个国家,也没有哪个国家使它感到特别亲近"。而同为麻省理工学院的理查德·罗宾逊(Richard D. Robinson)教授则认为,多国公司的国际化程度应低于跨国公司,反映在国籍上,是指多国公司的所有权和管理权主要属于一个国家的公民,其国籍与母公司的主要所有者和高层主管的国籍相同;而跨国公司的所有权分属几个国家的公民,其决策亦是更加超越单个国家、民族的界限和偏见,"关键的决策人物已不再是居住在母公司的所在国"。

(3)股权比例标准

该标准是以一个企业拥有国外企业的股份多少来划分该企业是否为跨国公司。雷蒙德·维农教授认为,跨国公司在国外子公司所拥有的股权应至少达到25%以上;经济学家罗尔夫 (Rolfe)在1970年发表的《多国公司展望》中认为,"一个'国际公司'可以定义为:有25%或者更多的国外业务份额的一个公司;'国外份额'的意思是指企业在国外销售、投资、生产或雇用人数的比例"。

美国法律规定,一个企业拥有的国外企业股份或业务份额达10%以上,才能算作跨国公司;而日本则规定要达到25%以上,如果不足25%,必须是采取非股权安排措施加以控制

的公司才算作跨国公司。

（4）生产或服务设施标准

原欧共体、联合国经社理事会以及经合组织等重要的国际组织并不要求跨国公司的机构必须分布在6个国家以上，而更强调必须在两个或两个以上国家拥有生产或服务设施。

1973年欧共体委员会公布的"准则"和1976年欧洲议会通过的"守则"都明确指出：凡在两个或两个以上国家有生产或服务设施的企业即构成跨国公司。

1974年联合国经社理事会的知名人士小组在其报告"多国公司对经济发展和国际关系的影响"中认为：多国公司应在母公司以外至少两个国家拥有生产或服务设施，至于公司的法律组织形式并不重要。

1976年经合组织公布的《多国企业准则》，对跨国公司在生产或服务设施标准方面，也有类似的规定。

2. 经营业绩标准（Performance Characteristics Criteria）

经营业绩标准是指企业在海外的资产、利润、销售额、产值和雇员人数等必须在整个企业业务中达到一定百分比以上才能称为"跨国公司"。罗尔夫认为，如果一家企业的海外业务份额占总体的25%以上，则该公司就是一家跨国公司。这里的海外业务份额是指海外销售、投资、生产或者雇员的比例。维农（Vernon）主张还应该考虑到海外业务的绝对数额。他认为，"销售额低于1亿美元的这类公司不值得引起注意"。另一种观点是联合国贸发会议1993年的一份文件认为，年销售额在10亿美元以上的企业才能称作跨国公司。2003年企业界公认的明星企业美国通用电器公司市值已达2 942多亿美元。但值得注意的是，根据《财富》杂志的统计数据，不同时期的公司营业额差别很大。

3. 行为特征标准（Behavioral Characteristics Criteria）

行为特征标准是以一家国际企业是否有全球性的战略目标和设想为标准判断该企业是否属于"跨国公司"。跨国公司应实行全球化经营战略，公司最高决策从公司整体利益出发，以全球范围内利润最大化为目标，而不是局限于某地区市场的盈亏得失。美国经济学家霍华德·巴尔马特（Howard Perlmutter）认为，企业是否能从国内公司成长为具有严格现代意义的跨国公司，必须以其战略决策的取向作为重要标准。只有那些实现了全球取向战略决策，实行全球系统化决策的企业才能称得上是真正的跨国公司。

综上所述，跨国公司作为一种复杂的经济形态，由于其内涵具有复杂性和动态性，所以很难对其给出能被普遍接受的界定标准。但在理解跨国公司的概念时，以下几点值得关注：①跨国公司在一个国家设立总部，并通过对外直接投资在两个或两个以上国家设立分支机构或子公司；②跨国公司的经营战略是全球性的；③跨国公司是生产和市场竞争在全球范围内拓展的结果，是与高科技、网络化现代生产条件相适应的企业组织形式；④跨国公司的所有制形式应比较宽泛，可以是国有、私有或混合所有制。

## 二、跨国公司的类型

跨国公司是一种复杂的经济组织，它经营业务广泛，经营地域广阔，经营管理结构复杂，组织形式多样。为便于在不同的跨国公司之间进行比较，可以依不同的标准对跨国公司进行分类。

（一）按照经营决策取向分类

1. 民族中心型

以民族为中心的跨国公司的所有决策以保证本国的利益为前提,主要考虑母公司的利益,也称母国取向型。在东道国直接搬用母国的经营方式。虽然也雇用当地员工,但东道国企业的主管人员仍由母国企业派遣。以母国为导向的跨国公司结构简单,母公司对国外子公司的高级管理人员外派具有控制权,但却存在对国外市场的商业机会缺乏充分认识的缺陷。

2. 多元中心型

多元中心型也称为东道国取向型,这类跨国公司决策权分散或下放给东道国的子公司,经营中既考虑母国利益,也兼顾东道国企业的要求。考核国外企业的经营业绩时,也转向以当地的环境为依据。此种决策行为,优点是能注意利用当地的资源,可以充分开发当地市场,能充分调动当地管理人员的积极性。不足之处是生产适合东道国市场需求的产品,可能使母国企业的特定优势得不到充分利用。

3. 全球中心型

全球中心型也称为世界取向型。这类跨国公司的所有决策以公司在世界范围的整体战略利益为基本考虑。要求不论母公司还是国外子公司都应服从全球范围内的整体利益。对母国员工与东道国当地员工重视程度相同。此种决策行为,使母公司与国外子公司的相互依存和配合大大加强,不利之处是会导致企业经营资源和力量过于分散。

（二）按照经营项目分类

从跨国公司发展的历史来看,跨国公司直接投资的领域最初主要是自然资源开发和初级产品的生产领域,而后逐渐转向以制造业为主,现在投资在服务业的比重逐步上升。

1. 经营资源型

经营资源型跨国公司往往以经营采矿业、种植业和石油开采业为主。寻求自然资源,是进行对外直接投资和跨国公司参与其他形式上游(勘探和采掘)活动的主要动机。跨国公司寻求资源有的是为了满足其下游冶炼或制造活动的自身需要,有的是为了直接在东道国、母国或国际市场上销售矿产品,还有的是为了保障母国对能源或其他矿物质的战略需要(由该国政府拟定的战略需要)。

2. 加工制造型

加工制造型跨国公司在第二次世界大战后迅速发展起来,主要从事最终产品和中间产品的制造,生产诸如金属制品、钢材、机械及运输设备等产品。

3. 服务提供型

服务提供型跨国公司主要从事贸易和金融有关的商业、运输、财务、保险、电信、广告、咨询和信息业务。这些跨国公司主要提供技术、管理和营销决策等服务。目前,这一类型的跨国公司在日益增多。

（三）按照经营结构分类

按照经营结构分类是指以外国子公司和母公司之间经营业务种类是否相同进行的分类。按照这种分类方法,跨国公司可以分为三类。

1. 横向型

横向型跨国公司是指国外子公司与国内母公司生产和经营同类型产品的跨国公司。这种跨国公司主要是通过在公司内部转移技术、市场营销技能和商标专利等无形资产，不必通过国际市场，从而使母公司和子公司之间在密切合作、增加产量、扩大规模经济，以及更充分地利用各国有利条件方面加强协调。

2. 垂直型

垂直型跨国公司是指生产和经营的产品不单一的跨国公司。此类跨国公司主要有两种类型：一种是跨行业的跨国企业，即母公司和子公司生产和经营不同行业但相互有关的产品的跨国公司，主要涉及矿业和能源等自然资源相关行业；另一种是同行业的跨国公司，在公司内部，各子公司分别从事专业化、协作化生产。垂直型跨国公司的主要特征是：投资多、规模大、生产分工复杂、相互联系密切，便于全球战略优势的发挥，利于安排专业化生产和协作。此类跨国公司兴起于20世纪20年代，在20世纪60年代得到迅速发展，是目前跨国公司的重要类型。

3. 混合型

混合型跨国公司，是指母公司和各子公司及分支机构生产和经营互不关联产品的公司。混合型跨国公司是企业在世界范围内实行多样化经营的结果。此类公司的特点是：母公司和子公司生产不同的产品，经营不同的业务，而且它们之间互不衔接，没有必然联系。

## 三、跨国公司的特征

世界上的跨国公司多种多样，由于各跨国公司都有其各自的发展历史，行业不同，经营方式也有所不同，也就必然具有各自的特点。就现代跨国公司整体而言，其主要的经营特征有以下几个方面。

1. 经营战略的全球化

跨国公司一般都具有"全球战略"目标，全球战略指跨国公司针对世界各国或地区的环境因素和所面临的市场竞争态势，在全球范围内建立起有效的管理网络，协调公司的整体生产、市场营销、研究开发和投资与融资等活动，以谋求公司整体利益最大化。全球化战略在战略内容和战略规划方面具有以下特征。

（1）市场全球化，即以全球市场为目标，而不是以国内或国外某些国家的市场为目标。

（2）资源配置全球化，即根据各国的资源优势和经营环境，采用并购或创建等多种手段，实现其全球资源的最佳配置。

（3）生产全球化，即跨国公司的产品在一个国家设计，产品的各零部件在其他一些国家生产，然后再运到另一个国家组装。这时的产品是真正意义上的国际产品，它是由最先进的技术设计，利用最廉价的劳动和原材料，由最熟练的工人生产的最好的产品。

（4）经营网络全球化，即通过海外直接投资，把再生产过程中的多个环节直接联系起来，服务于跨国公司所制定的全球范围内长期利润最大化的目标，最终在全球范围内形成一个科研、生产、营销和融资的网络。

（5）资本构成多国化，即跨国公司在实现全球化战略的过程中，资本交叉渗透日益明显，成为典型的"多国公司"。

（6）跨国公司的"无国籍化"，即由于跨国公司着眼于全球，所以它往往淡化公司的国籍身份，而竭力以一个独立企业的身份出现。

在全球战略条件下,跨国公司不考虑局部利益的得失,总公司对子公司业绩的评估,更多的是根据其对跨国公司实现整体利益最大化目标的贡献,而不只是考察赢利规模或指标。

跨国公司国际化经营的主要内容涉及商品生产与贸易、服务的提供与接受、直接投资和技术转让。为实现公司全球利益最大化,公司要合理地安排生产,要在世界范围考虑原料来源、劳动力雇用、产品销售和资金获取与利用;要充分利用东道国和各地区的有利条件;要应付世界市场上同行业的垄断与竞争。这在客观上就要求公司把商品、服务的生产与贸易、直接投资、技术转让结合起来,从公司的整体利益以及未来发展角度进行统筹安排。

2. 经营活动的国际化

这是跨国公司经营方式最基本的特征。跨国公司对生产周期所有环节都进行国际化的安排,即通过对外直接投资,在海外几个甚至几十个国家或地区新建或收买现有企业,利用当地资源和廉价劳动力,就地进行生产、销售和其他经济活动,从而使再生产过程在很大程度上都在国际范围内展开。

3. 生产经营多样化

跨国公司决策体系下的一体化生产与销售体系,无论是横向的还是纵向的,其产品必定趋于多样化。跨国公司已废弃了单一的产品生产,实行多种产品生产的产业结构,母公司和子公司各自生产不同种类的产品,甚至经营彼此毫不相干的不同行业。它们根据生产销售过程内在的需要,将有关联的生产联系起来进而向其他行业渗透,形成生产多种产品的综合体系。多样化生产经营正是跨国公司发挥其经营优势、降低风险的重要方法。这种综合性多种经营的好处是:增强跨国公司总的经济潜力,防止过剩资本的形成;促进资金合理流动与分配,提高生产要素和副产品的利用率;分散风险,稳定企业经济收益;充分利用生产能力,延长产品生命周期,增加利润;节省共同费用,增强企业的机动性。跨国公司生产经营多样化的发展,表明一种新的竞争形式——"结构竞争"的出现,也就是通过控制各部门的生产结构,争夺销售市场,从而使其成为多目标生产经营综合体。

4. 内部管理一体化

跨国公司的管理体制多种多样,但为保证全球战略的实现,原则上都是集中决策,分散经营。跨国公司凭借现代化的交通和通信工具,把分散在世界各地的分、子公司组成一个整体,形成内部一体化独特的经营体系。公司的最高决策机构是董事会,子公司的投资、资金筹措、人事安排等重大问题都由总公司统一安排、协调步骤,以符合公司的整体利益,形成整体效应。为适应东道国的投资环境及各市场变化,子公司要能够灵活反应。因而,跨国公司一方面通过分级计划管理落实公司的全球战略安排;另一方面则通过互通信息、交流经验、内部贸易来使各子公司共担风险、分享盈亏。至于集中和分散的程度,则视公司的业务性质、产品结构、地区分布等来酌定。因而,跨国公司虽然拥有众多的子公司,且分布于世界各地,但由于实现了内部一体化,它们"就像一个被严密控制的单一企业那样,位于被国界分开的许多市场,在几个国家政府之下从事经营"。

5. 具有较大的经营风险

跨国公司与国内企业最大的区别在于面临着更为错综复杂的国际经营环境,复杂的经营环境在给跨国公司创造出更多的发展机会和空间的同时,也使它具有较大的经营风险。除了正常的商业风险外,跨国公司还面临着国际经营所特有的政治风险和财务风险等,前

者指国际经济往来活动中由于政治因素而造成经济损失的风险,包括东道国对外国资产没收、征用和国有化的风险,以及东道国革命、政变等风险;后者指东道国汇率变化和通货膨胀而带来的经济损失等。

### 四、跨国公司的作用

1. 跨国公司是世界经济增长的引擎

以对外直接投资为基本经营手段的跨国公司已发展成为世界经济增长的引擎:跨国公司通过对研究与开发的巨大投入推动了现代科技的迅猛发展;跨国公司的内部化市场促进了全球市场的扩展,跨国公司在传统的外部市场之外,又创造出了跨越国界的地区或全球联网的新市场——内部化市场;跨国公司的发展加速了世界经济集中化倾向;跨国公司在产值、投资、就业、出口、技术转让等方面均在世界上占有重要的地位。

2. 跨国公司加快了各种生产要素的国际移动,优化了资源配置、提高了资源利用效率

跨国公司通过进行一体化国际生产和公司间贸易,可以形成配置和交换各国不同生产要素的最佳途径,并可利用世界市场作为组织社会化大生产、优化资源配置的重要手段。以价值增值链为纽带的跨国生产体系的建立和公司间内部贸易的进行已成为跨国公司提高资源使用效率的有效方法。对于整个世界经济而言,跨国公司的发展推动了各种生产要素在国际上的移动与重新组合配置,扩大了国际直接投资、国际贸易和国际技术转让的规模,促进了经济全球化的进程和国与国之间经济合作活动的开展,使各个国家的经济越来越紧密地结合在一起,为国际经济的不断发展和繁荣作出了贡献。

3. 跨国公司对资金的跨国流动起到了促进作用

一方面,跨国公司的对外直接投资促进了资金跨国流动。在国外建立的全资或控股的子公司与母公司有大量的经常的资金往来,比如,子公司向母公司上缴利润、母公司向子公司追回投资等。另一方面,跨国公司的对外间接投资也会促进资金的跨国流动。跨国拥有大量的股票及债券等金融资产。这些金融资产的流动,随着计算机和通信技术的快速发展,速度与以前相比明显加快。除此之外,跨国公司业务的发展还推动了银行的国际化经营,跨国公司需要其母国的银行在其子公司所在的国家中开展业务,并为其子公司提供各种金融服务,这就会使该银行的国外业务量迅速增加。

4. 跨国公司推动了国际贸易规模的扩大和贸易结构的转变

跨国公司对国际贸易的促进作用主要有两个方面:一方面反映在外资企业对东道国出口的直接贡献;另一方面反映在由国际直接投资进入所引起的当地企业的产品出口努力,包括当地企业在外资企业的竞争压力下所采取的产品出口努力、跨国公司的当地采购和零部件分包安排等。跨国公司不仅通过外部市场促进贸易的自由化,更通过内部市场促进贸易自由化。据联合国贸发会议的统计,目前约有 1/3 的国际贸易属于跨国公司的内部贸易,这说明跨国公司的内部贸易为当今国际贸易的发展作出了贡献。内部贸易的发展不仅改变了国际贸易的原有范畴,而且使得当今的国际贸易进一步向中间投入品和知识产品推进。也就是说,跨国公司不仅促进国际贸易量的扩大,而且促进了国际贸易结构的改变。

5. 跨国公司对母国和东道国的发展发挥了积极作用

对于跨国公司母国来说,通过跨国公司的对外直接投资,扩大了资本输出、技术输出、产品输出和劳务输出,增加了国民财富,同时在一定程度上增强了对接受投资国的影响。对于接受跨国公司投资的东道国来说,引进跨国公司的同时也引进了发展经济所必需的资本、先进的技

术和管理理念,增加了就业机会,扩大了出口,提升和优化了产业结构,繁荣了经济。

6.跨国公司的发展加快了经济全球化的进程

跨国公司通过其国际化的投资、生产、销售、研究与开发等跨国经营活动,有利于国际贸易的自由化、资金流动的加速化、资源配置的最优化,从而促进了经济全球化。第二次世界大战以来,跨国公司的壮大和世界经济的发展相伴而行,相互促进。随着经济全球化趋势的不断增强,跨国公司必将在其中扮演一个更加重要的角色。

# 第二节　跨国公司的产生与发展

跨国公司的出现与资本输出密切相关,可以说资本输出是跨国公司形成的物质基础。资本主义自由竞争时期已有资本输出出现,进入垄断资本主义阶段,在少数发达资本主义国家,资本输出成了普遍和大规模的现象,此时真正意义的跨国生产经营实体便产生了。

## 一、第一次世界大战以前的萌芽阶段

企业跨国经营的萌芽最早可以追溯到公元 16 世纪末 17 世纪初英国的特许贸易公司(Royal Chartered Trading Company)。特许贸易公司是由英国皇室赐给特权,对海外殖民地贸易享有独占权利的公司。当时的特许贸易公司已经有相当的规模,业务拓展至各海外殖民地。其中最有影响的特许贸易公司是 1600 年成立的东印度公司,它是 17 世纪至 19 世纪中叶英国在印度乃至远东进行掠夺性贸易的殖民地公司。东印度公司曾在拥有 1/5 的世界人口的地区经营了长达两个世纪。除东印度公司外,当时著名的特许贸易公司在非洲有英国皇家非洲公司,在西北美洲有英国的哈德逊湾公司、荷属东印度公司等。这些公司以经营贸易和航运业为主,并逐步扩大到银行和金融业,如 1864 年成立的汇丰银行等。它们活动的范围由一国到另一国,由沿海伸向内地,并在所在地培植亲信,在中国称之为买办;在君士坦丁堡称之为向导;在西非沿海地区称之为试用中间人。

特许贸易公司不利于各国民族经济的发展,遭到各国反对。1856 年,英国正式颁布股份公司条例,随之一大批股份公司出现,这标志着现代资本主义企业的诞生。

19 世纪 60 年代,早期跨国公司诞生。当时,发达资本主义国家的新兴工业部门中,先后出现了一批拥有先进技术和管理水平、资金实力雄厚的现代企业。出于种种动机,它们进行对外直接投资,在海外设立分支机构和子公司,形成了早期的跨国公司。1863 年,德国人弗里德里克·拜耳创建了拜尔化学公司,总部设在德国伍贝塔尔城,最初只生产染料。1865 年,拜尔化学公司通过购股方式兼并了美国纽约州奥尔班尼的一家制造苯胺的工厂,此后从 1876 年始,又先后在俄国、法国和比利时设分厂。1881 年该公司改组为拜尔化学股份有限公司,在主要工业国家从事药品和农药生产经营业务。1892 年生产出世界上第一种合成杀虫剂,1899 年生产出驰名世界的药品——阿司匹林,从而奠定了该公司的发展基础。拜尔化学公司因此被公认为是跨国公司的先驱。1866 年,瑞典的阿弗列·诺贝尔公司在德国的汉堡兴办了制造甘油炸药的工厂。1867 年,美国的胜家缝纫机公司在英国的格拉斯哥建立了缝纫机装配厂(胜家缝纫机公司于 1851 年取得缝纫机发明专利权,15 年后首先在英国设立分厂,以后又陆续在欧洲大陆建立了许多分公司,是美国第一家在全球同时生产和大量销售同一种产品的跨国公司,到 19 世纪 70 年代,它已基本垄断了当时的欧洲缝纫机市场,成为横向直接投资的一个典型案例)。西方学术界把这三家公司看作是跨国公司的前驱。

19世纪末到第一次世界大战前,美国国内的大企业不断涌现,半数以上的大公司都开始向海外投资,在国外设立工厂或分公司。如国际收割机公司、西方联合电机公司、国际收款机公司、贝尔电话公司、爱迪生电灯公司等。到1914年,美国已有40多家公司在海外开设工厂,行业指向以机械制造和食品加工为多,地区主要集中在加拿大和欧洲;在总量上,当时美国私人对外直接投资的账面价值占当时美国国内生产总值的7%。与此同时,欧洲的一些大企业也开始向欧洲以外的地区进行投资。这些公司的市场范围已由国内延伸至国外,开始实行国内工厂与国外工厂同时生产、同时销售的策略,成为世界上第一批以对外直接投资为特征的跨国公司。当今活跃在世界经济舞台上的知名企业和巨型跨国公司,如美国的美孚－埃克森石油公司、福特汽车公司、通用电气公司以及欧洲的西门子公司、巴斯夫公司、雀巢公司、飞利浦公司、英荷壳牌公司等,很多在当时就已经形成为跨国公司。

据统计,到1914年,发达国家的跨国公司设在国外的子公司约有800家,它们遍布世界各地,从事产品制造、销售以及采掘、种植等活动。对外直接投资总额累计达143亿美元,其中,英国65亿美元,美国26.52亿美元,法国17.5亿美元,德国15亿美元。

另外,有资料显示,当时跨国公司对外直接投资的流向主要是经济落后的国家和地区。例如,在1914年对外直接投资累计总额中,投向发展中国家的资金额占62.8%,而投向发达国家的资金额占37.2%。其中,英国和欧洲其他国家主要投向各自的殖民地和附属国。

对外直接投资的行业分布主要集中在铁路和公用事业以及矿业、石油业及农业,这一时期制造业所占比重还偏低。如在1914年美国的对外直接投资中,制造业仅占18%,而前述其他行业所占比例却高达71%。

总的说来,资本输出的兴起为跨国公司的形成奠定了物质基础。当然,第一次世界大战以前世界范围内从事跨国经营的企业数量还较少,对外直接投资额也不大,跨国公司处于萌芽阶段。

## 二、两次世界大战之间跨国公司的发展阶段

两次世界大战期间,由于战争和经济危机,发达国家的对外投资停滞不前,数额增加极为有限,跨国公司发展速度放慢,但仍有一些大公司进行海外直接投资活动。各资本主义国家经济力量发展不平衡,资本输出也不均衡。

美国在此期间,对外直接投资的绝对规模和比重却有相当程度的增加,其跨国公司发展也比较迅速。据统计,1914年全世界对外直接投资额为143亿美元,到1938年增加到263.5亿美元,其中,英国由65亿美元增至105亿美元,仍为世界第一,但其比重已经由原来的45.5%下降到39.6%,而美国则由26.5亿美元增至73亿美元,其比重由18.5%增至27.7%。由此可见,在此期间,美国对外直接投资增加较快。1927年,在172亿美元的对外直接投资总额中,美国占75亿美元,仅次于英国而居世界第二位。美国的187家制造业大公司在海外的分支机构由1913年的116家增至1919年的180家,1929年为467家,1939年则达到715家。美国还大举向英国势力范围扩张。1922年,在加拿大的外国投资中,美国资本已超过英国,在拉丁美洲,美国资本所占比重也已接近英国。同时,美国资本还趁机打入德国,控制那里的汽车、石油、有色金属等部门。通用汽车公司和福特汽车公司向欧洲及其他地区的扩张尤为迅速。与此同时,大石油跨国公司也大力扩展在世界各地的生产和销售网络。

这一时期,大部分向外扩张的跨国公司基本上是技术先进的新兴工业,或者是大规模

生产消费产品的行业。为了向外扩张，它们往往先在国内进行合并，以壮大实力，加强自己的国际竞争地位。例如，帝国化学公司在国际市场上和德国的法本公司展开了激烈的争夺；维克斯·阿姆斯特朗公司在军火、船只、飞机和电气设备方面也大举向国外渗透；英伊石油公司、英荷壳牌公司等大石油公司 1939 年控制了中东石油生产的 76%，成为美孚石油公司的最大竞争对手。

第一次世界大战后，跨国公司的海外分支机构虽有增长，但对外直接投资的总额到 1930 年才赶上战前水平。导致跨国公司在此期间发展缓慢、对外直接投资步伐放缓的主要原因是：一是战争的破坏、投资损失、战争债务负担即国家重建费用巨大，致使 20 世纪 20 年代的欧洲大陆由债权国变为债务国，除美国外，对外直接投资确有困难；二是 1929—1933 年全球发生经济危机，经济大萧条造成直接投资不振，各国均实行贸易保护政策，并对外国企业实施歧视政策，影响国际贸易的扩展；三是大危机引发国家之间的直接贸易战，各国借助货币贬值促进出口，限制进口，其结果是国际货币制度紊乱，从而使得海外投资汇率风险加大，也限制了企业海外投资；四是卡特尔制度盛行，分割世界市场，限定产量及销售价格，其控制范围扩大到生产和投资，也阻碍了对外直接投资的发展。

### 三、第二次世界大战后至 20 世纪 80 年代初期跨国公司的发展阶段

第二次世界大战后，国际环境相对稳定，对外直接投资迅猛增加，跨国公司迅速发展起来，很快成为世界经济中的一股强大的势力。这一发展时期可分为三个阶段：战后初期至 1958 年欧洲经济共同体成立为第一阶段；1958 年以后至 20 世纪 60 年代末为第二阶段；20 世纪 70 年代初至 20 世纪 80 年代初为第三阶段。

1. 战后初期至 1958 年欧洲经济共同体成立阶段

这一阶段最显著的特征，就是美国公司在世界跨国公司舞台上的霸主地位。在经历了第二次世界大战之后，美国垄断资本利用对手和伙伴被战争削弱的机会，凭借在战争期间大大膨胀起来的经济、军事和政治实力，攫取了资本主义世界的霸主地位，加之战后西欧需要医治战争创伤，恢复经济，这都为美国公司对外直接投资创造了极好的条件。在战后 10 年间，美国的对外直接投资迅速增长，其跨国公司亦获得了空前的发展。这一时期，跨国公司几乎就是美国公司的代名词。到 1950 年，美国公司对外直接投资达 118 亿美元，为 1940 年的 170%。1938 年，美国的资本输出只占资本主义世界资本输出总额的 21.8%，到 1958 年，这一比重上升到 50.6%。

从对外直接投资的分布来看，战后 10 年间美国私人公司虽然加速了在西欧的投资，但投资总额仍落后于在加拿大和拉丁美洲的投资，到 1957 年，美国在加拿大的私人直接投资总额为 88 亿美元，在拉丁美洲为 82 亿美元，但在西欧却只有 42 亿美元。

2. 1958 年以后至 20 世纪 60 年代末

这一时期，跨国公司的对外直接投资迅速发展，美国公司在国际投资方面继续处于支配地位。20 世纪 60 年代是以美国为主的各国跨国公司迅速增加其对外直接投资的重要时期，跨国公司得到了空前的发展。

20 世纪 50 年代，由于美国长期保持大量的贸易顺差，美国与欧洲和日本之间贸易收支的不平衡导致了资本存量的不平衡，最终导致了美国私人公司向外直接投资的迅速发展。另一方面，西欧和日本亦迅速恢复了被战争破坏的经济。西德在战后的第六年（即 1951 年），工业生产就已达到战前 1938 年的水平，而日本也于 1953 年恢复到战前水平。由于西

欧和日本经济的恢复和发展,它们的对外直接投资也很快发展起来,跨国公司迅速增加,从而开始动摇美国的霸主地位。

3.20 世纪 70 年代初至 20 世纪 80 年代初

这一阶段是跨国公司对外直接投资向多极化发展的阶段。20 世纪 70 年代以来,西方国家经济状况趋于恶化,美、英等国经济处于滞涨阶段,经济增长缓慢;与此同时,随着石油两次大幅度涨价,石油输出国经常出现巨额的收支顺差,石油企业作为国际资本输出的一支新生力量而异军突起,发达国家中,西德和日本经济实力加强,其跨国公司继续崛起,而美国跨国公司的地位相对受到削弱;在这一时期,发展中国家的跨国公司亦登上国际对外直接投资的舞台,并取得一定的发展。

从 20 世纪 70 年代起,跨国公司进入多极化发展阶段。我们可以从两个方面分析这个时期各国跨国公司对外直接投资的发展情况。

一方面,美国公司在世界对外直接投资中的相对地位继续下降,西欧和日本的跨国公司对外直接投资的地位迅速上升。在 20 世纪 70 年代,美国对外直接投资增长较前期迅速。10 年间,其海外直接投资增长了近两倍,即从 1970 年的 755 亿美元(累积额)增至 1980 年的 2 154 亿美元(累积额),平均每年递增 11.1%,高于 20 世纪 60 年代的 9.0% 和 20 世纪 50 年代的 7.0%。同期,西欧和日本对外直接投资的年增长率均达到 20% 左右。其中,西欧在 1975 年获得 23.2% 的增幅,1980 年则为 18.6%;日本在 1975 年获得 25.9% 的增幅,1980 年为 18.1%。随着其他国家对外直接投资的迅速增加,美国对外直接投资虽仍领先,但相对地位已大大下降。20 世纪 70 年代以来,西欧跨国公司同美国跨国公司相比,不仅数量增加、而且规模扩大,经济实力和竞争能力也迅速加强,在资本数量、技术、管理和研究、开发等方面,同美国跨国公司的差距逐渐缩小。与此同时,日本跨国公司的力量也在加强。

另一方面,从 20 世纪 70 年代起,发展中国家打破了由西方发达国家垄断的对外直接投资领域。长期以来,发展中国家基本上是国际投资的输入地,它们虽然也有资本输出,但数量较少。从 20 世纪 70 年代开始,随着石油大幅度涨价和某些原材料价格上涨,发展中国家扩大了对外经济合作,经济实力大大加强,在经济发展的同时,一些发展中国家开始对外直接投资,从事跨国经营。据联合国跨国公司中心的有关资料,在 1970—1972 年,发展中国家和地区平均每年的对外投资额为 4 300 万美元,但到 1978—1980 年,已增加到 6.82 亿美元。截至 1980 年末,共有 41 个发展中国家和地区的企业在海外从事生产经营和资源开发活动。20 世纪 80 年代初,发展中国家和地区对外投资总额已达 200 亿美元左右,占全球对外直接投资累计总额的 3.2%,其在国外的子公司或分支机构已猛增到 6 000 ~ 8 000 家。

当然,发展中国家跨国公司的活动能力毕竟有限,大部分至今还是区域性的。例如,东南亚国家的跨国公司在国外的分支机构,一半以上设在东南亚;拉丁美洲的国际企业的海外分公司或子公司,有 75% 设在拉丁美洲。发展中国家跨国公司的经济实力更不如发达国家的大型跨国公司,但是,它毕竟以崭新的角色登上了世界经济舞台,有些公司已经开始在一些局部领域同发达国家的大型跨国公司展开了竞争。

## 四、第二次世界大战后跨国公司迅速发展的原因

第二次世界大战后对外直接投资迅速发展的原因,大体也就是"二战"后跨国公司迅速发展的主要原因,因为跨国公司是对外直接投资的载体,又是它的结果。"二战"后跨国公司迅速发展的主要原因如下。

1.科学技术革命和社会生产力的发展

20世纪50年代开始的以原子能、电子为代表的第三次科技革命，无论是广度和深度都超过了前两次，大量科技成就广泛应用于生产，出现了一系列新产品、新技术和新兴的工业部门，大大促进了生产力的发展。生产力的发展，要求更多的原料和销售市场，要求生产和销售的国际化，科学技术革命的发展为跨国公司奠定了物质基础。

2.生产和资本的集中导致资本"过剩"

"二战"后发达国家生产和资本不断集中，垄断程度加深，拥有大量资本和先进技术的垄断企业，迫切要求到国外寻找有利的投资场所和销售市场。如美国的垄断资本家在两次世界大战中发了横财，积聚了巨额资本。同时，"二战"后发生了第三次企业兼并高潮，使原有大公司规模不断扩大，一些新兴工业部门由少数大企业垄断。日本在经济恢复后，20世纪60年代也出现了企业兼并高潮，形成了许多大企业。这些大企业垄断了国内市场后，要想进一步发展，就要求越出国界。当企业规模扩大，某一行业生产能力超出国内有支付能力需要的程度就越大，在国内找不到"有利可图"的投资场所时，为寻求利润丰厚的投资市场，必然要向外扩张。因此，跨国公司的发展是生产和资本集中的必然结果。

3.国际分工的深度促进生产和资本的国际化

随着科技革命的发展，生产和资本的集中，"二战"后国际分工在广度和深度上进一步发展，大大加强了各国之间的互相依赖和协作，各国之间的国际分工已经不仅仅局限于部门之间的分工，国际经济联系也不仅局限于商品流通领域，而进入了生产领域。国际分工向部门内部的分工、产品专业、零部件专业化和工艺专业化方向发展，大大促进了生产国际化和资本国际化。因此，发展跨国公司是"二战"后生产国际化和资本国际化的客观要求。

4.现代交通运输和通信信息的发达

科学技术的发展，为交通运输和通信的革命提供了技术条件。交通运输和通信的发展，大大缩短了国与国之间的空间距离。19世纪中叶，从美国到欧洲的邮件，一般要21天，现在互联网使通信技术有了突变。海运技术大发展，运输量大、及时、价廉，为各国之间经济联系提供了必要保证，使跨国公司有可能把各地的子公司紧密联系起来，形成整体，实现其全球战略目标和战略部署。

5.发达国家政府的积极推进

跨国公司的迅速发展也是二战后发达国家政府加强对经济生活的干预、支持本国企业向外扩张的结果。二战后各发达国家政府制定了各种各样的政策措施，为跨国公司的海外投资活动创造条件，具体如下：

（1）各国政府通过与他国签订避免双重课税协定、投资安全保证协定来减轻跨国公司的税负，保证跨国公司海外投资的利益与安全；通过与他国缔结贸易条约，使本国企业在缔约国享受尽可能充分的最惠国待遇和国民待遇。

（2）各国政府通过设立专门银行向公司提供各种优惠贷款和参股贷款，为公司的海外扩张提供资金帮助，通过税收优惠资助企业的研究与开发活动，以提高其产品的竞争力。

（3）提供信息与技术援助。事实上，所有发达国家的相关政府部门和政府设立的专业银行都在为本国计划进行海外直接投资活动的企业提供信息和技术援助。最低限度的服务包括提供东道国宏观经济状况信息、企业生产技术与成本信息、与外国投资相关的法律规定和管理程序信息等。一些国家的相关机构，如美国的海外私人投资公司、日本的贸易振兴会等，还专门建立数据、资料库，提供比较专业化的信息和资料，帮助本国企业寻找海外

投资机会。此外,政府还通过出版刊物、开研讨会、组建投资考察团、接待国外经济贸易团体发布信息,帮助本国企业发现和寻找投资机会。一些国家还对企业海外投资项目的经济可行性论证提供财政支持,如荷兰开发金融公司为本国企业海外投资项目经济可行性论证提供资助,为因寻求海外投资项目组织召开的研讨会、海外经理人员的培训提供经济资助。

(4)政府还动用自身的力量为公司的海外投资创造条件。最为突出的是美国。"二战"后美国执行帮助欧洲经济复兴的马歇尔计划,它的附加条件就是要求受援国实行资产非国有化,允许外资自由进入。美国还通过国内法律的制定与执行促进企业向外扩张,如美国的反托拉斯法核心内容是反国内同行业垄断,客观上促使企业积极向外投资,实现国际垄断。

6. 国际市场的激烈竞争

"二战"后,国际市场激烈竞争,发达国家政治经济发展不平衡。"二战"后初期,美国在经济上占绝对优势,后来西欧经济逐渐恢复发展,争夺西欧市场十分激烈。20世纪70年代以来,美国经济相对削弱,西欧、日本经济崛起,加快了对外投资步伐,在国际范围内同美国的跨国公司进行争夺,国际市场的争夺大大促进了跨国公司的发展。

7. "二战"后殖民体系纷纷瓦解且发展中国家要求发展民族经济

发展中国家政治独立后,发展民族经济缺少资金、技术和管理经验,希望引进发达国家跨国公司的资本和技术。发达国家也企图利用跨国公司作为工具,保住其在发展中国家原有的经济利益。因此,发展中国家发展民族经济也给跨国公司发展提供了机会。

发展中国家在"二战"后也发展了自己的跨国公司,其主要原因是:一是"二战"后发展中国家民族经济迅速发展,特别是一些新兴工业国(地区)的经济得以很快发展;二是生产和资本的集中相应加强,也开始出现一些较大型的企业;三是为改变国际经济地位、增强自身实力,国家鼓励大型企业对外投资;四是对付来自发达国家贸易保护主义而采取的对策;五是实行进口替代战略,优化产业结构,扩大对外贸易,引进先进技术和改善国际收支等。

"二战"后,发达国家之间相互投资增加,主要因为:发达国家经济发展水平都比较高,投资环境比较好,接受投资的市场容量大;科学技术优势各异,产业结构的差异,消费水平和市场结构相近,相互之间语言障碍较少,法律制度比较熟悉,交通通信和服务业等基础设施完善,容易组织国际生产;政治稳定、投资风险较小和国际资本流动的条件较好等。

与此相反,发展中国家的投资环境尚有许多不足之处:经济发展水平较低,市场容量狭小,消费水平较低;基础设施欠完善,配套能力较差;技术管理人才缺乏,政治不稳定,法制不健全,政策多变,风险较多。因此对发展中国家投资的比重有所减少。但对发展中国家投资也有许多有利条件,如资源丰富,劳动力和土地便宜等。许多发展中国家都在为吸引外资采取优惠政策,改进基础设施,不断改善投资环境等。因此对投资国来说,到发展中国家进行难以替代的资源开发、劳动密集型行业、装配性工业等项目的投资尤为有利。

## 五、20世纪80年代以来跨国公司的发展与变化

### (一)发展速度与规模

20世纪80年代中期以来,国际直接投资的规模急剧扩大。1990—1995年全球FDI(对外直接投资)流出量年平均为2 533亿美元,2000年全球FDI流出量达到13 795亿美元,2007年同样是顶峰,为21 748亿美元,2010年为13 233亿美元。

2012年全球外国直接投资量为1.35万亿美元。联合国贸易和发展会议预计,2013年

直接外资仍将接近 2012 年的水平,上限为 1.45 万亿美元,相当于 2005—2007 年的危机前平均水平,如图 1-1 所示。随着宏观经济状况改善以及投资者在中期恢复信心,跨国公司可能会将其所持有的数额创纪录的现金转化为新的投资。之后,直接外资流量可能会在 2014 年攀升至 1.6 万亿美元,在 2015 年达到 1.8 万亿美元。

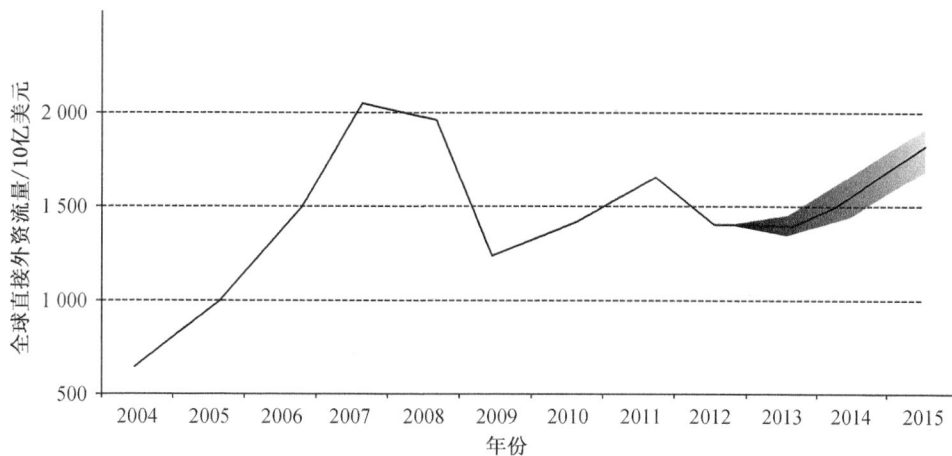

图 1-1　2004—2012 年全球直接外资流量和 2013—2015 年预测

资料来源:贸发会议,《2013 年世界投资报告》。

### (二)投资地区的变化

跨国公司国际直接投资的地区由以发达经济体为主逐步转向发展中经济体和转型期经济体。

2000 年以前,发达经济体直接外资流入量与发展中经济体和转型期经济体直接外资流入量占比分别为 73.4% 和 26.6%。之后,这一数值的差距逐年缩小,2004 年发达经济体直接外资流入量与发展中经济体和转型经济体直接外资流入量占比分别为 56.2% 和 43.8%。2004 年以后,这一数值的差距又开始增大,在全球跨国投资总量历史性高点的 2007 年发达经济体直接外资流入量与发展中经济体和转型期经济体直接外资流入量占比分别为 68.1% 和 31.9%。此后,这一数值的差距又逐年缩小,2010 年发展中经济体和转型期经济体直接外资流入量占比(50.6%)首次超过发达经济体(49.4%),呈现出发达经济体与发展中经济体和转型期经济体各占半壁江山的态势,并逐渐向发展中经济体和转型期经济体转移,2010—2012 年直接外资流入量见表 1-1。

表 1-1　2010—2012 年各经济体直接外资流入量(10 亿美元,%)

| 年份 | 2010 | | 2011 | | 2012 | |
|------|------|------|------|------|------|------|
| 世界 | 1 409 | 100 | 1 652 | 100 | 1 351 | 100 |
| 发达经济体 | 696 | 49.4 | 821 | 49.7 | 561 | 41.5 |
| 发展中经济体 | 638 | 45.3 | 735 | 44.5 | 703 | 52 |
| 转型期经济体 | 75 | 5.3 | 96 | 5.8 | 87 | 6.5 |

资料来源:《2013 年世界投资报告》。

## (三)投资主体结构

投资主体仍以发达经济体为主,发展中经济体和转型期经济体日益成为对外直接投资的重要来源。

2003 年以前,发达经济体与发展中经济体和转型期经济体直接投资流出量占比的比例基本保持在 9∶1 的水平,2003 年以后,这一比例呈现逐年缩小的态势。2008 年全球金融危机后,发达经济体直接投资流出量占比显著缩小,2010 年,发达经济体与发展中经济体和转型期经济体直接投资流出量占比的比例接近 7∶3,2012 年发展中经济体的直接外资流出量达到 4 260 亿美元,创纪录地占到世界总量的 31%,见表 1 - 2。来自发展中经济体和转型期经济体的私营企业和国有企业日益成为对外直接投资的重要来源。

表 1 - 2　2010—2012 年各经济体直接外资流出量(10 亿美元,%)

| 年份 | 2010 | | 2011 | | 2012 | |
|---|---|---|---|---|---|---|
| 世界 | 1 505 | 100 | 1 678 | 100 | 1 391 | 100 |
| 发达经济体 | 1 030 | 68.4 | 1 183 | 70.5 | 910 | 65.4 |
| 发展中经济体 | 413 | 27.5 | 422 | 25.2 | 426 | 30.6 |
| 转型期经济体 | 62 | 4.1 | 73 | 4.3 | 55 | 4.0 |

资料来源:《2013 年世界投资报告》。

## (四)投资领域的变化与发展

跨国公司涉足的领域不断扩大,投资领域逐步转向以服务业为主。服务业、制造业、采掘业、农业、低碳经济投资等领域的投资呈现多种发展态势。

1. 跨国公司在服务业投资的发展

在 20 世纪 70 年代初期,服务业仅占全世界外国直接投资存量的 1/4;1990 年这一比例占不到一半;而 2002 年,这一比例已上升到约占 60%,估计为 4 万亿美元。在同一时期,初级部门占全世界外国直接投资存量的比例由 9% 下降到 6%,而制造业降幅更大,由 42% 降至 34%。但是,在 2007 年开始的全球金融危机中,初级部门、制造部门和服务部门 3 个部门的直接外资都出现了下滑,而服务业首当其冲。主要服务产业(商业服务、金融、运输、通信和公用事业)的直接外资流量都在下降,金融业直接外资流量跌幅最大。2010 年制造业在全部直接外资项目中的份额几乎升至一半。

各个国家在服务业外国直接投资中所占的份额相差甚远。2002 年,发达国家占服务业外国直接投资内流存量的约 72%,发展中经济体占 25%,中东欧国家占其余部分。就服务业外国直接投资内流存量的规模而言,美国是最大的东道国经济体。服务业外国直接投资的构成也在发生变化。直到 2002 年,仍然集中在贸易和金融领域,两者 2002 年仍占服务业外国直接投资内流存量的 47% 和流量的 35%(相比之下,1990 年分别占 65% 和 59%)。然而,诸如供电、供水、电信和企业服务(包括 IT 带动的商业服务)正在占据越来越显要的地位。例如,1990—2002 年,发电和电力配送方面的外国直接投资存量值增长了 14 倍;电信、仓储和运输增长了 16 倍;企业服务增长了 9 倍。

2. 跨国公司在采掘业投资的发展

跨国公司涉足采掘业的历史盛衰交错。20 世纪初,采掘业在外国直接投资中所占份额最大,反映出殖民强国的公司进行国际扩张。第二次世界大战后,随着越来越多的前殖民地获得独立和石油输出国组织的创建,这些跨国公司的支配地位衰落了,采掘业在全球外国直接投资中的份额也随之下降。从 20 世纪 70 年代中期开始,石油、天然气和金属采矿业在全球外国直接投资中的份额不断下跌。然而,矿产品的供应对于经济发展来说必不可少,如果没有足够、可支付得起的和有保障的获取这些原材料的可能性,任何现代经济都无法运行。进入 21 世纪后,对石油、天然气和各种金属矿产品需求激增,导致矿产品价格上升,采矿业在全球外国直接投资中的份额有所增长,但仍然远远低于服务业与制造业。全球金融危机中采掘业的直接外资受到的影响较小,但在 2010 年,采掘业的直接外资也有所下滑。

采掘业外国直接投资中,发展中经济体和转型期经济体是各种矿产品的主要生产方和净出口方,而发达国家和快速增长的新兴经济体则是主要的消费国和进口国。世界上一些最大的跨国公司都活跃于采掘业。在资源采掘业出现了一些新的跨国公司,发展中国家和转型期国家也不逊色。2000—2005 年,发达国家在采掘业全球外国直接投资中所占的总份额从 2000 年的 99% 下降至 2005 年的 95%。发达国家依然占据着采掘业直接投资的绝大部分,部分原因在于大量的跨国并购活动。不过,发达国家在采掘业全球外国直接投资中所占的份额从 1990 年的 90% 下降到 2005 年的 70%。发展中经济体和转型期经济体占跨国公司采掘业投资目的国的份额在过去 20 年中有所增长。1990—2000 年,上述经济体在这些产业中的吸收外国直接投资混合存量估算增长了 1 倍多;2000—2005 年,再次增加了 50%。

3. 跨国公司在基础设施产业投资的发展

基础设施产业在吸收外国直接投资存量中的比例迅速扩大。1990—2006 年,全球基础设施产业中的外国直接投资额增加了 30 倍,达到约 7 860 亿美元,发展中国家增加了 28 倍,达到约 1 990 亿美元。整个期间,大多数基础设施产业中的外国直接投资持续增长,电力和电信行业增长最快,运输和供水行业增长较慢。2006 年,在全球外国直接投资总存量中,基础设施产业所占比例接近 10%,而 1990 年仅占 2%。

20 世纪 90 年代,越来越多的发展中国家允许外国直接投资和跨国公司进入基础设施产业,其主要原因是政府资金紧张,跨国公司参与发展中国家基础设施建设带来了大量的资金流入。自 1990 年起,跨国公司调动资金程度的衡量指标——发展中国家基础设施中的外国直接投资存量开始迅速增长。1996—2006 年,对发展中国家基础设施的外国直接投资承诺额为 2 460 亿美元,平均占私营部门参与的全部基础设施投资承诺额的 29%。这反映了跨国公司对发展中国家基础设施产业投资的重要性,其中在非洲占的比例最大(36%)。

跨国公司的参与方式在不同的基础产业有很大的不同。电信业是唯一一个以外国直接投资作为跨国公司进入发展中和转型期经济体的主导方式的基础设施产业。在电力产业,特许经营是最常见的进入方式,其次是私有化和绿地投资项目(占 36%)。特许经营也是外资参与运输基础设施(占 80% 以上)和供水项目(占 70%)的主导模式。此外,供水行业使用管理和租赁合同较多(25%)。

虽然发达国家的跨国公司仍然在全球基础设施产业中居主导地位,但发展中国家跨国公司的参与明显增加。在某些行业,如电信业,发展中国家的跨国公司已经成为主要参与

者,而在另一些行业,如运输业,它们已经开始成为世界领军者。2006 年,基础设施跨国公司全球百强中,有 14 家美国公司、10 家西班牙公司、8 家法国公司和 8 家英国公司。在基础设施跨国公司全球百强中,多达 22 家公司的总部设在发展中国家或转型期经济体。这类公司在中国香港最多,有 5 家,在马来西亚和新加坡各有 3 家。

**4. 跨国公司在农业投资的发展**

近年来,一些因素推动为数不少的发展中国家农业部门吸引国内企业或外国企业增加投资。推动农业投资的主要因素包括目标地区备有的土地和水资源情况、不同国家粮食需求的快速增长和粮食作物进口的增长等。这些国家既包括人口众多的新兴国家,如巴西、中国、印度和韩国,也有土地和水资源稀少的发展中地区,如海湾合作理事会成员国。进一步刺激农业初级商品国际需求的其他因素还有全球使用生物燃料的各项举措,从而促进了对发展中国家的甘蔗、谷物(如玉米)、油籽(如大豆)及非粮食作物(如麻风树种植)蜂拥而至的投资。这些趋势与过去几年粮食价格飞涨以及随后出现的大米等初级商品短缺现象交织在一起,引来众多"新投资者",也引发了一些对农业和土地的投机性直接投资。

投入农业的外国直接投资虽有所上升,但与其他行业相比,对农业的总投资规模仍然有限(2007 年农业外国直接投资存量为 320 亿美元)。20 世纪 90 年代初,全球农业外国直接投资每年不到 10 亿美元,但是,到 2005—2007 年,该投资额已增加了 2 倍,达到每年 30 亿美元。此外,处于东道国价值链下游产业的跨国公司(如食品加工和超市)也投资于农业生产和订单农业,进而使其对该行业的参与规模成倍增长。实际上,经过 20 世纪初的快速增长,2005—2007 年,仅投入食品和饮料业的外国直接投资(不包括其他下游活动)就超过400 亿美元。

虽然农业部门的外国直接投资占发达经济体、发展中经济体和转型期经济体全部外国直接投资的一小部分,但是一些最不发达国家,如柬埔寨、老挝、马拉维、莫桑比克和坦桑尼亚农业部门的外国直接投资占外国直接投资总量或存量的比例相对较大。一些非最不发达国家,如厄瓜多尔、洪都拉斯、印度尼西亚、马来西亚、巴布亚新几内亚和越南的情况也是如此。造成这些国家农业部门外国直接投资比例高的因素包括国内经济结构、可用耕地的情况(大部分为长期租赁)及国家政策(包括促进农业投资)等。

对农业进行商业投资是粮食危机之后发达国家和发展中国家跨国公司的一个共同特征,此外,粮食安全也成为新投资者的主要动力。

**5. 跨国公司低碳经济投资**

低碳经济的思想在世界范围内广泛传播,影响着国家的发展战略、产业结构、企业经营决策及人们的生活方式。跨国公司应为转向低碳经济作出不可或缺的贡献,这不仅因为它们在广泛的国际业务中排放了大量的温室气体,还因为它们最有能力创造和传播技术,以及为旨在减少温室气体排放的投资提供资金。跨国公司必然既是问题的一部分,又是解决办法的一部分。

低碳外国投资可以界定为:跨国公司通过股权(直接外资)和非股权参与方式,向东道国转让技术、做法或产品,从而大大降低这些国家的自身活动和相关活动及其产品和服务的使用所产生的温室气体排放量。低碳外国投资还包括为获得或使用低碳技术、工艺和产品而进行的外国直接投资。

据 UNCTAD 估计,低碳经济外国直接投资已经达到很高的水平。2009 年,仅流向三大低碳商业领域(可再生能源、循环利用和低碳技术制造)的低碳直接外资达到 900 亿美元。

如果考虑到其他产业内含的低碳投资和跨国公司的非股权形式参与,则此类投资总额要大得多。跨界低碳投资潜力已然很大,而随着世界转向低碳经济,这方面的潜力将是巨大的。

对上述三大低碳商业领域的分析表明,跨国公司低碳产业投资存在下列趋势。

(1)低碳直接外资迅速增加,虽然由于金融危机,这些投资在2009年有所下降。

(2)2003—2009年,在可查明的低碳直接外资项目中,按价值计约有40%是在发展中国家实施的,包括阿尔及利亚、阿根廷、巴西、中国、印度、印度尼西亚、摩洛哥、莫桑比克、秘鲁、菲律宾、南非、土耳其、坦桑尼亚和越南。

(3)知名跨国公司是主要投资者,但新的投资者正在出现,其中包括南方投资者。其他行业的跨国公司也在向这个领域拓展。

2003—2009年,大约10%可查明的低碳直接外资项目是发展中经济体和转型期经济体的跨国公司实施的。其中大多是对其他发展中国家的投资。

### (五)发展中国家启动对外直接投资鼓励与促进机制

20世纪80年代中后期,发展中国家开始鼓励与促进本国企业的海外投资。

这一时期,一些发展中国家和地区出于拓展海外市场、获取国内稀缺资源、获取国外先进技术的考虑,开始放松对资本输出的管制,直至发展成为对本国企业海外直接投资的鼓励与促进。

1986年,韩国国际收支出现顺差,工资水平上升超过劳动生产率、韩元升值的速度,韩国企业的国际竞争力受到负面的影响,韩国政府开始放松企业对外直接投资的限制,具体表现为简化申请手续,加快审批程序,除少数"限制部门"外,其他行业全部放开。1990—1991年,,韩国对外直接投资首次超过韩国吸收的外国直接投资。

中国台湾于1987年取消绝大多数对企业海外直接投资进行限制的政策,并开始实施广泛地鼓励企业对外直接投资的计划。

中国大陆1985年颁布《海外合资经营企业管理条例》,明确指出,海外合资企业的建立是为了扩大市场、获得新技术和管理技巧、获取稀缺的自然资源,鼓励中方投资者以固定资产参股,鼓励其在当地和国际金融市场筹集资金,限制资本的流出。2000年企业"走出去"成为新时期的一项对外开放战略,同时,政府通过签署双边税务协定和投资安全保证协定为中国企业的海外投资提供利益与安全的保证。

马来西亚、泰国、印度也在20世纪90年代陆续打破对本国企业进行海外直接投资的限制,开始对外直接投资政策自由化的进程。

### 【本章小结】

跨国公司是指以一国的总公司为基地,通过对外直接投资,在国外设立子公司和分支机构,从事跨国生产、销售和其他经营活动的国际性企业。判断一个从事国际商务活动的企业是否属于跨国公司,其标准包括:结构性标准、经营业绩标准和行为特征标准。

可以依不同的标准对跨国公司进行分类。按经营决策取向分类,跨国公司可以分为以民族为中心的跨国公司、多元中心的跨国公司和以全球为中心的跨国公司;按照经营项目可以把跨国公司分为经营资源型跨国公司、加工制造型跨国公司和服务提供型跨国公司;按照经营结构分类,跨国公司可以分为横向型跨国公司、垂直型跨国公司和混合型跨国公司。

虽然跨国公司有不同的类型,但它们都有类似的经营特征,即有经营战略的全球化、经营活动的国际化、生产经营多样化、内部管理一体化、具有较大的经营风险的特征。

跨国公司形成于 19 世纪后半期,在第二次世界大战以后快速成长,发展到影响整个世界经济的方向是在 20 世纪 90 年代以后,跨国公司堪称世界经济增长的引擎。

当前,跨国公司日益成为经济全球化的直接推动力量。跨国公司加速了资本的国际流动,促进了技术的创新和国际转移,并且大大地推动了全球贸易的发展。

## 【思考题】

1. 什么是跨国公司?
2. 界定跨国公司的标准有哪些?
3. 跨国公司有哪些特征和类型?
4. 跨国公司是如何形成和发展起来的?
5. "二战"后跨国公司迅速发展的原因是什么?

## 【课外阅读】

### "环球金融,地方智慧"如何成就汇丰

1998 年,受东亚金融危机的影响,中国香港地区上市银行的业绩普遍不理想。在此情况下,香港联交所著名的蓝筹股——汇丰控股集团却避免了利润的大幅下滑,保持了稳定的经营业绩。这与汇丰控股集团善于抓住有利时机,长期致力于国际化经营有重大关系。在汇丰的官方网站,logo 旁是一行醒目的英文:The World's Local Bank,其中文网站将它译成"环球金融、地方智慧",既强调全球,又注重当地,做"全世界的当地银行",这就是汇丰控股长期发展的独特的竞争战略定位,是汇丰长盛不衰的重要法宝。

汇丰控股的前身是 1865 年由英国、美国、德国、法国及丹麦的银行家和商人在中国香港地区发起成立的香港上海银行公司(HSBC),迄今已有近 140 年的历史。自 1865 年至 1991 年的 100 多年,汇丰银行通过前期在海外大力扩充分支机构及后期的全球收购兼并,已成为一家注册地在中国香港、营业网点遍及全球 76 个国家/地区的具有强大国际声誉和全球竞争力的金融机构,并且是香港证交所最大的上市公司和港元最大的发钞行。

1991 年是汇丰历史上最重要的里程碑。这一年,汇丰在英国注册成立了一家金融控股集团——汇丰控股,香港汇丰银行成为汇丰控股的旗舰银行。尽管汇丰控股成立的时间只有短短 23 年,但汇丰控股在全球金融领域东征西讨、合纵连横,规模成倍扩张,业绩高速增长,品牌声誉高,成绩斐然。目前,汇丰控股已经是一家超过 9 500 家分支机构、分布在全球 79 个国家/地区,员工超过 223 000 人,全球客户超过 1.1 亿,业务范围涉及商业银行、投资银行、信托租赁、保险、资产管理等所有金融领域的庞大的金融帝国。

与美国花旗、日本瑞穗等全球金融巨擘相比,汇丰控股的发展具有下列显著特征:在国际化广度方面,汇丰也许不及花旗和瑞穗,但在国际化深度方面,汇丰远高于花旗和瑞穗,在全球特大银行中独一无二;另一大特征是汇丰在全球多家主要证券交易所同时挂牌交易。汇丰控股的股票同时在伦敦、纽约、中国香港、巴黎、百慕大的证券交易所买卖,全球 100 多个国家/地区的汇丰控股股东超过 20 万;第三大特征为全球统一品牌。从 1999 年开始,汇丰集团建立了一个全球一致的国际化品牌形象,即由 HSBC 加上外部四个红色三角形、内部两个白色三角形组成的菱形,紧接一句英文——The World's Local Bank。新品牌既

概括了汇丰的战略理念,又能使集团的标志在全球各地深入人心,树立了汇丰的全球竞争形象与优势。

在全球扩充过程中,全球化与本土化是金融机构不可回避也难以协调的一对矛盾,汇丰也绕不开它。全球化往往带有强烈的进攻性,容易引起东道国的敌意,本土化又不利于政治使命的实现。与花旗之类的全球其他金融巨擘相比,汇丰的发展缺乏政府后盾,当然也没有沉重的政治负担,所以汇丰的全球化过程不需要完成太多的政治使命,汇丰不必选择进攻性太强的全球化战略。在 140 年的营运过程中,汇丰拥有长期且成功的全球化与本土化相互融合的动作经验,这是汇丰最大的全球竞争优势。正是基于这些原因,汇丰提出并实施了全球化与本土化兼容的"环球金融,地方智慧"的发展战略。

近几年汇丰控股的一系列举动很好地促进了其"环球金融,地方智慧"发展战略的实施。1991 年,在完成了对英国四大清算银行之一的米特兰银行(Midland Bank)的收购行动之后,汇丰控股的股票在伦敦和中国香港同时上市;1999 年,汇丰集团以 97.33 亿美元收购了美国利宝集团,其后将其改组为美国汇丰银行,且通过 Jp Morgan 的保荐,以美国夺托凭证(ADR)的方式在美国上市交易。2000 年,汇丰控股完成了对法国最大金融机构之一的法国商业银行(Credit Commercial de France)的收购,同年 7 月,汇丰控股的股票在巴黎证券交易所上市;2004 年,汇丰控股收购了百慕大银行有限公司,汇丰控股的股票在百慕大证券交易所成功上市,百慕大证券交易所成为第五家买卖汇丰控股股票的交易所。

汇丰控股全球并购和全球上市战略的实施,不仅稳定了汇丰控股在全球银行业中不可撼动的地位,而且为汇丰带来了巨大的经济收益,比如它帮助汇丰成功地躲过了 1997—1998 年亚洲金融危机的冲击,也为汇丰近几年不菲的经营业绩创造了条件。全球上市给汇丰控股带来的收益更加明显,全球上市确保了汇丰控股在全球金融市场东征西讨、规模急剧扩张的情况下资本充足率仍维持较高水平,更重要的是全球上市很好地稀释了全球并购的进攻性。而且,全球上市还降低了汇丰控股对单一金融市场的依赖性,分散了系统风险。正是汇丰控股"环球金融,地方智慧"的发展战略,正确地处理了全球化与本土化之间的矛盾,使其做到全球化与本土化的均衡发展。

多年的国际化经营使汇丰控股最大限度地分散了亚洲地区的经营风险,分享到了世界经济一体化所带来的成果,使其利润增长建立在更稳健的经济基础之上。

汇丰控股依靠"环球金融,地方智慧"的发展战略,正确处理了全球化与本土化之间的矛盾,做到了全球化与本土化的均衡发展。全球并购和全球上市,作为支撑其战略的两大支柱,成为汇丰控股国际化经营成功的关键。全球并购加速了汇丰全球化的步伐,而全球上市有效地缓冲了全球化的进攻性,推动了汇丰的本土化战略。

汇丰在国际化经营中分散金融风险、开拓进取的成功之道也为我国银行业带来很好的启示:要成长为全球性的金融机构,实施国际化,必须尽早积极参与国际竞争,同时不断加强抵抗金融风险的能力。

# 第二章  跨国公司经营环境

## 【学习目标】

1. 了解国际经济环境对跨国公司的影响。
2. 掌握金融环境对跨国公司的影响。
3. 理解国际政治与法律环境对跨国公司的影响。
4. 掌握国际文化环境对跨国公司的影响。

## 第一节  国际经济环境

### 一、跨国经营与经济环境

跨国经营必须对付的各种不可控制的因素中,经济因素的影响至为重要。经济因素是直接影响企业在该国从事生产经营活动的基本的、具有决定意义的条件。经济因素包括一个国家的生产力发展状况、居民物质生活水平、产业的构成及发展趋势、科技发展水平以及经济增长的稳定性,等等。

1. 国民产出

国民产出是指一个国家在一定时期内生产的所有物品和劳务的总和。它反映了该国的生产水平和综合经济实力,也在一定程度上反映了市场的潜力。衡量国民产出的经济变量有多个,如国民生产总值、国内生产总值、国民生产净值等,其中最具有代表性的是国民生产总值。

国民生产总值只能衡量经济规模或市场规模的大小,判断一个国家是否有好的投资机遇和发展前景,还要看国民产出的增长速度,即经济增长速度。一国的经济增长速度可以反映一国经济运行状况和经济活力。近10年,世界上经济增长最快的地区是亚洲,经济增长最慢的地区是非洲。传统上,在世界经济中占支配地位的美国、日本、德国、法国、意大利、英国和加拿大等七国,正面临经济增长速度更快的中国、巴西和印度等发展中国家的挑战。从长期看,各国经济实力的对比和有限生产资源在各国之间的分配,在很大程度上取决于各国经济增长速度的快慢。当然,一国的经济增长应控制在一个适度范围内,过高或过低的经济增长都是不正常的。过高的经济增长会导致泡沫经济,不会持续太久;过低的经济增长会造成经济萎缩和大量失业引起的社会问题。对投资者来说,经营风险的很大一部分来自经济增长的不稳定性。因此,经济增长速度及其稳定性是企业跨国经营必须考虑的因素。

2. 收入水平与消费水平

一国收入水平是决定该国消费需求的基本因素,收入水平越高,居民的购买能力就越强,因而市场需求的潜力越大。许多消费品,只有当居民收入达到一定水平时才会产生市场需求。对跨国公司来说,分析目标国家的收入水平,可以提供重要决策依据,如进入目标国家的时机、目标国家市场的细分、跨国经营的产品类型。

人均国民生产总值是衡量一国居民收入水平的主要经济变量,它是国民生产总值与人口总数之商。一个国家的总体经济规模大,居民收入水平并不一定高。人口多的国家,如中国、印度,许多总量指标都排在世界各国前列,但是人均指标就往往落后于多数国家。用人均国民生产总值衡量一国的居民购买力和消费潜力,也有不足之处。

居民的收入并不都用于目前消费,收入中用于消费部分的比例叫作消费倾向。收入中未用于目前消费的部分叫作储蓄。储蓄是用来保障未来消费水平的。任何两个家庭的消费支出内容都不可能完全一样,即使他们的收入相同。然而,大量统计数据表明,居民家庭的消费构成具有一定规律性。平均来说,低收入水平家庭必须把大部分收入用在购买食品、住房等生活必需品上,而且消费倾向较高;高收入水平家庭用于购买奢侈品的开支在其消费中占有较大比例,而且消费倾向较低。消费倾向决定了目前的需求水平。因此,目标国家不同收入水平家庭的消费倾向,是分析市场潜力必须考虑的一个重要因素。

3. 价格水平及其变动

价格水平指经济中各种商品价格的平均数,它通常用具有重要影响的某些大类商品价格的指数来衡量。一国价格水平的高低直接影响该国居民的实际收入水平和购买能力,也影响着该国与其他国家相比的竞争优势。价格水平较低的国家,生产要素价格较低,对以降低产品成本为目标的跨国公司来说,具有较大吸引力。

然而,跨国公司更关心的往往不是价格水平本身,而是价格水平的变化。因为影响一国居民生活水平和汇率变化的更主要的是价格水平变动时发生的经济调整过程,包括通货膨胀过程和通货紧缩过程。通货膨胀,即价格水平上升,既降低货币购买力,又可能导致货币贬值。这些变化都会对跨国经营活动产生不利的影响。因此,跨国公司在进入目标国家的市场之前,必须详细了解和分析该国价格水平及其变化情况。

4. 产业的发展及其特征

对跨国公司来说,影响跨国经营决策的产业因素可分为两大类:一是宏观层次的产业因素,即国民经济中的产业构成、产业之间的相互衔接关系、政府的产业结构政策,等等;二是微观层次的产业因素,即单个行业的结构特征、绩效水平和行业内企业之间的竞争关系。

不同国家因经济发展水平和自然条件等因素的差异,构成国民经济的产业体系、产业特征和产业之间的相互衔接关系往往不同。经济发达国家,如美国、日本、德国,资本密集型产业和技术密集型产业在经济中占有重要地位;许多发展中国家,农业和初级加工工业是经济中的支柱产业。新加坡因其独特的地理位置,港口运输服务业在经济中占的比重较大;香港则是金融服务业十分发达的地区。在一个国家内,不同产业的区域分布也不相同。例如,在我国,传统上轻工业和食品工业多集中在南方省份,重工业和机械工业多集中在北方地区。这些因素都直接影响着跨国经营的资金流向和投资地点的选择。

跨国公司在东道国所要进入的行业的有关信息,对制定跨国经营决策更为重要。首先,要了解行业的结构特征,包括同类产品生产企业的数量和规模分布、行业市场中卖方和买方的集中程度、产品差异、市场需求增长率、行业进入障碍、替代品和补充品情况、生产能力利用率、生产企业的纵向一体化程度和典型生产企业的成本结构;其次,要了解行业中企业之间的竞争关系和竞争行为,包括主要竞争对手的产品定价、产量、市场营销战略、新产品开发、购并活动、内部成本控制和组织效率;第三,要了解行业的绩效,包括技术进步、正常利润水平和经济规模。

5. 经济发展阶段

一个国家的经济发展水平、基础设施的完善程度和居民购买能力与该国的经济发展阶段有关。美国经济学家罗斯托认为一国经济发展大体上可经历五个阶段：第一阶段是传统社会阶段；第二阶段是起飞前夕的过渡阶段；第三阶段是起飞阶段，国民经济以较快的速度稳定增长；第四阶段是趋向成熟阶段；第五阶段是高消费阶段，以改善和提高国民生活质量为社会的重点。经济发展的不同阶段，提供给跨国公司的投资机遇，以及跨国经营成功的可能性是不同的。

## 二、经济制度

经济制度所涉及的核心问题是如何通过控制和协调资源和产权以在相互竞争的使用者之间进行稀缺资源的分配。经济制度有不同的划分方法。第一种方法是将世界各国的经济制度划分为社会主义经济制度和资本主义经济制度。第二种划分方法是从资源分配和经济运行基础的角度将各国经济划分为市场经济、计划经济和混合经济。

1. 社会主义与资本主义

社会主义经济制度的本质特征是社会经济活动的组织是为了全体人民的物质与文化生活需要，讲求按劳分配。过去，社会主义国家为了以上目的强调国有经济和集体所有制经济在整个国民经济中占绝对比重，国家通过统一的国民经济计划决定国民经济的重大比例与生产布局，直接控制国有企业的供产销与人财物活动，控制和引导集体经济活动，对外经济活动局限于以国际贸易为主。通过不断摸索和对社会主义理论的新的认识，社会主义国家开始进行改革，强调市场机制在经济发展中的地位与作用，减少政府对经济的直接干预，增加以经济为主，发挥市场的调节作用。

2. 市场经济、计划经济和混合经济

市场经济是生产资源的配置和使用由市场机制所决定的经济，在市场经济中，个人和企业是两个十分重要的社会单位。个人拥有资源，消费产品企业利用资源，生产产品。市场机制设计资源和产品价格、数量、供给需求的相互作用。市场经济在许多工业化国家取得了很大的成功，但实际上真正纯粹意义上的市场经济是不存在的，这是因为大型公司工会以及政府机关的存在所致。大型公司可以制约产品市场和资源供应，从而降低了市场压力。

与市场经济相反，在中央计划经济中，政府通过集中计划在全国范围内进行生产资源的配置和使用。计划经济核心的部分是国民经济发展蓝图和计划，包括年度计划、五年计划和十年计划等。这些计划规定或协调着国民经济在一定时期内各部门的比例，规定部门和企业间的投入产出关系。

混合经济中，在市场经济作用的基础上，政府对经济进行某种程度的干预。这种干预通过两条途径来实现，一条是政府拥有部分生产资料；另一条是制定和实施某些经济干预政策。各国政府干预经济的方式有很大的差异，美国政府直接拥有的企业很少，政府以"最终采购者"的身份实行下游控制，或通过相应政策以税率、利率等手段进行干预。欧洲国家相互之间也存在差异，如法国、瑞典政府所拥有的生产资料较少，但是却十分强调社会福利；英国政府虽然拥有较多的企业，却同时通过税收手段来加强其社会的福利体系。

### 三、经济发展水平

世界各国经济最大差异之处是经济发展水平的差异。衡量一国经济发展水平的主要因素有:农业从业人员比例、能源消耗量和单位产品能耗成本、国民生产总值与国民收入水平、人均消费水平、人口增长率、交通与通信设施的先进程度、资本容量、产业结构合理程度等。

1. 罗斯托经济发展五阶段论

美国著名经济学家沃尔特·罗斯托在经济发展进程研究中,提出了一国经济发展水平由低到高依次存在五个阶段的理论:

(1)第一阶段,传统社会。传统社会的结构是在生产功能有限的情况下发展起来的,以牛顿以前的科学和技术以及牛顿以前对物质世界的态度为基础。

(2)第二阶段,起飞前夕。这是从传统社会向起飞阶段发展的"正在过渡的阶段",为起飞创造前提条件。在此阶段,现代科学用于农业和工业生产活动;在私有部门和公共部门出现新型企业家,他们为追求利润而冒风险;经济本身和社会价值平衡发生了很大的变化。

(3)第三阶段,起飞。罗斯托认为此阶段是近代社会生活中的大分水岭,是一种产业革命,直接关系到生产方法的剧烈变革。

(4)第四阶段,趋向成熟。这是继起飞阶段之后开始的一段相当长、近40年的发展,虽然有波动但仍是持续前进的时期。

(5)第五阶段,高额群众消费阶段。这是一个高度发达的工业社会,主导部门转入耐用消费品生产,在群众性基础上推广服务业。在此阶段城市人口比例上升,从事办公室工作和工厂中技术熟练工作的人数急剧增加,结果是工人阶级构成发生变化,人均实际收入增长,使民众能过上更高水准的生活。

2. 哈根经济工业化六阶段论

埃弗雷特·哈根也是运用历史研究方法提出经济工业化阶段理论的,与罗斯托不同的是他利用的是日本和拉丁美洲国家的历史资料。

(1)第一阶段,自我包容流程工厂的出现。一些经营小制造厂的企业家大胆变革,将国外用来生产一些熟悉产品的简单机器设备和技术引入本企业。这些产品诸如鞋类、火柴、稻米、肥皂、糖、纺织品、面粉等。

(2)第二阶段,初期相互关系的发展。技术的进一步提高带来对资本密集度更高的生产方法的使用;产量扩大使某些产品能进行专门化生产,如专门生产包装用纸、专门生产啤酒瓶,为蒸汽机生产专用煤等;前趋联系也出现了,工厂将生产扩展到其专门产品的后续加工上,如制糖厂开始造酒和生产糖浆;工业的发展使从前进口的一些简单工具和机器开始当地制造。

(3)第三阶段,轻工业的扩展。轻工业的发展速度高于工业总体发展速度结果是那些不需要十分精确规格的产品开始当地生产,如生产电冰箱、自行车、商业空调系统等。

(4)第四阶段,改进质量控制和工业公差。开始运用比以前阶段更为复杂的技术,从而使冶金和化学工业得到发展。质量控制得到改善,金属制品工业的公差更为精确。这一阶段的标志是管理更为复杂的工业企业的能力提高了。

(5)第五阶段,工业综合企业的精心管理。技术能力的进一步提高终于带来了重金属制品流程,先进的电子工业可能得到发展。

(6)第六阶段,复杂工业阶段。专门化得到了不断提高,相互关系发展到了没有任何生产企业能够独立运行的程度,因而这些企业成为一个生产综合体的组成部分,能够在某些专门化范围内进行任何产品的生产。

# 第二节　跨国公司金融环境

## 一、外汇与汇率的含义

外汇即国际汇兑,可以从动态和静态两个不同的角度来解释其含义。动态的外汇是指把一国货币兑换成另一国货币以清偿国际债权债务关系的行为。静态的外汇的概念是从动态的汇兑行为衍生出来的,有广义和狭义之分。广义的静态外汇泛指一切以外国货币表示的资产,如外国货币、外币的有价证券、外币支付凭证等。狭义的静态外汇是指以外币表示的可以用于进行国际结算的支付手段。

一个国家货币想要成为外汇,是必须要满足几个条件的。分别包括:自由兑换性,即这种外币能自由兑换成本币;可接受性,即这种外币在国际经济中被普遍接受和使用;可偿性,即这种外币资产是能得到补偿的债权。

汇率是一个国家的货币折算成另一个国家的货币的比率,也就是一种货币表示另一种货币的相对价格。

## 二、汇率变动的影响因素

现在外汇市场的汇率大多是变动的,其变动受多种因素的影响,主要有以下几种。

(1)相对通货膨胀率。货币的对内价值决定其对外价值,货币对内价值的变化必然引起对外价值的变化。通货膨胀是纸币发行量超过商品流通所需要货币量而导致货币购买下降、物价上涨的现象。

(2)国际收支。从短期看,一国国际收支直接影响该国货币对外价格。当一国国际收支存在顺差时,外币的供应大于需求,则造成本国货币升值;反之当一国国际收支存在逆差时,外币供不应求,因而本币贬值。

(3)相对利率水平。利率作为货币的价格,直接引导着货币的流向。当一国利率水平高于其他国家,资金收益就高于其他国家,这一方面使得本国货币在外汇市场供应减少;另一方面吸引外国货币进入本国,外汇市场上外国货币总量增加,从而使得本币升值、外币贬值。

(4)总需求与总供给情况。总需求与总供给增长中,需求和供给不一致会影响汇率。如果总需求整体增长快于总供给的整体增长,则引起进口增加,从而导致本国货币汇率下降。如果总需求中对进口需求增长,则本国货币汇率下降。如果总需求中对进口需求增长快于总供给中出口的增长,则本国货币汇率也将下跌。

(5)政府干预。各国政府为维护经济稳定,避免汇率朝不利方向变动,往往对外汇市场进行干预,其主要通过在外汇市场上买卖外汇,影响外汇供求关系来改变汇率走势。

(6)市场预期的影响。市场预期能对经济产生重大影响。市场预期来源多种多样,包括经济、政治、社会等各方面。经济方面就有对国际收支状况、相对物价水平、相对利率水平以及汇率水平本身的预期,这些预期往往是在某些信息下产生的。

（7）政治因素。如果一国政治不稳定,甚至动荡,如爆发战争、政变、罢工等,一些投资者和投机者对该国经济状况的信心下降,从而撤离该国,导致该国货币大量被抛售,致使该国货币汇率下降。

## 三、国际货币体系

### 1. 国际货币体系的含义

国际货币体系指各国政府对货币在国家间的职能作用及其他有关国际货币问题所制定的规则、协定和组织机构的总称。国际货币体系一般包括四个方面:汇率及汇率制度安排;国际储备资产确定;国际收支调节机制;国际货币事务的协调和管理。这几方面内容构成国际货币体系大系统。由于汇率制度会直接影响到世界各国的经济利益,因此汇率制度成为国际货币体系的核心内容。

### 2. 国际货币体系的演变

国际货币体系自形成以来,随着社会经济条件变化不断演变。人们一般按历史演变过程将国际货币体系分为金本位制、金汇兑本位制、布雷顿森林体系以及当前牙买加货币体系。

## 四、国际金融市场

国际金融市场是货币资金在国际范围内进行交易活动的场所。随着信息技术的发展,当今国际金融市场突破了场所和地点的局限,形成了一个全球化金融市场网络。

### (一)国际货币市场

国际货币市场是指借贷期限在一年以内的国际短期资金交易场所。国际货币市场的主要功能有:为暂时闲置的国际短期借贷资金提供出路,使其增值;便于短期资金在国家间调拨,使国际结算顺利进行;提供资金融通,便利国际经济交易。根据不同的借贷方式,国际货币市场分为银行短期信贷市场、短期证券市场和票据贴现市场。

#### 1. 短期信贷市场

短期信贷市场是指银行对客户提供一年或一年以内的短期贷款市场,主要解决临时性的资金需求和头寸调剂。

#### 2. 短期证券市场

短期证券市场是国际进行期限不超过一年的有价证券交易场所。交易的短期证券种类繁多,一般包括国库券、商业票据、银行承兑票据、大额可转让定期存单等。

#### 3. 贴现市场

贴现市场是对未到期的票据以贴现的方式给予融资的市场。贴现业务经营者主要是商业银行、贴现公司、票据经济商和票据承兑所。贴现业务是货币市场资金融通的一种重要方式。中央银行可利用贴现业务调节利率、信用,从而达到宏观调控的目的。

### (二)国际资本市场

国际资本市场是借贷期限在一年以上的国际中长期资金市场,由国际信贷市场和国际证券市场组成。国际资本市场的主要职责是筹集和运用中长期资金,为工商企业和政府弥补财政赤字或为某些特定用途提供一年以上的中长期资金融通。

国际资本市场主要包括国际中长期信贷市场、国际债券市场和国际股票市场。

1. 国际中长期信贷市场

国际中长期信贷市场,是国际金融机构在国际金融市场上向客户提供期限在一年或一年以上信贷的市场。按照贷款主体不同可以划分为政府贷款、国际金融机构贷款和国际银行贷款。政府贷款是指各国政府利用国家财政资金向国外提供贷款,一般期限长、利率低,但附带一定的条件,如美国国家开发署和日本海外协力基金提供的贷款等。国际金融机构贷款是指全球性或区域性的国际金融机构发放的贷款,如世界银行、国际货币基金组织、亚洲开发银行发放的贷款。政府贷款和国际金融机构贷款均为官方贷款。国际银行是指国际商业银行等金融机构发放的非官方贷款。国际银行具有资金来源广泛、贷款使用比较自由的特点,但条件较严、成本较高。国际中长期信贷市场大部分贷款是国际银行贷款。

2. 国际债券市场

国际债券是指一国政府、企业、金融机构等为筹措资金在国外发行的以外币计值的债券。由国际债券的发行和交易形成的市场称为国际债券市场。20世纪80年代债务危机后,国际融资出现明显的债券化趋势。对于投资者来说,债券既有高度流动性,又有稳定收益,而且风险较小。

按照不同标准,国际债券有不同的分类,主要有以下几种分类:按发行方式,国际债券分为公募债券和私募债券;按利率确定方式分为固定利率债券、浮动利率债券和零息票债券;按是否以发行地所在国货币为面值分为外国债券和欧洲债券。

3. 国际股票市场

国际股票市场是在国际金融市场上发行和交易股票的市场。国际股票市场有两种存在形态:一是有形市场,如证券交易所;二是无形市场,它是由各种现代化通信工具联系起来的交易网络。

# 第三节　国际政治与法律环境

## 一、政治环境概述

1. 政治环境

政治是影响社会和经济生活的最重要的力量,法律规范着社会活动主体的行为和相互关系,两者对跨国经营的巨大影响作用是企业进行跨国经营时必须重视的问题。政治环境是指企业跨国经营涉及的国家或地区的政治体制、执政党的性质以及一定时期内政府的政策等对社会经济产生影响作用的诸因素,即政治因素。

2. 政治环境的特点

政治环境对跨国经营环境的影响具有以下两个特点。

第一个特点是其影响一般通过政府行为或法规政策的形式出现,带有很大的强制性。政府对竞争或垄断的态度、对私营企业的鼓励或限制、对吸引和利用外资的政策、政府工作人员的办事效率和政府本身的稳定性都会直接或间接地影响企业的经营方式和效果。

第二个特点是国际环境中的政治因素复杂多变,难以预测。跨国公司在多个国家经营,必须熟悉不同国家的有关政策和法规,应付具有不同观点或态度的政府、政党和民间团体,在政府干预较强的国家,还要考虑与政府建立适当的关系,以保证国外投资企业的正常经营。

## 二、政治因素

在复杂的政治环境中,对跨国经营环境影响较大的政治因素主要体现在两个方面:一是东道国政府的政策;二是国际组织的影响。

1. 东道国政府的政策

东道国政府制定的各种政策,尤其是针对外商投资企业的政策,对跨国经营环境具有决定性影响。在一个政府干预频繁、对外资企业严加限制的国家中,跨国公司的经营很难获得成功。一般地说,跨国公司在进入一个国家之前,必须从以下几方面考察该国政策是否有利于外商投资:

(1)政府的进出口政策有无配额规定、关税限制或歧视性待遇;

(2)对外资企业的经营范围、产品类型、可以进入的行业有无限制;

(3)对外资企业的控股形式和控股程度有无限制;

(4)对产品的国产化程度是否有一定比例的要求;

(5)政府对雇佣与解雇员工,以及员工的最低工资和福利待遇是否有严格约束;

(6)政府对外资企业在当地资本市场融资的形式、规模和时间有无限制;

(7)政府是否实行外汇管制,对利润汇回有无限制;

(8)政府对跨国购并、垄断与竞争的态度如何;

(9)政府对外商投资有什么优惠政策。

不同国家的政策因素有很大不同,它取决于各国特有的社会制度、政治体制、民族主义情绪和政局的稳定性。

现代社会制度大体上分为社会主义和资本主义两种形式。尽管长期实行计划经济的一些社会主义国家在近10年中逐渐引进了市场机制,但实行不同社会制度的国家对企业自由经营的态度,对外资企业的经营范围、参股形式和程度的限制或鼓励仍然存在着重要差别。

不同国家的政治体制往往不同,有的实行一党制,有的实行多党制。在多党制国家中,不同政党代表的利益不同,政治主张也会不同。随着执政党的变更,政府的政策也可能随之改变或调整。因此,在这类国家开展跨国经营活动,既要熟悉执政党的主张,也要了解在野党的主张。这样可以较好地预测该国未来的政治形势变化。

旨在保护民族经济主权的民族主义反映了国民对民族或国家利益的认同程度。任何国家的国民都有一定程度的民族主义情绪。这种民族主义情绪必然要在政府的政策中有所体现,比如控制进口、强调国产化重重、限制利润汇出,等等。

政局的稳定性直接影响政策的连续性。不稳定的政局是产生政治风险的重要原因。所谓"政治风险"是指由于非市场因素而导致的政策改变使东道国的政治环境发生了不利于企业跨国经营的变化。政治风险的存在大大增加了企业跨国经营的不确定性。研究不同国家政治风险的大小,制定规避政治风险的对策,是跨国公司风险管理的一项重要任务。

2. 国际组织的影响

国际组织作为一种国际政治力量,对企业的跨国经营环境也具有重要影响。首先,国际组织通过制定或协调有关法规和政策影响跨国经营环境。联合国跨国公司中心制定了一系列有关跨国公司活动的准则和规范。联合国的常设机构及其下属组织,经常以成员国

的共同利益为基础出面协调各国涉外经济法规,向成员国提出税收和金融体制改革等方面的政策建议,组织制定有关经济活动与仲裁的国际性条约和法规。这一切对规范跨国经营环境起到了促进作用。其次,国际组织通过调节国际资本的流向和流量影响跨国经营环境。国际货币基金组织经常向成员国提供用于弥补国际收支逆差和稳定汇率的中长期贷款。世界银行也有计划地向一些国家提供大笔的信贷资金,支持这些国家的经济发展。这类国际组织的政策导向和贷款去向对企业的跨国经营活动及整个世界经济的发展都有较大影响。第三,国际组织通过消除贸易壁垒、干预某些产品在国际市场上的供求关系影响跨国经营环境。世界贸易组织致力于在互惠互利的基础上削减关税和其他贸易障碍,消除国际贸易中的歧视性待遇。石油输出国组织通过制订生产配额来影响石油价格,进而影响世界经济形势。

### 三、国际法律环境

企业从事跨国经营活动既要受到不同东道国法律的制约,又要遵守世界范围内共同行为准则,包括某些国家之间就关税、贸易、产权保护等问题签订的条约或协议。不论是东道国内部确立的法律制度,还是它们参与鉴定的某个国际性条约和协议,都在一定程度上反映了东道国政府的立场和态度。因此,企业在从事跨国经营活动时,必须深入了解东道国法律的具体内容。法律因素对跨国经营环境的影响主要表现在以下几个方面。

1. 反垄断法

反垄断法是政府制定的一种维护市场竞争、限制企业或个人垄断和操纵市场行为的法律。美国是最早实施反垄断法的国家,1890 年通过的《谢尔曼法》是第一部反垄断法,1914 年通过的《克莱顿法》和《联邦贸易委员会法》对企业垄断行为的限制作了更明确说明,为联邦政府的反垄断行动奠定了法律基础。目前,世界上多数经济发达国家都制定了反垄断法,一些发展中国家也制定了有关法律。各国反垄断法的实施对企业的跨国经营产生了较大影响。

首先,反垄断法的监察对象主要是在市场中占有较大份额的大型企业。这些企业在国内的进一步发展受到限制,往往要走跨国经营的道路。其他国家的反垄断机构也很自然地把这类跨国经营的大型公司列为主要监控对象。

其次,各国反垄断法的内容和具体实施有很大差别,给跨国公司的管理人员适应不同法律环境增加了难度。例如,美国的反垄断法规定了不同行业中企业能够占有的市场份额,而欧洲一些国家的反垄断法则允许企业占有大量市场份额,但在其他方面加以限制。

第三,企业跨国收购与兼并在许多国家受到有关法律的严格限制。

2. 工业产权保护

工业产权是一种无形的财产权,包括专利权、商标权、版权和商业秘密等。工业产权的所有者有权把它出售或转让给他人使用,从中取得利益和报酬。

工业产权往往是企业以巨额资金为代价获得的。然而,在跨国经营环境中,不同国家对工业产权所有者的保护或对工业产权受益人的判断标准是不一样的。任何签署公约国家的公司,只要在其中一个成员国申请登记了某种商标或技术专利,便可得到其他成员国在一定时期内的承认。这类公约主要有:

(1)巴黎公约,或称"保护工业产权的国际公约",由 80 个成员国组成。中国政府于 1980 年加入该公约。

（2）美洲公约，由大多数拉美国家组成。

（3）欧洲专利公约，由 11 个欧洲国家组成。

这些公约为企业在跨国经营环境中保护自己的合法权益提供了法律依据。

3.关于外商投资的法律规定

为了保护本国民族工业的发展，各国政府对外商投资均有不同程度的法律限制。这些法律限制主要表现在外汇管理、行业保护、税收和贸易保护措施上。

（1）外汇管理。外汇管理是指一国对外汇交易实行的限制。在外汇短缺的国家，政府实行严格的外汇管理，如限制或阻止本国企业购买外国公司的设备和产品，外资子公司不能将当地货币转换为外汇，因而无法将盈利或利息汇回母公司。

（2）行业保护。行业保护是指东道国政府通过限制或禁止外资企业进入某些行业来保护民族经济的行为。发展中国家多采用这类行业保护措施。例如，我国外资企业法规定，在公用事业、交通运输、房地产、信托投资和租赁等行业限制设立外资企业，而在邮电通信、新闻出版等行业则完全禁止设立外资企业。

（3）税收保护措施。税收对跨国经营环境的影响表现在双边或多边税收、税收差别待遇以及国际逃税漏税等方面。企业跨国经营，必然会涉及国家之间的税收分配关系，并由此产生出一系列国际税收的法律问题。

（4）贸易保护措施主要表现在进口关税、限额、卫生检疫、商品包装要求等手段和法规上。对实行全球战略的跨国公司来说，这种贸易保护措施，增加了出口难度和跨国经营的成本，使全球战略的实施难以奏效。

# 第四节　国际社会文化环境

社会文化环境包括企业跨国经营所涉及国家或地区的语言、文字、教育水平、宗教信仰、家庭结构、风俗习惯、工作态度、价值观念，等等。这些因素在企业跨国经营活动的不同方面产生着影响。

## 一、文化的含义

"文化"一词源于拉丁文，最初意为耕作、培养、教育、发展、尊重。18 世纪以后，其含义逐步演变为个人素养、整个社会的知识、艺术、学术作品集合以及引申为一定时代、一定地区的全部社会生活内容，等等。

关于文化的定义，至今没有一个统一的理解。不同学科领域的学者从不同角度来定义文化。最早给文化下定义的是英国人类学家泰勒。他认为，文化或文明就其广泛的人种学而言，是一个复杂的整体，包括知识、信仰、道德、法律、风俗及作为社会成员的人所获得的才能与习惯。

管理学家对文化的理解与人类学家不同，他们比较一致的看法是：文化是人们的生活方式和认识世界的方式。人们总是遵循习惯了的行为方式，这些方式决定了他们生活中特定规则的内涵和模式，社会的差别在于它们文化模式的差别。文化是由人类社会特定群体成员共同形成的，是一代代传下来的对于存在、价值和行动的共识。因此，不同国家或民族的文化往往是不同的。

跨国经营环境中的文化影响在于它的差异性。不同国家有不同的文化，跨国公司的管

理人员必须对文化差异具有高度敏感性,才能在跨文化环境中更好地开展经营活动。

## 二、社会文化环境的影响

世界各国皆有其独特的文化。各国文化的特点渗透到国家政治、经济以及人们的工作、生活等各个方面,使家庭、各种群众组织和团体、商业机构、政府机构乃至整个社会都带有很鲜明的特色。从跨国经营的角度来看,文化其实是一系列规则,这些规则对企业内的雇员和集体的行为产生广泛的约束力。东道国文化可以作为企业经营规则的补充,也可以通过对企业行为的惩罚而改变企业的行为,可见深刻认识东道国或有关国家文化的差异对跨国经营活动的正常开展十分重要。

社会文化因素构成了社会文化环境,社会文化因素种类繁多,对跨国经营环境的影响是多层次、多方面的。我们着重从以下几个方面考察这种影响。

### (一)语言与沟通

语言的沟通方式分为有声语言与无声语言,事实上并非所有的交流都是通过文字或有声语言,很多交流都是借助无声语言来进行沟通的。

1. 有声语言

各民族均有其独特的语言,世界各国语言分属11个语系,各语系又包括众多的语族,后者又细分为许多语支,共包括了3 000多种语言。语言事实上反映出的是文化,它反映出了文化的特性与价值。语言是最能够区分文化差异的载体。虽然许多国家在同一国度内同时使用多种语言,例如瑞士,不但使用法语,同时还使用德、意、托列、罗马语等四种语言。

在国际经济交往日益密切的今天,国际经济联系与交往已相当普遍的今天,投资者尽可能精通东道国语言。

2. 无声语言

无声语言包括体态、眼神、暗示以及某些心理感受等,它比有声语言更难把握。很难甚至不可能对不同文化中非语言沟通以及体态语言的差异进行某种概括。通常只能就主要方面用例子加以说明。例如,美国公司的总经理们的特权就是有一间大办公室,门通常是开着的,这表示总经理能够接见别人,而关上门的时候则代表里面正在进行重要的事项,不便打扰。然而,在德国的公司当中,如果总经理的门是开着的表示这个经理比较粗心大意,办事无条理。因此,无声语言在各个国家反映出的同样也是文化的差异。

无论是语言的还是非语言的,都可以将具有不同文化的人群分开。语言是人类相互沟通的主要手段,它在很大程度上体现了一个社会的文化,因而是区别不同文化的特征之一。语言不仅仅是词和句的集合,还表达了一种文化的思维模式。因此,掌握一种语言是了解它所体现的文化的关键。跨国公司派往国外子公司的管理人员必须懂得东道国当地语言,才能直接与当地员工和顾客交流。在母国制作的广告须经翻译后才能在东道国使用。子公司向母公司汇报的各种计划、报告和财务报表也都必须翻译成母国语言。显然,语言障碍提高了跨国经营的成本,降低了跨国经营活动的效率,甚至因误解导致跨国经营活动失败。形体语言是沟通的另一种形式,它体现在人们的行为之中,常常是"只能意会,不能言传"。在不同文化中,相同的手势或其他动作可能有不同的含义。正确地理解和掌握形体语言,对从事跨国经营活动的人员来说,也是十分重要的。

### （二）观念与信仰

每一种文化中的人群似乎都受一种特定的超自然力量的影响，这可以从他们的宗教实践活动中得到证明。世界上大多数人都具有对某种宗教的信仰。西方文化受基督教和犹太教影响更大，东方文化则受佛教、儒教和印度教的主宰。对一些广为流传的宗教进行研究，能够帮助跨国公司的管理人员更好地理解为什么各国人民的行动不尽相同，并据此作出正确的决策。观念涉及的内容广泛。每一种文化都有其特定观念，支配着人们的行为，影响着人们对事物的看法。例如，在时间观念上，德国人以严守时间而著称，而拉丁族人对守时则不以为然。在对劳动的态度上，一些文化信奉使全体成员都能乐于从事劳动并从中实现自身价值的劳动伦理；在另一些文化中，这种劳动价值仅是狭隘地与劳动收入联系在一起。不同国家的人们在观念上的差异常常会使跨国公司的管理人员感到困惑和苦恼。

### （三）教育

一个国家的教育体制在很大程度上反映了该国的文化和传统。广义上说，教育可以看成是每个人走向成人社会所接受训练的全部过程及其内容。教育影响着人们的观念、需求以及对国外产品和技术的接受程度。教育与经济发展水平有直接关系。在经济发达的西方国家，教育水平普遍很高；在经济落后国家中，文盲率则很高。一国的教育水平和结构决定了该国的国民素质和人才结构。跨国公司在教育水平不高的国家投资建立子公司，会为找不到足够的技术和管理人员而发愁。为了使子公司管理水平和生产技术水平达到母公司要求的标准，跨国公司往往要花费大量时间和经费对东道国当地员工进行系统培训。

### （四）社会组织

每个社会都有自己的社会组织，以确定社会成员相互之间的关系。从人类学角度，可以把社会组织分为两大类：一是以血缘关系为基础的社会组织；二是以偶然的个人自由组合为基础的社会组织。以血缘关系为基础的社会组织典型地表现为家庭。家庭的作用在不同文化中有很大差异。在美国，家庭成员只包括父母和孩子，而在许多发展中国家，家庭成员几乎包括全部有血缘和婚姻关系的亲属。家庭是购买行为的重要决定因素。分析家庭规模和构成有助于更准确地估计市场潜力与特征。中国现代标准城市家庭是夫妻加上一个孩子的三口之家，孩子消费在家庭支出中占有很大比重。许多进入中国的外资跨国公司十分重视中国特有的家庭结构，围绕儿童消费推销产品。家庭的影响也会波及国外子公司的管理。例如，由当地人担任子公司的经理，会因亲情关系而放弃原则，把不称职的亲属安排在重要工作岗位上，或以高价购买亲属生产的产品。这些因素都会给跨国公司的生产经营活动带来不利影响。以偶然的个人自由组合为基础的社会组织，通常是以年龄、性别、爱好和共同利益自发或有组织形成的，如妇女团体、体育俱乐部等。这类社会组织有自己的特点和需求，在社会上发挥着特定作用，因而对经营环境产生直接或间接的影响。

## 三、文化变革的影响

任何一种文化都不是一成不变的。在促使文化变革的众多因素中，不同文化之间的交流是一个重要因素，而跨国公司在其中扮演了关键性角色。美国的快餐食品在亚洲许多国家取得了成功。在日本，许多餐馆采纳了美国的经营理念，如送饭上门。在中国，已有12年

中国大陆经营历史的肯德基快餐连锁店,使许多中国人接受了美国口味的快餐食品,也接受了美国式快餐服务带来的文化。

文化更大的变化产生于技术创新和技术进步。电视机的普及已改变了人们的生活方式和内容。计算机的广泛应用大大提高了工作效率,改变了交易方式。通信设施和交通工具的改进为跨国经营提供了更有利的条件。

显然,文化的变革对跨国经营环境的影响是巨大的。当跨国公司把一种全新产品打入一个国家时,它面临的挑战是如何在这个国家中创造一个新的市场。这就必须改变消费者的消费偏好或口味,使他们接受这种产品。如果跨国公司成功了,它实际上是为自己创造了一个全球性的经营环境。这种经营环境是跨国公司制定和实施全球战略的必要条件。

### 四、跨文化冲突与融合的关系

文化冲突和文化融合作为文化交汇的两个方面,他们之间有着不可分割的关系,在两种文化交汇的过程总是共存其中,相伴而行。

跨国公司中的文化冲突,最终将会走向文化融合。也就是说,尽管一开始有一个以文化冲突为主的时期,但是必定要从这个时期过渡到两种文化之间的相互吸引即文化融合为主的阶段。当然,这个阶段和过程的长短也取决于人们的努力程度及文化融合的愿望。

### 【本章小结】

跨国公司经营环境是影响企业生存和发展的各种外部因素或条件的综合体。企业从事跨国经营活动,所面临的是与母国完全不同的跨国经营环境。这种由不同国家的经济、政治、法律、文化等因素构成的跨国经营环境更为复杂、变幻莫测和难以控制。所以,跨国公司的管理人员应该具备更强的环境适应能力和分析能力,以便在复杂的跨国经营环境中作出正确决策。

跨国公司企业文化是跨国公司员工在长期的生产经营实践中逐步形成的共同价值观、信念、行为准则及具有相应特色的行为方式、物质表现的总称。跨国公司的企业文化具有不同于国内企业的许多独特属性。一些成功的跨国公司都有其独特的企业文化,显然,文化冲突是指不同形态的文化或者文化要素之间相互独立、相互排斥的过程。选择适合企业发展的跨国文化管理策略,通过建立独特的企业文化,进行跨文化培训及实施本土化战略等措施逐步实现其跨文化管理策略。

### 【思考题】

1.跨国经营与经济环境包括哪些内容?
2.国际货币体系包括哪些内容?
3.如何理解跨国经营政治环境?
4.跨国公司中的文化变革的影响有哪些?
5.跨国公司汇率变动的影响因素有哪些?

### 【课外阅读】

**戴姆勒－克莱斯勒的文化冲突**

德国戴姆勒－奔驰汽车公司与美国克莱斯勒汽车公司于1998年5月合并,组建戴姆勒－

克莱斯勒汽车公司。在短短的 3 年合作中,克莱斯勒股票价格跌一半以上,并在 2002—2004 年裁员 26 000 人;更引人注目的是,在合并之初,克莱斯勒上层管理人员纷纷"跳槽",导致大量高层管理人才外流。如曾使克莱斯勒摆脱倒闭危险的原董事长 Lutz,政绩显赫,但在合并之前他就离开了克莱斯勒,以摆脱日后的烦恼。于是 Eaton 在合并之时成为戴姆勒 - 克莱斯勒公司双董事长之一,但他于 2000 年 5 月提前一年退休,致使德方董事长一统天下。克莱斯勒原总经理 Jim Holden 由于不能使克莱斯勒公司管理与戴姆勒总部融合而被德方 Dietz Zetsche 取而代之,于是克莱斯勒完全成为戴姆勒的一部分。前任总经理 Stallkamp,他在卸任之后坦言:"我们不能忽视不同文化在管理中的影响。"他说他在董事会上提出,"一个成功的合并公司必须抛弃各自的企业文化。"应创造双方都可遵循的一种文化。然而,我们没能整合两种文化,形成强强联合,反而一直在争论选择哪家企业文化作为新企业的企业文化。德国戴姆勒 - 奔驰汽车公司和美国克莱斯勒汽车公司都是全球汽车业中的巨头,组建戴姆勒 - 克莱斯勒汽车公司也是应对全球竞争的需要,是双方合作的共同目标。那么,良好的愿望和共同的努力为什么结不出丰硕的果实呢?跨国公司管理中的问题是不同文化通过不同文化背景的管理人员在管理层面上的直接反映,这问题从表面上看似是管理问题,其实是文化冲突的具体反映。因此解决这些问题就必须从文化分析入手,这样才能从本质上解决跨国公司管理中的困惑。

跨文化冲突的原因:从理论角度来看,美国属于强的个人主义文化的国家。美国人崇尚个人主义,当公司的目标和利益与个人的利益相吻合时,美国员工会为公司效劳,当公司的利益与个人的利益相矛盾时,他会毫不犹豫地维护自己的利益。而德国属于弱的个人主义文化的国家,德国文化在个人主义方面表现不明显,具有集体主义文化的特征。也就是说,德国人不像美国人那样完全崇尚个性,相反具有与集体保持一致、以集体利益为重的东方国家的文化特征。这些文化特征在管理方面可表现为:德国企业决策较慢,每一个决策都需要经过不同管理层的多次讨论之后才能作出决定;而美国企业决策的速度则很快,因为每一企业或部门经理在其职权范围内都授权可作决定,不必与上级商量或让部下讨论。

在分析戴姆勒 - 克莱斯勒公司工资分配时发现,德方经理与员工的工资差距不大,因为德方经理认为经理与员工的工资应相对平等,同样,德方以奖励集体成绩为主,而不是个人成绩。对德方的这一做法,美方持有不同观点,他们认为经理应按业绩取酬,既然他对自己所作的决定负责,就理应对每一成功的决策取得回报,所以经理与员工的工资应有差距。

戴姆勒 - 克莱斯勒公司案例是跨国公司管理文化冲突的一个典型案例,通过分析我们发现,文化差异在跨文化管理中是一种必然的现象,如处理不当,这种非管理因素必将成为影响公司经营管理成败的决定因素。

# 第三章 跨国公司的市场进入模式

## 【学习目标】

1. 掌握跨国公司进入国外市场的主要方式。
2. 掌握影响跨国公司选择跨国进入方式的因素。

## 第一节 跨国公司市场进入模式的类型

国际市场的进入模式被理解为一种制度安排,也就是企业将产品、技术、人力、管理经验和其他资源转移到其他国家的方式。跨国公司要进入国际市场,有很多可供选择的方式。例如,可以在本国生产,然后将最终产品出口;也可以将技术、资本、人力等资源转移到外国开展直接投资等。在这里主要介绍贸易型市场进入模式、契约型市场进入模式和投资型市场进入模式。

### 一、贸易型市场进入模式

贸易型市场进入模式,又叫出口市场进入模式,许多制造业企业刚开始进行全球扩张时一般先采取这种进入模式,之后才转向其他的市场进入模式。

出口是通过直接向外国市场输出产品的方式获取收入和利润。对于多数国家来说,外国市场远远大于国内市场,通过挖掘不断扩大的市场,企业可以获取规模经济利益,降低产品成本,获得企业成长的机会。

有些企业很小或几乎不从事其产品进入海外市场的任何活动,它们把相应的工作交给中介机构来做,有些企业则通过设立专门的组织结构来沟通、连接国内外市场,独立完成其出口的全过程。因而,出口有两种基本做法:直接出口和间接出口。

#### (一)直接出口

直接出口(Direct Export)是指企业将产品直接出售到国外市场。企业可以将产品直接出售给国外的代理商、经销商、零售商甚至最终用户,也可以直接出售给企业在国外设立的分支机构,由后者就地销售。

在直接出口中,联系客户、市场调查、分销网点的设置、出口文件的办理、定价等工作都是由跨国公司的出口部门完成的。跨国公司开展直接出口要设立专门的贸易部门,需要较大的投资,但可使跨国公司直接进入国外市场,取得国际化经营的经验,及时调整自己的经营策略与方法。正因为如此,许多国际化经营专家把直接出口作为企业国际化经营的起点。

跨国公司开展直接出口的主要任务如下。

1. 选择海外市场

直接出口中,跨国公司管理层首先要做的工作是选择市场。从理论上说,跨国公司可以把整个世界作为其目标市场,但在实践中,一些市场可能太小,一些市场竞争可能太激烈,一些市场可能因为关税和贸易限制等而进不去,所以跨国公司要根据具体的因素来分析、评判。

选择的评判因素主要包括:目标市场的需求状况、竞争对手情况、东道国政府的相关政策等,并根据这些因素来编制出口计划大纲。跨国公司的出口计划大纲一般包括:出口政策承诺说明、出口形势分析、营销组合方案、在主要目标市场开展出口等。

2.选择目标市场的代表

跨国公司必须选定具有代表性的目标市场。如果市场很大,跨国公司实力也很雄厚,就可以在当地建立其自己的销售子公司,然后向子公司出口,并对子公司的营销活动加以控制。在每一个目标市场,跨国公司都可以有几个分销候选人,这些候选人的名单可以从不同渠道获得,如东道国的商务部、公司母国在东道国的使领馆以及东道国的商会、银行、运输公司等。跨国公司在得到候选名单以后,必须收集每一候选分公司的信息以便从中选择最好的公司。跨国公司需要了解这些公司是否会买进产品销售、是否有仓库、销售人员的数量、销售历史以及这些分销公司在营销和付款方面的表现。跨国公司在作最终决定以前还需实地考察,建立对分销商的全面了解等。在许多国家,一旦签了合同,当地法律可能使公司难以中止合同另找分销商。在一些市场,跨国公司可能找不到令人接受的分销商候选人,在这种情况下,也许不得不接受竞争对手的分销商。

3.直接出口的定价

跨国公司直接出口的定价涉及面较广,例如,跨国公司必须决定是以美元还是以其他货币报价,报的是离岸价还是到岸价,出口应以整个成本定价还是以边际成本定价,公司如何处理关税和其他附加费用等。

直接出口的优点是:企业能与国外客户建立直接的联系,便于掌握国际市场行情;由于流通环节缩短,可以节约流通费用。另外,企业还可以直接取得跨国经营的经验。直接出口的缺点是:企业需要进行一定的投资,如设立专门的出口部门,建立国外营销渠道,并承担相应的费用和风险。

## (二)间接出口

间接出口(Indirect Export)是企业将产品通过本国的中间商进入国际市场,此时生产企业本身只与本国中间人交易,不直接与国外客户或企业打交道,不需要对国外市场有任何研究和投资。企业与国外市场无直接联系,也没有直接的涉外业务活动,不必专设机构与雇用专职人员经营出口,既可节省费用,又不必承担出口风险,因而有投资少、风险小的优点,是进入市场初期积累经验的有效方法;但是,间接出口通常无法获得国际化经营的直接经验,由于信息反馈不及时,企业对产品进入外国市场的过程无法控制,因此不利于企业深入了解国际市场环境和与国外用户保持联系。这种方式适合于出口量不大而自身营销能力又较弱的企业。在间接出口中,出口销售与国内销售区别甚微。其产品是由别的公司带到海外去的,因此其分销问题与国内销售中的分销问题区别甚微。

间接出口的具体操作方法主要有以下三种。

1.利用出口管理公司出口

在美国,有许多出口管理公司。利用出口管理公司进行的出口就是利用中间商出口的典型。出口管理公司的服务一般包括收集市场信息、制定促销战略、履行特殊的促销义务(如参加交易会)、调查顾客资信、安排运输及协调出口单证等。出口管理公司的作用类似

进行出口业务公司的国际部或营销部门,它们通常接受两种形式的出口委托。一种形式是帮助企业创建出口业务,当客户企业出口业务运转正常时,便完全移交给客户公司,由客户公司独立经营。另一种形式是出口管理公司直接接受客户的出口委托,承担出口销售公司产品的连带责任。出口管理公司在行业和地区上高度专业化,一些公司擅长销售电子产品;一些公司擅长销售农产品;一些出口管理公司熟悉亚洲市场;另一些公司更了解欧洲市场。

对于涉足出口业务的公司而言,出口管理公司的专业人才优势、对国际商务惯例的熟知、对出口市场的了解和关系网络可以帮助出口公司发现国外的市场机会,同时避免易犯的错误。

2. 合作出口

合作出口可由当地行业协会牵头,也可由一些大型企业牵头建立合作出口协会,使相互竞争的公司在出口营销方面进行合作。协会可以充当所有成员公司的出口工具,使成员公司以联合阵线的方式出现在国际市场,并形成较大的规模经济。通过合作,可以更有效地联合调查海外市场,并更有效地占领海外市场。

3. 寄生出口

寄生出口涉及两家利益不同的公司,一家是销售者,另一家是寄托者。销售者是实际从事出口的公司,它通常是建立了出口设施和海外销售渠道的大公司。美国波格－瓦纳公司的出口销售和利润中,有1/6来自寄生出口。美国施克(Schick)安全刀片公司在进入德国市场碰到困难以后,通过尝试寄生出口,摆脱了困境。尽管寄生出口比前两种方法更有灵活性,但采用这一方法的跨国公司应该考虑销售条件、促销安排、市场覆盖、终止等方面的问题。寄生出口的具体操作方法有两类:①销售方按佣金提成的方式销售寄售方的产品,如同代理或出口管理公司;②销售方买下寄售方的产品,如同独立的分销商。但哪种选择更恰当则取决于两家公司的具体情况。

### (三)贸易型市场进入模式的几个特定问题研究

1. 贸易壁垒问题(Barriers to Trade)

贸易壁垒主要包括三种类型,即国别壁垒(National Barriers)、关税壁垒(Tariff Barriers)、非关税壁垒(Non-Tariff Barriers)。其中非关税壁垒的种类比较复杂,而且在国际贸易领域中是一个持续时间最久的热点问题。

关税壁垒是指用征收高额进口税和各种进口附加税的办法,以限制和阻止外国商品进口的一种手段,是贸易壁垒的一种。16至17世纪,欧洲推行重商主义政策的国家曾经运用关税壁垒阻止外国制成品的进口,以保护本国工场手工业的发展,实现对外贸易的出超。19世纪,欧洲后起的资本主义国家,为了对抗英国工业品的大量输入,也曾运用关税壁垒,以保护本国工业发展,促进产业革命的实现。现在部分发达国家与发展中国家以保护民族工业的发展为名,仍在运用关税壁垒,抵制他国产品的正常销售,对跨国公司的出口贸易形成了一定的干扰。但在多边贸易体制的框架下,各国关税的下调是一种必然的趋势,关税壁垒对跨国公司的影响力将不断下降。

在关税不断下调的背景下,非关税壁垒对国际贸易的影响力在不断地增加。2002年4月,美国贸易代表办公室(The Office of the United States Trade Representative,简称USTR)公布了《2002年有关外贸壁垒的国家贸易估算报告》。这份关于美国商品和服务出口所面临的壁垒的年度报告说,其他国家越来越多地把非关税壁垒"作为阻碍国际贸易的一项政策"。

美国贸易代表指出,非关税壁垒包括"没有科学依据的卫生和植物检疫(SPS)标准,海关手续、政府垄断和规章制度缺乏透明度"。

报告还列举了非关税壁垒的一些具体实例,如加拿大小麦局对采购、销售和运输加拿大小麦的垄断,墨西哥采取政策阻止在其国际电信市场上的竞争,日本"通过设置标准和其他行政规定"来限制农产品进口,欧盟禁止经过荷尔蒙处理的美国牛肉等。

这份调查报告列举了美国在世界各地55个主要贸易伙伴的做法,描述了限制市场准入的种种政策,同时还列举了国际知识产权保护中的一些严重缺陷以及一些投资壁垒等。

报告指出,贸易壁垒的继续存在突出了2001年在卡塔尔多哈启动的新一轮多边贸易谈判的重要性。

通常非关税壁垒主要包括:对特定商品的进口配额或数量限制;对特定产品的进出口禁令;海关限制;汇率限制等。

2.反倾销问题

20世纪70年代以来,世界贸易保护主义重新抬头,至今仍高潮迭起。作为新贸易保护主义的主要工具——"反倾销"在各国贸易保护政策中的地位越加突出,并已成为当今世界重要贸易国家和地区的通行政策。现行的反倾销政策框架基本上是在1947年确认的GATT第6条的基础上,经1994年乌拉圭回合修订而来的。

反倾销(Anti-Dumping)是当今国际贸易领域的一个热点,同时也是引起国家间贸易摩擦的一个主要原因。从总量上看,从1969年到1995年,全世界共发起反倾销调查3108起,涉及产品3000余种,贸易额超过千亿美元。从时间上看,20世纪90年代后的案例占1/3。从地区上看,美国、欧盟、澳大利亚、加拿大占总案件的86%(达2678起)。从发展趋势上看,全球反倾销诉讼有增无减,势头强劲,中国已成为世界贸易保护主义的主要目标国之一。20世纪90年代涉及我国的调查案件以10%～20%的年平均幅度递增。1987—1997年,WTO成员国共发起2215起反倾销案,其中对华案为264起,占11.9%。中国超过日、德、韩及我国台湾地区沦为新一轮反倾销浪潮的重灾区。从各国对反倾销政策的态度看,工业发达而且进口数量庞大的国家往往正是最常使用反倾销政策工具的国家。相比之下,后起的工业国,尤其是出口导向型国家和地区,例如日本、中国香港、新加坡,则大力反对反倾销制度。比如日本产业结构议会1993年报告批评道:美国及欧洲共同体均有严重滥用反倾销制度的现象。在1999年12月西雅图会议上,日本顶住美国的强大压力,坚持要将反倾销条款的修订列入新的回合谈判,与美国不欢而散。日本对反倾销的态度可见一斑。

经济学家根据维纳(Viner)的理论,将倾销分成三类:偶然性倾销、掠夺性倾销和连续性倾销。对于第一种,不必介意。对于第二种,各国是一致反对的,因为这是超贸易保护主义的工具,具有侵略性,自然不"公平"。据反倾销专家帕米特统计,1980—1986年,澳大利亚、加拿大、欧共体和美国所发起的767起反倾销诉讼案中,没有一起是掠夺性倾销,而绝大部分为长期或连续性倾销,故林德特认为掠夺性倾销似乎已经消失。所以我们下面所讨论的都是连续性倾销。政府补贴性倾销自然也不在其列。

企业之所以能够在出口市场上长期地持续性地以低于国内市场价格销售商品,一方面是因为出口市场的扩大能够扩大生产规模,实现规模经济,增加利润,而更直接的是能分摊、利用尚未充分利用的固定资产投入、人力资本投入及其他沉没成本。事实上"倾销"经

常是产量过剩的结果,因而经常发生于沉没成本较高的产业,其中以石化及钢铁工业为最多。以美国为例,1980—1993 年的反倾销案件中钢铁企业占了 38.4%,澳大利亚在 1991—1995 年,提起的反倾销案件也以石油化学工业为主;加拿大在 1980—1991 年,主要金属工业提起的反倾销案件数最多。我国高锰酸钾、碳酸钡、硅锰铁、钢板等化工冶金、钢铁行业也都连续遭遇 2~3 次的倾销指控。我国台湾地区提起的反倾销案件涉及的产业也以石化业居首(14 件),钢铁业其次(12 件),两产业共占总案件的 75%。

以石化及钢铁业为例,由于沉没成本大,对企业而言,只要其售价能高于可接受成本或等于其可接受的成本,有净现金净流入,即使不能弥补其平均成本(固定成本＋可变成本),他们仍然会继续生产,并以这种价格销售,以免因停业生产而导致更大的亏损,即所谓"损失最小化"。总之,我们认为亚当·斯密"为过剩产品找出路"的理论仍然是现代企业倾销行为的基本动因。

## 二、合同进入模式

合同进入模式是指采用契约安排方式进入国外市场的模式。具体来说,是指企业将所拥有的专利、商标、技术诀窍、营销技能及管理模式等无形资产通过技术转让合同或特许权使用合同的方式转让给外国企业使用。由于这种方式不涉及股权或企业制度安排,所以也称为"非股权安排"模式。合同进入模式主要有三大类:第一类是授权经营模式,包括许可协议和特许经营两种;第二类是服务合同模式,包括技术咨询服务合同、管理合同和其他合同;第三是建设合同或生产合同,包括交钥匙工程、OEM 协议以及国际分包等多种形式。

### (一)授权经营

1. 许可协议(Licensing Agreement)

(1)许可协议的含义

许可协议是指许可证人将技术、专利、商标、设计、工艺流程、技术诀窍及其他独享的优势,在一定条件下让渡给受让人使用,由受让人支付使用费的合同。与采用出口贸易方式和直接投资方式进入国际市场相比,许可协议方式花费的时间少,对外国市场的参与程度也比较低。

(2)许可协议的优缺点

①优点:a. 技术开发与研究成本得到分摊。b. 障碍少。各国对有形商品的进出口限制较多,尤其是各种非关税措施。不少国家对外商投资在行业上进行限制,如媒体、金融等服务行业。而各国对许可证贸易的限制较少,很多国家还特别鼓励无形资产的流入。c. 风险小。相对于直接投资而言,许可人无需担心直接投资企业可能遭遇的被征用或国有化的政治风险。

②缺点:a. 许可人的领先优势逐渐削弱。因为受让人通过许可协议至少可以获得一部分优势。因此,受让人可能成为未来的竞争者。b. 许可证人的利润未必能够最大化。这是因为许可证人支出的成本除了研发费用,还有放弃其他进入方式如出口贸易的机会成本。此外,许可证人获得的收益为受让人支付的使用费用,而一些国家限制对外支付许可费用的金额,由此可能造成许可人的利润不能最大化。

例如,20 世纪 60 年代,美国 RCA 公司将其具有领先优势的彩电生产技术以许可形式转让给了许多日本公司使用,其中包括松下和索尼。当时,RCA 公司认为,将技术以许可协议的形式转让给日本公司,既可以在日本市场得到高额回报,又能避免对外直接投资的成本和风险。令 RCA 公司未曾料到的是,松下和索尼公司在吸收消化了 RCA 公司转让的技术后,其产品很快进入美国市场并与 RCA 公司的产品直接竞争。结果,至今松下和索尼都比 RCA 公司在美国市场拥有更大的市场份额。

（3）企业选择许可协议方式进入国际市场的动机

采用许可协议方式进入国际市场的动机是多种多样的,主要有以下几个方面:一是企业缺少资本、管理资源,而且对出口贸易、对外直接投资方式缺乏了解,希望以最少的代价获取利润。二是技术不涉及许可人核心业务的主要部分。生产单一产品或以某种产品为主的公司通常不愿意转让其核心技术,而一些从事多元化经营的公司则更愿意转让其外围技术。例如,美国通用电气（GE）在研究主产品的技术时,获得了一项副产品技术,即利用该技术可以培养一种微生物,吞噬溢出的石油,于是通用公司将这项技术转让给了欧洲公司,而不是自己投资设厂使用该技术。三是技术"回流"的希望很高。四是转让人希望在次级市场上利用其技术。这些市场可能太小,不宜进行直接投资,因为达不到所需的规模经济。五是东道国政府限制进口和（或）外国直接投资。六是外国企业被征用或被国有化的风险很大。七是技术更新的速度很快,转让人可以保持对受让人的技术领先优势。

2. 特许经营（Franchising）

（1）特许经营的含义

特许经营,是指拥有注册商标、企业标志、专利、专有技术等经营资源的企业,也就是特许人,通过订立合同,将其拥有的上述范围内的经营资源许可其他经营者也就是受许人使用,受许人按照合同约定在统一的经营模式下开展经营,并向特许人支付相应费用的经营活动。

特许经营包括四个基本要素:一是特许人必须拥有注册商标、企业标志、专利、专有技术等经营资源,并通过合同形式许可受许人使用上述经营资源。特许人如果不具备上述条件,特许经营也就无从谈起。二是特许人和受许人之间是一种合同关系。特许人和受许人是相互独立的市场主体,双方通过订立特许经营合同,确定各自的权利和义务。三是受许人应当按照特许人的要求,在统一的经营模式下开展经营。特许经营是一种高度系统化、组织化的营销方式,统一的经营模式是其核心要求之一,也是保证服务的规范性、一致性以及维护品牌形象的需要。这种统一的经营模式体现在各个方面,大到管理、促销、质量控制等,小到店铺的装潢设计甚至标牌的设置等。四是受许人应当向特许人支付相应的费用。特许人拥有的经营资源一般都经过了较长时间的开发、积累,具有较高的商业价值。受许人经许可使用这些经营资源也是为了开展经营活动,因此需要支付相应的费用。支付费用的种类、数额以及支付方式,由双方当事人在合同中约定。

（2）特许经营的优缺点

①优点:a. 特许人可以低成本迅速扩张。这是由于特许人可借用受许人的资源和条件,利用他人资金发展自己的业务,扩展跨国经营网络。b. 与自己开业相比,受许人资金投入较少,但却可以得到稳定的利润来源。

②缺点:a. 特许人对受许人经营全过程缺乏充分的控制,一旦受许人不按照特许人的规范操作,特许人的商誉会受到影响。b. 特许经营的利润有限。c. 容易制造出竞争者。在很多情况下,受许人熟悉了生产经营过程后,会对产品或服务作某些改良,然后脱离特许人而独立经营,甚至变成特许人在当地市场或国外进行特许经营。d. 受许人缺乏自主权。

（3）特许经营发展情况

特许经营最早出现在美国，至今已经有一百多年的历史。特许经营以其操作简便，成本较低，可以快速扩大营销规模的优势，在许多国家特别是发达国家被广泛采用，目前已经发展得比较成熟。特许经营在我国出现的时间并不长，只有十几年，但发展速度很快。特别是 2000 年以来，特许经营在我国进入高速增长期。据统计，截至 2005 年年底，全国已有 2 320 个特许经营体系，如肯德基、麦当劳、全聚德、华联超市、马兰拉面、吴裕泰茶庄、福奈特洗衣、东易日盛装饰等，涉及餐饮、零售、洗衣、室内装饰、休闲健身等 60 多个行业、业态，特许加盟店约 16 万家。特许经营的发展，在调整和改善流通结构，促进中小企业发展，扩大就业等方面发挥了积极的作用。

为了规范特许经营活动，促进特许经营健康有序发展，我国新颁布了《商业特许经营管理条例》，该条例自 2007 年 5 月 1 日起施行。这是我国第一部规范和管理特许经营活动的专门行政法规。条例针对我国特许经营领域存在的主要问题，借鉴国外有益做法，对特许人从事特许经营活动应当具备的条件、特许人备案制度、特许经营合同的订立、特许人信息披露制度、特许人和受许人的行为规范以及法律责任等内容作出了明确规定。

（4）签订特许经营合同需要注意的问题

①应对专门用语进行定义。专门用语包括管理体系、商标许可使用、区域保护、加盟金、特许经营使用费、产品和服务的内容等。例如某特许经营合同规定："管理体系是指特许人所拥有的有价值的专用商名、商标、建筑风格、培训体系、财务体系、经营诀窍等专有技术。它的核心内容是××商标及其经营管理标准和技术质量标准"。又如"本合同所称产品是指特许人代理销售的××牌石油化工全系列产品及特许人代理的各种汽车清洗养护设备。包括……"

②明确规定特许经营授权许可的内容、范围、期限和地域。通常特许经营合同许可的内容大致包括：许可使用的商标、商号、专利、专有技术和经营诀窍，等等。合同应明确规定它们的名称、登记号及其他登记注册情况，如有效期、许可使用的内容、方式和地区等事项。签订合同时，受许人应该审核有关权属证书的原件。合同期限短则一年两年，长则十年八年，最长可达二十年，通常为三至五年。特许权使用的地域通常是指受许人有权行使特许经营权的地域范围，它通常是用来限定受许人使用特许权的空间范围的。

③特许人的基本权利。a. 对受许人的经营活动进行监督。b. 确保特许体系的统一性和产品、服务质量的一致性。c. 收取特许经营费及其他各种服务费用。特许经营费是指加盟费和特许权使用费，有的企业还收取一定数额的保证金。这些费用应在特许经营合同中约定，其他各种服务费用通常有广告费、店面设计费、专项指导服务费、委托代理费等，这部分费用通常在特许经营合同以外单独约定。d. 解约权。对违反特许经营合同规定，侵犯特许者合法权益、破坏特许体系的行为，有权终止特许行为。

④特许人的基本义务。a. 将特许经营权授予受许人使用，并提供代表该特许体系的营业象征及经营手册。b. 提供开业前的教育和培训。c. 指导受许人做好开店准备。通常特许人为受许人提供店址选择、店面设计、广告策划、开业仪式的策划、设备的安装调试、物品采购、员工等方面的服务。d. 提供长期的经营指导、培训和合同规定的物品供应。

## （二）服务合同

### 1. 技术咨询服务合同

技术咨询服务合同是指跨国经营企业向国外企业有偿提供技术咨询服务的合同，主要包括技术开发或解决技术难题,其中,以新产品、新工艺方面的技术咨询服务为主。

2. 管理合同

管理合同是指跨国经营企业向国外企业提供有偿管理国外企业经营业务的合同。跨国经营企业收取的服务报酬形式通常有:按利润额或销售额的百分比提成,按每一单位销售额提取固定报酬,按费用总额支付等。一般来说,这种合同并不授予管理公司进行新投资、承担长期债务、决定分红政策、实施基础管理或政策的变革、变更所有权结构的权利。也就是说,管理控制仅限于日常的经营运作。

例如,2006 年 8 月 25 日,巴西电信与西门子通信集团签订了一笔为期 3 年,总金额达 7 500 万美元的管理合同。合同规定,西门子负责运营和维护巴西电信在 Santa Catarina 以及 Parana 州的网络。该网络拥有 320 万用户,总面积达到 30 万平方千米,而这已经是西门子第 100 个受托管理的电信网络。又如,20 世纪 70 年代沙特阿拉伯政府将 Aramco 石油公司国有化后,要求该公司原所有者继续管理该公司。

3. 其他合同

其他合同是指跨国经营企业向国外企业有偿提供财务、营销、人员培训等服务的合同。

## (三)建设合同或生产合同

建设合同或生产合同主要包括交钥匙工程、OEM 以及国际分包三种。

### 1. 交钥匙工程(Turnkey Project)

交钥匙工程合同指企业与外国企业签订合同并完成某一大型项目,然后将该项目交付对方的做法。企业的责任一般包括项目的设计、建造,在交付项目之后提供的服务(如提供管理和培训工人,为对方经营或运营该项目做准备)。交钥匙合同除了某些发生在制造行业外,许多是跨国公司就某些大型公共基础设施如医院、公路、码头等与外国政府签订的移交合同。在制造业交钥匙合同中外方公司的责任主要包括厂房或设施的修建,设备的提供、安装、调试,某些情况下的员工培训。

交钥匙模式最具吸引力之处在于,它所签订的合同往往是大型的长期项目,且利润丰厚。交钥匙工程经常涉及政府机构的参与,项目多存在于发电厂、机场、海港、通信系统等。

交钥匙合同依照企业对外国企业或政府义务终止期的不同,分为一般交钥匙、半统包合同、产品到手合同三种形式。阿尔及利亚家用电器行业的建立就是采用了交钥匙合同的方式。

以交钥匙方式出售技术的战略也广泛运用于化学、制药、炼油业中。许多跨国公司把出售在这几个行业开发出来的新技术作为主要业务,而不是出售以这些技术生产出来的产品。

一些情形下,市场规模、政府对其他进入模式的限制也是企业选择这一进入模式的原因。如美国一家家用电器公司于 1974 年与阿尔及利亚的一家企业签订了一项标价 2 亿美元的合同,以交钥匙的方式在阿尔及利亚建立了一个家用电器工厂,原因是阿尔及利亚政府宣布不接受外国公司生产的家用电器商品,这意味着如果不以交钥匙方式进入,美国公司将会失去阿尔及利亚国内市场,其他国家为获得利益也会选择交钥匙的方式进入。这一合同的签署允许美国公司在相当长的一段时间为这家新建工厂提供零部件。

日本一直在资源国通过交钥匙的方式介入,如三菱与其他日本公司合作在中东建立了炼油厂和天然气生产基地,其产品直接输往日本。

**2. OEM**

**(1)OEM 的含义**

OEM 是 Original Equipment Manufacturer 的简称,直译为原始设备制造商。国内习惯称 OEM 为贴牌生产或合同制造,是指跨国公司与国外生产企业订立长期供应合同,由后者按合同规定生产产品,交由跨国公司用本企业的品牌销售。合同双方本质上属于买卖关系,但在合同期内,国外企业的生产处于跨国公司的影响或控制之下。

**(2)OEM 发展情况**

OEM 是社会化大生产的结果。在欧洲,1998 年 OEM 生产贸易已达到 3 500 亿欧元,占欧洲工业总产值的 14% 以上。在亚洲,日本企业为迅速占领市场,降低生产成本,是最早采用国际 OEM 生产贸易形式的。"亚洲四小龙"的腾飞亦与 OEM 有着密不可分的关系。其中,中国台湾早已成为全球 PC 机最大的 OEM 基地,印度亦是通过 OEM 的方式成为世界最大的计算机软件出口国。美国耐克公司年销售收入高达 20 亿美元,公司自身却没有一家生产工厂,只专注于研究、设计及行销,产品全部采用 OEM 方式,成为世界上 OEM 经营的成功典范。

目前,我国家用电器、航空制造、IT 业、汽车、船舶及纺织轻工等领域已开展的国际 OEM 生产贸易实践,积累了较丰富的经验。在家电行业,越来越多的世界著名厂商将生产转移到中国,从 GE 到 LG,从松下到东芝,从西门子到伊莱克斯,从飞利浦到惠而浦……当今世界大部分的家电名牌都有在中国生产的产品,而中国的家电企业有 90% 在做 OEM,使得中国正在成为全球家电生产的"大车间"。

**(3)OEM 的优缺点**

①优点:a. OEM 需求方(采购商)可以节约成本。通过委托已经具备生产设备或负责提供生产设备的 OEM 供应商生产自己所需产品,OEM 需求方就不必进行生产的固定资产投入,没有了资产(厂房、设备、办公楼等)带来的负担,也无需支付高额的劳工费用。同时还可集中精力进行新产品的研究开发,保持自己的传统优势。b. 供应商可充分利用现有的生产能力、廉价劳动力,增加企业经济利润。

②缺点:a. 对于供应商而言,采购商的经营不善,控股权易主,采购商对自己的战略和企业结构作出调整,采购商采购产品技术指标过于复杂等均可给供应商带来一定的风险。b. 对于采购商而言,如果一味地依靠由买方支撑的小企业的供应商从事 OEM,可能会毁坏自己的公众形象,降低集团员工的士气。

**3. 国际分包(International Subcontracting)**

国际分包是指跨国公司通过合同将生产过程的一部分转移到目标国生产企业。与 OEM 不同的是,后者目标国企业承担了生产的全过程。最常见的国际分包形式是分包人根据发包人(跨国公司)的订单加工制造元器件、零部件。分包人所生产的产品的规格、数量、性能等往往只能适合发包人的需要,难以作为成品进入市场。

## 三、直接投资进入模式

直接投资进入模式是一种以所有权为基础的进入模式,企业通过在目标国家占有部分或全部的所有权(股权),将技术、人力、管理经验及其他产权转移到目标国家。这种进入模式可以采用合资企业的形式,即与目标国家内的本土企业分享所有权和控制权,也可以采用全资子公司的形式,享有完整的所有权和控制权。与前述两种进入模式相比,投资进入模式涉及所有权的转移,需要花费的资源最多,面临的风险也最大,但对国外市场的渗透最完全,获得的控制权也最强。

## (一)合资企业(Joint Venture)

### 1.合资企业的含义

合资企业是指不同国家的投资者共同出资在东道国设立的共同管理、共担风险、共享收益的企业。投资者对合资企业的资本投入主要采用九种形式,即现金、机器设备、原材料、专利权、专有技术、商标权、房地产、厂房、经营管理知识等。所有资本投入都经谈判商议折合为一定的股本投资入股。

根据参股比例,合资企业可分为多数参股、少数参股和对等参股三种,三种股权形态分别指拥有51%及以上、49%及以下和50%的股权比例。

### 2.合资进入模式的优缺点

（1）优点

相对于跨国公司独资子公司而言,合资企业的优点具体表现如下。

①利用东道国合资者的资源。合资企业可以利用东道国合资者的资源:a.知识资源,包括人力资源、营销网络等。利用合资者对当地市场结构和消费水平、原材料的供应情况、适宜的分销渠道与方式、重要的经销代理机构、当地居民的消费偏好等信息的获取,跨国公司能迅速作出相应的生产计划和销售策略调整,由此提高收益。实际上,有时候合资企业盈利的多少对跨国公司来说并不重要,跨国公司更加关心的是这些合资公司对其全球性战略所能提供的支持与服务。比如,可以利用合资者的销售渠道,为跨国公司的其他子公司采购原材料、零配件等生产要素,或者销售产品;获得关于新技术和顾客的信息;为母公司在全球范围内调配资源创造条件等。b.资本资源。尤其是当跨国公司对外直接投资的固定成本相对于其自身规模来说很大时,获得合资方的资本投入可以减少跨国公司的资本支出,降低投资风险。

②利用东道国政府的各种政策优惠。东道国政府常常采取的引资政策是,给予合资企业较之国内企业以及其他外资进入模式更为优惠的待遇。这样,跨国公司采取合资经营方式,可以获得税收、贸易、利润返回等优惠待遇,甚至可以联合当地合资者向当地政府施压,以便获取更大的优惠。

③适应东道国政府对跨国公司持股比例的限制。一般来说,东道国(尤其是作为发展中国家的东道国)为了自身经济、政治利益,总是偏好于合资经营方式。第二次世界大战后,许多国家,尤其是发展中国家,出于应对外来竞争的目的,或者是出于政治经济独立的要求而实施强制性限制。比如,要求跨国公司向当地投资者让渡子公司的部分甚至大部分股权并配以法律法规、产业政策、外汇管制、税收等对外国跨国公司的进入行业、持股比例等予以限制。

④与东道国合资者形成利益共享机制。合资企业双方通过股权参与和利润与风险共担,得以获得对经营活动的监控信息以及监控动力,从而有助于(部分地)减少机会主义行为等负外部性影响,降低重新谈判的成本,实现合资契约的稳定和较为有效地利用各自的资源。

（2）缺点

合资双方存在潜在的冲突可能性,企业的管理和运营中充满了各种不确定性风险,企

业失败的可能性相对较高。冲突根源如下。

①因为合资企业毕竟是潜在的竞争对手之间的合作，只是为了各自的战略需要或者为了解决一些暂时的困难走到了一起。因此，随着环境的变化和各自资源条件的改变，不同投资主体为了自身的利益最大化而存在着控制权之争，也使得这种合作关系常常存在不稳定性，进而影响到一方（或双方）通过合资所预期获取的收益。

②因为合资企业通常都是多个合资方共同享有产权以及共同进行管理（虽然各方持有的实际控制权程度不同），由于各方的目标不同，各方的商业实践经验、对企业将来的预期和社会文化传统背景之间也有可能存在分歧，导致合资企业内部难以达到协调和统一。

（3）合资进入模式的条件

综合上述分析，跨国公司选择合资进入模式，或者说合资企业富有效率的条件应该是合资企业的优势超过了相关的成本，和谐多于冲突，而这一条件又决定于双方母公司战略目标是否一致、资源相互承诺的程度以及双方管理人员在合资企业运营中的协调与运作。

①双方母公司的战略需要达到了相对一致性，并由此产生了合作的需要。无论哪种类型的合资企业，从根本上讲，均是根据双方各自母公司长期发展战略的需要，为增强自身竞争优势而设计的。

②战略上的相互需要是以双方具有互补性资源为基础的，这是合资企业建立的关键动因。因此，双方母公司在资源（和竞争能力）上的互补性成为合资企业存在的物质基础。当双方（或一方对另一方）的资源互补性随着时间以及变化的竞争环境而减弱时，合资企业就难以维系下去。

③即使在满足上述两个条件下，合资企业中也存在着控制权之争，必然会影响到合资企业的效率。因此，为更好地协调合资双方的利益，必须建立起相对有效的合资企业治理结构和治理机制。但是在合资企业中如何设计有效的治理机制，对合资双方而言都是一个艰巨的挑战，它涉及双方利益的平衡、相互之间的信任与合作等多重因素，有关的研究结论尚未达成一致。

④最后，由于合资企业管理的复杂性，因而对企业管理层提出了更高的能力要求。合资企业管理的复杂性常常导致国际合资企业的破产和倒闭。

## （二）独资企业（Sole Proprieta Venture）

### 1.独资企业的含义

独资企业是指跨国公司投入全部股份资本，依法在东道国设立的独立企业。

### 2.独资进入模式的优缺点

（1）优点

①独资子公司能够更好地实施母公司的经营战略。由于独资企业是一种建立在母子公司之间长期而稳定的产权（股权）占有，以及母公司对子公司有效控制基础之上的合约关系，母公司分配责任和权利给子公司，并充分满足子公司需要的资源，母公司通过战略、文化、人力资源、营销、内部管理制度和财务等手段对子公司的生产经营活动进行协调和管理，以保证母公司的战略意图得以充分贯彻；与此对应，子公司为母公司的战略和目标提供服务。因此，独资子公司能够更好地实施母公司的经营战略。

②独资子公司能够更好地维护跨国公司的技术垄断、经营诀窍、产品质量、商标信誉等重要的无形资产优势，进而独享这些资产所带来的收益。而且，在这种情况下，跨国公司敢

于大胆地投入某些在世界上具有领先地位的技术和设备,采用较为先进的管理方法和先进工艺,从而进一步增强在东道国市场上的竞争优势。

③设立简便。只要外部环境基本相同或相似,跨国公司完全可以以一个成功的企业为范例,将一个独资企业在东道国不断加以复制,从而降低大量的市场调研、企业规划、厂房设计、人员配备等方面的成本,而不必像合资企业那样要进行烦琐的谈判协商等,从而大大降低企业设立的前期准备,节约了时间,降低了成本。

④受东道国政府的行政干预较少。许多合资企业在人事上受到东道国政府干预,比如必须接受政府指定的某些人员,而这些人又常常是合资企业不需要的或认为不合格的。更严重的是,合资企业解雇员工常常需要得到政府批准。而独资企业由于全部资产由跨国公司投入,自主性很大,因而所受干预较少,有利于其经营管理活动的开展。

(2)缺点

独资进入模式容易受到东道国政府的限制,以及当地文化传统和价值观的抵制。

3.独资进入模式的条件

一是跨国公司拥有相对于东道国当地企业的资源优势的强度。强度越大,跨国公司就越不可能愿意与当地企业建立合资关系,同时,其讨价还价的能力也越强,也就越容易争取到有利于自我发展的空间。

二是东道国的政策环境。东道国在有关外资进入方面的政策环境,不仅影响到跨国公司所具有的资源优势的相对强度,进而影响到它与东道国政府的谈判实力,而且在某些情况下,直接限制了跨国公司进入模式的选择。比如,东道国如果强制性限制外资进入的持股比例,在这种情况下,跨国公司如果不想放弃该国市场,也只能被迫选择合资进入模式。总体上讲,东道国政策环境越宽松,越有利于跨国公司独资进入。

综上所述,独资进入与合资进入两种模式各有利弊,它们都是跨国公司在其整体战略指导下,结合自身资源状况以及东道国的投资环境而作出的决策结果,因而跨国公司进入模式的选择,实际上是多重因素约束下的一个综合结果。

# 第二节　跨国公司国际市场进入模式的选择

## 一、不同进入模式的内在特征

市场进入模式的内在特征是市场进入模式本身所固有的特性,不随外界因素和公司本身的情况而改变。每一种市场进入模式都有控制程度、资源投入和风险传播等方面的特征,或者说每一种市场进入模式都与控制程度、资源投入程度和风险传播程度相关。

1.控制程度

控制是指操纵企业资源,进行运营和战略决策的权力。不同的进入模式对应着不同的控制程度。一般而言,控制程度随进入程度加深而递增。在企业采取出口和技术授权时最低,在企业建立全资子公司时最高。在技术授权的情况下,授权方收取了许可费用,作为交换它将运营和战略的控制权授予了对方。在全资子公司情况下,日常运营和某些战略决策的控制权被授予了子公司,但最终控制权在母公司。在合资的情况下,控制度取决于企业所占的股份和合资方的数目。不管怎样,企业必须和其他合资方分享控制权,因此,控制程度总是介于技术授权和全资子公司之间。

### 2. 资源投入程度

资源投入是指专用资产投入，这些资产可以是有形资产，如厂房、设备等，也可以是无形资产，如管理经验、专利技术、商标、商誉等。资源投入也意味着企业为了进入外国市场付出的沉淀成本，同时构成了企业的退出障碍，限制了企业战略的灵活性。一般出口进入模式、许可经营、合资企业、并购所得的全资子公司和新建的全资子公司的资源投入是逐级递增的。不同的进入模式需要不同的资源投入，因此决定了跨国公司的投入成本。

在技术授权的情况下，技术接受方负担设立企业和服务国外市场的绝大部分费用。因此，跨国公司所需投入的资源很低，只限于为技术接受方提供技术培训和指导监督接受方，以免接受方作出任何有悖于授权合同的行为。在全资子公司的情况下，企业必须负担设立子公司和服务国外市场的全部费用。这时，企业拥有子公司的全部生产，企业的资源投入程度相应最高。明显地，全资子公司投入的资源比合资公司高。所以，企业的资源投入总是介于技术授权和全资子公司之间。

### 3. 风险传播程度

风险传播是指企业在进入外国市场时，其所具有的技术、营销或管理方面的比较优势可能被外国企业不正当利用的风险。出口或独资进入模式的传播风险较小，合同或合资进入模式会面临一定的传播风险。

当跨国公司授权国外公司使用其专有知识生产和营销时，公司的专有知识就面临着被技术接受方或其雇员传播或不正当利用的风险。同样的情况也可能发生在合资企业里，但合资企业的技术传播风险不如技术授权那么大，因为跨国公司在合资企业中的股份可以让自己对合资方使用其专有技术有更大控制权。技术传播风险在独资情况下可能最小。这是因为内部化有助于培育一种使组织成员具有一致目标和价值观的氛围。但即使是在独资情况下，也有可能发生掌握跨国公司专有技术的核心雇员离职后将公司的技术扩散。总之，技术扩散风险在合同进入时最高，在合资进入时次之，在独资进入时最低。

在选择市场进入模式时，一般认为进入模式的控制程度越强越好，资源投入和传播风险程度越低越好。但现实中三者是互相矛盾的，企业进入模式中的控制和资源投入是成正相关关系的。而资源投入程度越高，企业暴露于传播风险的资产就越多，因此只能是权衡利弊寻找这三者的折中点。不同进入模式的特征比较见表3-1。

表3-1　不同进入模式的特征比较

| | | 控制程度 | 资源投入程度 | 风险传播程度 |
|---|---|---|---|---|
| 出口进入模式 | | 低 | 低 | 低 |
| 合同进入模式 | | 低 | 低 | 高 |
| 直接投资 | 合资 | 中 | 中 | 中 |
| | 独资 | 高 | 高 | 低 |

## 二、影响国际市场进入模式选择的主要因素

如前所述，企业采用什么模式进入国际市场受很多因素影响。具体来说，这些因素包括外部因素和内部因素。

## （一）外部因素

外部因素包括目标国市场特性、目标国宏观投资环境、社会文化差异、组织影响以及母国环境等，这些因素对企业决策有重大影响。

### 1. 目标国市场特性

目标国市场情况是企业决定进入模式时首先要考虑的问题。市场因素包括：①目标市场容量。容量小或需求波动大的市场适合低成本进入方式，如间接出口、代理商/经销商出口、对外授权或其他契约式进入；反之，销售潜力大的市场则可选择高保本点销售额的进入方式，如选择分支机构或子公司出口、当地装配或生产等。②目标市场竞争结构。根据竞争程度，市场结构可分为分散型、寡头卖方垄断型以及垄断型三类。分散型目标市场宜以贸易方式进入，而寡头卖方垄断型或垄断型市场则宜采取生产性方式直接进入，以便使跨国公司有足够能力在当地与力量雄厚的大企业竞争。③目标市场资源。目标市场的资源情况包括材料、劳动力、能源等生产要素。如果目标市场资源丰富，企业在目标市场就地生产成本要比本地生产成本低，那么企业就会更偏向于生产性投资，采取资源投入高的进入模式；反之，就倾向于出口模式。④目标市场营销基础。如果当地代理商或经销商都在为其他企业做经销或代理业务，或根本不存在合适的代理商，那么，跨国公司就只能通过自设分支机构或子公司方式进入目标市场。

### 2. 目标国宏观投资环境

目标国宏观投资环境包括：经济、政治、法律及基础设施等环境。这些因素决定了投资风险。如果目标国的经济规模大，公司产品在该国的市场规模也可能大，因此公司可以考虑对该国市场进行直接投资。有的国家虽然市场不够成熟，但如果该国的经济发展很有活力，那么公司也愿意承担较高程度的投入，以争取市场渗透。政治风险是国家风险最突出的表现。如果目标国的政策不鼓励对外经济交往，如设置进口配额、高关税，甚至不允许进口某些产品或外商在该国投资，那么进入模式的选择就大受限制。另外，如果目标国的政治或政策不稳定，相关法律不健全，那么公司对于采用资源控制低的进入模式就会采取谨慎态度，而倾向于较安全的出口模式。基础设施包括交通、能源、通信、港口、邮政快递等设施。在基础设施良好的市场，跨国公司会更倾向于采用直接投资模式进入。

### 3. 社会文化差异

社会文化差异主要是指公司所在国与目标国在语言、价值观、生活和做事方式方面的差异，如果文化差异大，公司很难预测在目标国采取何种经营才算恰当，就会花费更多的成本去适应文化差异，在公司经验不足时，公司就不会贸然采用投资方式进入。

### 4. 组织影响

在面临进入模式选择时，存在组织间和组织内的模仿行为，也就是说后进入者会跟随先进入者。

### 5. 母国环境

除了目标国的环境因素外，跨国公司所在国环境也会影响其进入海外的方式，其中影响最大的因素包括以下几个方面：①本国市场容量与竞争态势。如果本国市场容量大，多数企业会倾向于先在国内发展，等到其规模受制于国内市场时，再寻求海外扩张。如果所在行业是一个寡头垄断行业，一家企业的海外扩张行为往往会引起寡头们的竞相效仿，因此领先进入目标国的跨国公司往往会采取投资方式而不是出口或契约方式进入，以便能有

效地占领目标国市场。②生产要素与成本状况。当本国生产成本高于目标国时,企业往往会采用生产型方式进入,如合作制造或直接投资等。一般来说,生产成本是经济发展水平和生产要素禀赋状况的函数,因而本国成本状况的变化会影响企业海外进入方式的选择。③本国政府外向经济政策导向。政府的外向经济政策对跨国公司进入方式的选择也有很大的影响。例如,政府出口鼓励政策会刺激企业以出口或契约的方式进入。海外投资鼓励政策,如补贴、贷款优惠或其他优惠政策措施则会刺激企业对外直接投资。

### (二)内部因素

除了外部因素,跨国公司进入方式的选择也是企业内部因素的函数。内部因素主要包括产品因素、企业内部资源、企业的国际经营经验等。

1. 产品因素

产品因素包括:①产品要素密集度。如果企业的产品是劳动密集型或资源密集型产品,目标市场拥有丰富的廉价劳动力和自然资源,这时应以投资模式进入为主。②产品差异性。由于差异性产品具有较大的定价优势,因而选择出口模式进入较为有利。如果以投资模式进入,一般会偏向于独资。③产品技术内涵与年龄。一般说来,技术密集型或研发密集型产品,因其具有很强的专用性优势,故大多采取投资模式进入,以便控制技术、保守秘密、获取垄断利润。产品年龄的长短反映了产品本身的成熟程度及其技术专有性的强弱,因而年龄短的产品通常采取投资模式进入,随着产品年龄的增长以及专有技术的相对扩散将逐渐转向非投资方式进入。④产品的服务性要求。那些要求一系列售前或售后服务的产品,特别是许多工业产品的出口,会给出口企业提供销售服务带来困难,因而这类服务密集型产品更倾向于采取分支机构模式进入目标市场。

2. 企业内部资源

在管理、资本、技术、工艺和营销等方面资源越是充裕的企业,其进入国际市场的模式选择余地就越大。实力雄厚的企业由于资源丰富,更愿意采取直接投资方式进入目标市场。而缺乏资源的企业,往往寻求合资进入模式,以获得必要的资源,或者采用许可经营等无需太多资源投入的模式。规模较小的企业采用出口模式更符合市场目标。

3. 企业的国际经营经验

企业对投资国的文化和经营情况有较深的了解和掌握时,就更倾向于采用高资源投入进入模式。对市场和产品都是新的领域,一般采用出口模式进入。

### 【本章小结】

跨国公司国际市场进入模式的主要类型包括三种。贸易型市场进入模式的主要特点:公司的最终产品或中间产品是在目标国境外生产,然后再运输到销售地;合同型市场进入模式是指公司通过与目标国的法人等实体签订长期的合同,使公司的技术或人力从本国转移到外国;投资型市场进入模式主要包括独资经营模式、合资经营模式等。影响跨国公司市场进入模式的因素主要包括:跨国公司的内在因素、外部环境因素。

### 【思考题】

1. 一家家电企业面临国内市场饱和、竞争激烈的局面,希望能通过海外拓展保持企业的发展势头。但公司过去从未外销过产品,缺乏参与海外市场的经验。你认为该公司应采取什么方式打入海外市场？

2.许可证进入模式有哪些优缺点？

3.特许经营进入模式有哪些优缺点？

4.签订特许经营合同需要注意哪些问题？

5.什么是交钥匙工程？

6.什么是OEM？

7.什么是直接投资进入模式？

8.影响国际市场进入模式选择的因素有哪些？

## 【课外阅读】

### 同仁堂的跨国经营战略

同仁堂是我国中药行业的老字号,始创至今已有300多年的历史。1992年7月经北京市政府批准,以北京市药材公司所属18家工、商、科研单位为基础,组建了中国北京同仁堂集团公司(以下简称同仁堂)。1993年,同仁堂被授予自营进出口权。1993年以来,同仁堂一直是全国500家最大的工业企业之一,如今已发展成为国有大型企业。同仁堂拥有24个剂型800多个品种的生产能力。"同仁堂"作为中国第一个驰名商标享誉海内外,其品牌优势得天独厚。目前,同仁堂商标已在《马德里协约》和《巴黎公约》注册,受到国际组织的保护。这为同仁堂向国际化发展、向跨国公司迈进,创造了极为有利的条件。

从20世纪末开始,同仁堂就制定了"站稳亚洲,开辟大洋洲,进入美洲,开发欧洲,让同仁堂产品走向全世界"的战略方针,为同仁堂与国际市场迅速接轨奠定了基础。同仁堂的跨国经营之路大致分三步。

第一步,以品牌和技术优势开拓国际市场。自1993年起,同仁堂相继在香港开办了北京同仁堂御膳(香港)有限公司并开设了4家分店;在马来西亚、澳大利亚、英国开办了分公司。

这些合资公司有几个特点:①均以"同仁堂"牌名作为无形资产的形式入股,在合资公司投资总额中占一定份额;②"同仁堂"品牌的无形资产蕴涵在企业经营的各个方面,最突出的表现就是技术的精湛与独到之处;③名医名药结合,合资公司有条件开设药店,选派北京名老中医作为坐堂医生,为当地病人诊病,介绍并销售同仁堂产品,使当地居民对"同仁堂"老字号有了深刻的认识;④各合资公司经营的产品都是以贸易的方式从公司进口的产品,扩大了公司的出口。

通过这些合资公司的开办,同仁堂在20世纪90年代逐步摸索出一条以"品牌、技术"投资为主、部分资金投资为辅、具有行业特点、品牌优势的对外投资之路,为日后在海外开办控股公司、相对控股公司奠定了基础。

第二步,直接向海外投资,设立控股或相对控股公司。1999年,以同仁堂控股70%在美国成立了北京同仁堂(美国)有限公司,由同仁堂派人出任合资公司董事长和总经理,直接经营。这样,市场需要什么剂型、什么品种、什么样的包装,同仁堂心明眼亮,迅速开展了产品的通关和销售网络的建设。现已有4个产品完成了美国FDA的通关工作,并在美国各大超市开始销售,还有9个品种正在办理之中,为同仁堂产品进一步打入美国市场、辐射加拿大市场奠定了基础。2000年3月,同仁堂又在泰国相对控股成立了北京同仁堂(泰国)有限公司,引起了泰国各界极大的关注。在泰国相信中医、相信中药、了解同仁堂的人很多,北

京同仁堂(泰国)有限公司的开办,为泰国人民寻医问药带来了福音。泰国卫生部以北京同仁堂(泰国)有限公司开办为样板和契机,大力宣传中医中药,使得中医行医合法化以法律形式固定下来。这也为同仁堂进一步开发泰国市场打下了基础。

第三步,抓住机遇,大力发展跨国经营。企业的国际化经营是当代世界经济发展的大趋势,企业积极参与国际市场的竞争,充分利用国际资源,制定国际化经营战略,变得越来越重要。我国加入WTO以后,各行各业都面临着机遇和挑战,同仁堂也不例外。生物工程发展异常迅猛,部分西药厂转产中药,其厂房、设备、人员素质、技术力量和管理都比中药企业好,所以发展很快;新型中药企业发展起点高、速度快;各个国家对中药管制日益严格等。这些对同仁堂的发展都是严峻的挑战。但是,机遇与挑战并存,要发展同仁堂就必须发挥同仁堂的优势,坚持特色发展,以绿色药品为切入点,扬长避短,绕开壁垒。同仁堂有充分利用国外资源、占领国外市场的理念,有依靠外部力量把企业经营好、做大、做活和做强的创新精神,有资金条件、技术条件、人才条件和市场条件,这些构成了同仁堂国际化经营的基本条件。

2000年,发起成立了北京同仁堂科技发展股份有限公司,该公司以全新的运行机制、现代化的科研机构、先进的生产设备和面向国际的营销策略,充分发挥同仁堂绿色药品的优势,努力开发一些符合国际技术标准的高科技含量、高文化附加值、高市场占有率的新型优质中药产品。同仁堂突破了传统发展模式,拟在一些国家或地区办特许经营连锁店、建立中药分装加工厂、设立办事处等,大力进军国际市场。

# 第四章　跨国公司的组织管理

## 【学习目标】

1. 掌握跨国公司的法律组织形式。
2. 了解跨国公司组织结构演变的进程中各种形式的内涵和应用条件。
3. 理解跨国公司组织结构选择的原则。
4. 掌握影响跨国公司组织结构选择的因素。
5. 掌握跨国公司管理体制的选择。

随着世界经济一体化的不断发展,跨国公司在全球经济发展中日益发挥着重要的作用。跨国公司规模大,产品多种多样,分支机构众多,经营地区广,这就要求公司建立一套高效率的管理组织,以提高行政效率,充分利用公司资源,取得全球范围内的利益最大化。

## 第一节　跨国公司的法律组织形式与选择

跨国公司的结构合理与否,是决定公司经营战略能否顺利实施的重要因素。跨国公司的组织结构服从于跨国公司的战略需要。当跨国公司的战略为了适应新的国际环境而发生变化时,跨国公司的组织结构也要相应进行调整,甚至重新进行设计,以保证跨国公司的战略得到圆满的实施。如果跨国公司的组织结构保持某种形态不变,或者发生某种意外的变化,也会对跨国公司的战略产生很大的影响。跨国公司从战略的角度出发,设计企业的组织及其结构。

跨国公司需要建立一定的组织结构开展国际化经营,包括法律组织形式和管理组织形式两种。前者是从法律组织形式来说的,由于法律对各类企业的法律地位、设立程序、相应的权利义务等都有不同的规定,故企业有不同的法律形式,即法律组织形式,它只涉及企业资产所有权的形式,而并不反映企业所有制的性质。后者是从行政或管理组织形式来说的,即行政或管理组织形式的作用主要在于提高企业的管理效率,改善企业资源的配置和利用,以实现企业的目标。

### 一、跨国公司组织结构的法律组织形式

跨国公司组织结构的法律组织形式包括个人企业、合伙企业和股份制企业三种。股份制企业包括无限责任公司、有限责任公司和股份有限责任公司。无限责任公司中,股东对公司债务负有无限责任。有限责任公司股东的债务责任只限于投入的股本金,有限责任公司一般股东人数比较少,股份或股权不得随意转让,该类公司在西方国家很多,多数为中小规模公司。股份有限公司是现代公司的主流,它依照法定程序向公众发行股票筹集资金,股权可以转让,公司所有权与经营权分离,有利于公司独立开展经营活动。

跨国公司通常采用股份有限公司形式,其组织形式包括母公司、分公司、子公司三种。

1. 母公司

一家公司如果拥有另一家或几家公司的股权,并足以控制后者的业务活动,则该家公司就是母公司,而另一家公司或其他几家公司就称为子公司。母公司的形成与控股公司的发展有关。一般说来,各国法律都规定,控股公司必须掌握其他公司的控制权。控股公司通过掌握其他公司的股权,就能以较少的资本控制许多公司的生产经营活动,从而维持其垄断地位。这种控制其他企业的公司也就成为母公司。

控股公司按其是否从事工商业经营活动可以分为纯控股公司和混合控股公司两种。纯控股公司只掌握其他公司的股权或有价证券,不再从事其他的业务活动,也不参与被控制的企业的经营管理活动。混合控股公司则既进行控股参股活动,又从事其他的工商业经营管理活动。混合控股不仅盛行于制造业,在金融界也十分流行。

一般说来,跨国公司的母公司是一种混合控股公司,母公司掌握和控制子公司的股权,通过人事参与、战略管理和大政方针的决策,将子公司的生产经营活动纳入母公司经营战略的轨道。

母公司的法律特征:

(1)母公司通过股权与非股权方式合法拥有子公司全部或部分经营管理权。母公司对子公司的控制可以直接通过股权,进而影响董事会决策,也可以通过非股权形式,即大量的合同安排,控制企业的业务来源、经营性质与特征,甚至经营方向。

(2)母公司对子公司债务承担有限责任。母公司的责任仅限于投入的股本金,但实际上,在子公司经营遭遇困境的情况下母公司为维护公司整体形象,往往伸出援助之手,提供资金、人力等方面的帮助。

2. 分公司

海外分公司由母公司直接设立,或由母公司在国内的子公司设置。分公司(Branch)的设立必须是在东道国法律允许的条件下,向当地政府申请登记,领取营业执照。分公司只是母公司国外业务的派出机构,为母公司所有,其本身在法律上和经济上都没有独立性,在法律上也不是一个法人。分公司的基本特征是:使用总公司的名称,没有自己独立的名称;股份资本完全属于母公司;没有独立的资产负债表;以总公司名义,受其委托进行业务活动;其清偿责任不限于分公司资产,而是整个母公司的资产。

分公司的法律特征如下:

(1)分公司不具备法人资格,没有自己的独立公司名称,它的设立无须依照公司设立程序,履行简单登记和营业手续后即可成立。受母公司所在国的外交保护。

(2)分公司没有自己的公司章程,没有董事会等公司决策机构,由母公司授权开展业务。

(3)分公司没有自己独立财产,其资产全部属于母公司,同时母公司对其债务承担无限责任。分公司所有盈亏归母公司所有。如果分公司亏损,则使得母公司的应税收益减少,减轻了税收负担。

(4)国外分公司汇出红利时,无须向东道国缴纳预扣税。即使分公司不汇回利润,母公司仍有义务为分公司利润向母国政府纳税。

3. 子公司

海外子公司按当地法律设立,由母公司控制,但在法律上是一个独立的法人。作为法人组织,子公司有自己独立的名称和章程;有自己的资产负债表;可以自主召开股东大会和董事会;有独立自主的经营权。在子公司结构中,子公司可以直接向母公司总经理或董事会汇报业务,不需要经过地区总部或国际部等中间管理环节。子公司拥有较大的自主权。虽然子公司仍然必须遵守母公司的一些要求,并向后者汇报和请示,但母公司不对子公司的经营负直接责任。

子公司的法律特征如下:

(1)子公司受母公司实际控制,母公司对子公司的一切重大事项拥有实际决定权,可以独立行使权力任命多名董事,能够决定子公司董事会的组成。

(2)子公司在东道国注册,是受东道国法律约束或保护的东道国法人组织。作为独立法人,可以有自己的公司名称和章程,独立进行诉讼活动。

(3)子公司的财产与母公司相互独立,有自己的资产负债表,以自己的财产为限承担债权债务。

(4)如果子公司在东道国盈利,要缴纳所得税。利润和股息汇回时要向东道国缴纳预扣税。

子公司按照其职能可以分为生产基地、研发基地和避税基地。

生产基地是指该子公司的主要职能是从事零部件的生产和装配,其设计、研制、营销和管理等环节均由母公司控制。部分生产基地的自主权较大,可以决定其基本贸易流向,可以在东道国及邻近国家销售,可以自行承接第三方订单,甚至自行订立每年生产销售计划;部分生产基地的产品流向、销售价格均由母公司决定,成为母公司全球化经营的一个环节。

研发基地是指该子公司的主要职能是从事和母公司业务相关的基础研究或是应用性研究。根据其基本功能可以分为全球性的基础研究中心(Extending R & D Center)或是东道国的应用性技术研究中心(Developing R & D Center)。

避税基地是指该子公司的主要职能是利用其注册地的优惠措施减少跨国公司整体税收。世界上有许多港口和地区,如巴拿马、百慕大群岛、直布罗陀、英属维尔京群岛、美属维尔京群岛等,这些国家对在其地区注册的公司实行低税、少税或免税政策,允许资本和盈利的自由流动,对企业资本积累不加限制,使得法律上归于此处的企业享受良好税收待遇。因此,许多跨国公司将其总公司或子公司注册到这些国家或地区,无须从事任何实质性生产经营活动,只是根据财务管理需要将利润从高税率国家转到避税地,享受税收优惠。

## 二、跨国企业国外法律组织形式的选择

从法律形式上看,跨国公司在国外投资设置生产经营机构时可以有两种选择,即设置分公司或子公司。

1.分公司

从法律意义上讲,分公司只是母公司的一部分,不是独立的法律实体,不具有所在国的法人资格,本身也没有独立的名称,全部的生产经营活动由母公司统一指挥。因此,分公司在所在国不被视为当地的公司,而是外国公司。

企业在国外设置分公司的有利方面主要有以下几点:

(1)设置程序简单。分公司不是独立的法人,在设置上只需以母公司的名义向所在国有关管理部门申办即可。

(2)管理机构精炼。分公司在所有的经营决策上均服从于母公司,不需要过多的管理部门与层次,只需保证顺利地执行母公司的决策即可。

(3)直接参与母公司的资产负债。分公司自己不具有资产负债表,其收益与亏损都反

映在母公司的资产负债表上,而且直接分摊母公司的管理费用。

(4)与母公司合并纳税。分公司作为母公司的一部分,其收入必须与母公司的收入合并纳税。

企业在国外设立分公司也有不利的方面,主要有以下三点:

(1)母公司要为分公司清偿全部债务。在特殊情况下,所在国的法院还可以通过诉讼代理人对母公司实行审判权。

(2)母公司在设置分公司时,所在国的有关部门往往会要求其公开全部的经营状况,这不利于母公司保守其财务秘密。

(3)所在国往往关心自己本国的企业,一般很少关心国外分公司的经营状况。

2. 子公司

子公司是指那些资产全部或部分地为母公司所拥有,但根据所在国法律在当地登记注册的独立的法人组织。从经营形式上看,子公司可以是母公司的独资企业,也可以是合资企业。

企业在国外设置子公司有利的方面是:①子公司可以使母公司以相同的资本额控制更多的企业,即母公司原用于控制分公司的百分之百的股份,可以分成若干部分分别控制不同的子公司;②子公司独立承担债务责任,减少母公司的资本风险;③子公司可以有较多的资金来源渠道,充分利用所在国的资金市场;④子公司可以享受所在国的税收优惠政策,同时,子公司之间、子公司与母公司之间可以充分利用转移价格、转移利润,达到少纳税或不纳税的目的;⑤子公司具有所在国企业的形象,可以被当地所接受,在经营业务上也很少受到限制。

企业在国外设置子公司不利的方面是:①子公司在国外注册登记的手续比较复杂,需要经过严格的审查程序;②子公司在所在国除了缴纳所得税以外,还必须缴纳利润汇出税——预提税;③子公司不能直接分摊母公司的管理费用。

3. 子公司与分公司的选择

跨国公司在设置国外组织机构时,需要从企业的实力、社会形象、预期经营状况以及所在国的法律,综合地加以考虑,采用更为合适的组织机构形式。

一般来讲,企业实力雄厚、国际知名度高,可以选择分公司的形式,以利于借助母公司的名誉,打入国外新的市场。如果预期企业在国外的机构初期面临亏损,则需要选择分公司形式,以减少总体的亏损。但是,如果所在国的法律对分公司的形式有较严格的限制时,则需要考虑采用子公司的形式。

总之,跨国公司要从上述因素出发,综合分公司与子公司各自的利弊,以实现企业总体目标为目的,选择最适合企业利益的国外组织机构形式。

# 第二节　跨国公司组织结构的基本形式及选择

## 一、跨国公司组织结构的演变

跨国公司组织结构的演变,是指跨国公司组织结构总体形态的演变。国内企业随着市场的需求,向海外寻求发展,逐步成为跨国公司,开辟了新的区域性市场、新的产品系列、新的职能,甚至新的技术或财务活动。这些都要求企业在管理组织上发生相应的变化,以适应新的需求。跨国公司组织结构的基本轨迹是先在销售部下设出口部,接着经历了母子结构阶段、国际部阶段,然后进入到全球性的组织结构阶段。每一阶段都是对上一阶段的适应和改进。就个别跨国公司来说,组织结构的演进并不一定要逐次经历这些阶段,演进的速度也因企业而异。

### (一)出口部阶段

当一家企业通过产品出口初入外国市场时,由于对海外贸易业务不熟悉,往往将其产品委托给本国独立的贸易公司经销。但是,随着企业产品的国外销售量不断增大,这种外销方式不仅使企业损失了一大笔由贸易公司所得的产品销售利润,而且由于企业未能与消费者直接接触,不利于及时捕捉国际市场的信息和提高产品的国际竞争力。这时,企业将在销售部下组建自己的出口部,委派中级管理人员担任出口部经理。

出口部设在公司销售部之下,全面负责企业产品的出口业务,并在国外建立销售、服务机构和仓储设施。出口部是责任中心,国外的销售机构也是利润中心。这种组织结构的优点是:有一个统一的对外机构来引导和协调企业的对外经营,有利于了解国际市场的行情,扩大企业产品的出口。缺点是:单一的产品出口受到国外各种关税壁垒和非关税壁垒的限制,简单的出口部结构难以适应企业随后发展起来的综合性业务的要求,并且出口部起初隶属于销售部,倾向于反对到国外设厂生产,容易同国内的其他部门产生利益矛盾。企业出口部结构形式如图 4 - 1 所示。

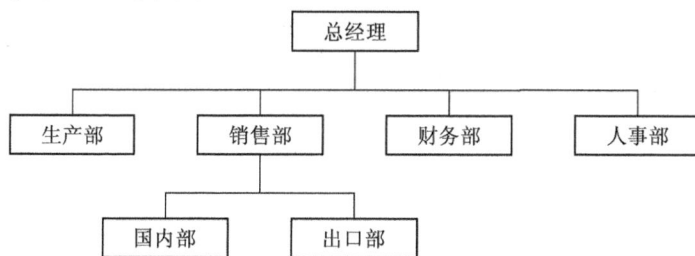

**图 4 - 1　出口部结构示意图**

### (二)母子公司结构阶段

当企业在外销市场上遇到激烈的竞争,受到关税壁垒和各种非关税壁垒的限制,并且当企业的国际业务从单一的出口转为包括出口、许可证贸易和国外生产在内的综合性业务时,企业内部各部门之间就会产生许多利益冲突。在这样的情况下,仅仅设有出口部难以解决这些冲突,促使企业在国外设立销售机构,进而在国外设立子公司,就地生产和销售。这时,企业才开始演变成为真正意义上的跨国公司。尽管当时企业的海外子公司数量很少,规模也还不大。

母子公司结构是一种直接由母公司总经理或董事会管理国外子公司的组织结构形式。各国外子公司不需要通过任何诸如地区总部或国际部这样的中间环节,而是直接向母公司汇报经营情况。子公司通常生产母公司指定的产品,也可以经销另外的产品,有比较大的经营自主权。母公司对子公司的经营不负直接责任,大多数只是控股公司,同国外子公司之间关系松散,只注重财务上的联系。母公司的领导权限一般集中于公司总经理,母子公司之间最重要的联系方式是个人访问,即母公司总经理对国外子公司进行定期或不定期的

考察,并带有非正式监督的色彩。在日本的跨国公司中,母公司经理与子公司经理往往保持密切的私人关系,并由此形成一种自上而下的决策系统。

母子公司结构的优点是:国外子公司的经营自由度较大,可以作为一个独立的企业在特定的环境中进行经营活动,能够迅速调整经营策略以适应所在国市场和政府的要求,易于吸收当地资本,并为所在国提供就业机会。

母子公司结构的缺点是:一方面,国外子公司直接与母公司总部联系容易影响母公司最高管理层的工作效率,而母公司最高管理者的个人知识和能力也将限制其对子公司的有效指导;另一方面,子公司所具有的经营自主权也会使其在制定决策时,往往只着眼于本公司的利益,因而也有很大的局限性。图4-2是典型的母子公司结构形式。

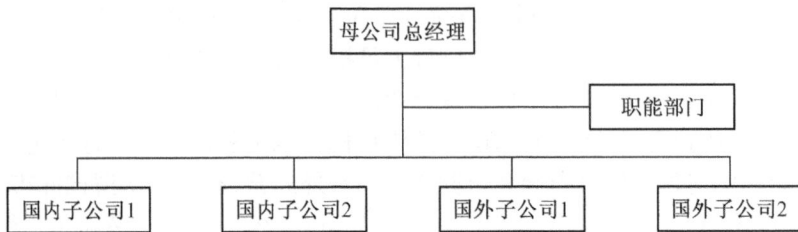

图4-2 母子公司结构示意图

母子结构是欧洲早期跨国公司所普遍采用的组织形式。绝大部分的欧洲跨国公司,由于其国内市场容量狭小,生产规模稍一扩大就有可能越过本国国境,因此在组织结构发展的早期,就对国外业务和国内业务给予同等的重视。但是因为那时的运输和通信手段还不发达,要建立更加高度一体化的组织还不可能,故而多采用母子公司结构。一直到20世纪60年代,欧洲一些著名的跨国公司仍然保持着这种结构。

美国的跨国公司也曾经采用母子结构。例如,20世纪20年代前后,福特公司就曾在欧洲许多国家设立分厂。但是对大多数的美国跨国公司来说,母子结构只是组织结构形式发展过程中的一个过渡阶段。因为美国企业在成为跨国公司之前,由于国内市场容量大,企业规模已经相当庞大;在成为跨国公司之后,投资对象除其他美洲国家以外,主要是远隔大西洋的欧洲国家,若采用母子结构,显然不适合美国母公司与欧洲子公司之间的联系,所以较多地采用了国际部结构。

### (三)国际部阶段

随着企业国外子公司数量的增加、经营规模的扩大,各子公司之间会产生利益冲突,使跨国公司难以实现整体利润最大化的目标。加之企业跨国经营日益复杂化,要求企业在国内事业部的基础上建立一个相对独立的国际事业部,简称国际部,统管国外各子公司的组建以及投资、生产、销售等业务活动,协调各子公司的经营活动,按既定的目标评价它们的业绩,而不再仅仅消极地对跨国经营中面临的环境变化作一些简单的反应。

国际部是指当跨国公司的国外子公司达到一定数量和规模时所设立的、与其他国内事业部处于同等地位的、由企业副总经理负责与直接受企业总经理领导的经营母国以外一切业务的国际部门。国际部通常直接负责母国以外各国子公司的经营管理,并涉及母公司的出口、许可证贸易和海外直接投资活动。图4-3就是国内产品部与国际部并列的一种结构形式。有的跨国公司还单独成立一个国际公司,担负着与国际部同样的职责。

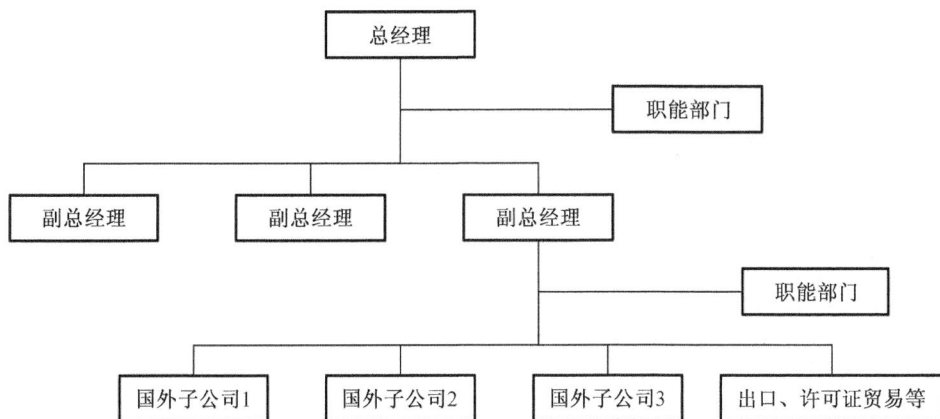

**图 4 - 3　国际部结构示意图**

国际部结构的特点是:国外子公司一般不与企业总部建立直接的汇报关系,不直接接受母公司最高管理者的指示,而是在遇到重大的决策问题时向国际部报告。由于国际部的业务由母公司副总经理负责并直接向总经理汇报,所以国外子公司与企业总体的联系比较紧密,并且这种联系涉及计划、财务、销售、研究与开发、人事和情报交流等各方面。这时,国外子公司同母公司的联系不再像母子结构那样属于非正式接触,转而成为一种正式联系。

国际部结构的主要优点在于:它能有效协调国外子公司的经营活动,有助于实现整个企业的利润最大化。比如,依靠国际部能加强各子公司之间的联系,使各子公司之间信息沟通;由国际部为各国子公司划分各自的销售市场,能够避免子公司之间的盲目竞争;由国际部统筹资金,能减少各子公司自筹资金时需要付出的利息;国际部还可以在各子公司进行相互交易时制定内部转移价格,以降低整个企业的税收负担,使企业整体利益最大化。

国际部结构也有一定的局限性:第一,国际部不可能拥有大量有关子公司所在国环境条件的资料信息,在这种情况下由它来统一制定有关决策就对子公司的发展有所阻碍;第二,国际部还不是子公司的最高决策机构,情报信息需要经过上下反复的传递过程,容易造成决策不及时,给公司的经营带来损失;第三,国际部通常没有自己的研究和开发机构,不得不依赖国内各产品部,容易使跨国公司的国内、国外业务经常发生矛盾。

20 世纪 60 年代早期,建立国际部是美国一些大企业最常采用的组织形式。它们往往跳过母子结构阶段,从销售部下设出口阶段直接发展到国际部阶段。进入 20 世纪 80 年代,大约 2/3 的美国跨国公司仍采用国际部组织来管理其世界范围内的业务。采用这种结构的典型企业是 IBM。

### (四)全球性结构阶段

全球性组织结构是跨国公司的国外子公司发展到全球性规模时所采用的组织形式。所谓全球性结构,就是把国内一般企业的分部组织形式扩展到全球范围,从全球角度来协调整个企业的生产和销售,统一安排资金和分配利润。它打破了将企业经营分割为国内经营和国外经营,把企业的组织结构分裂为国内结构和国外结构的格局,视世界市场为一个整体。

20 世纪 60 年代中期,那些处于国际部阶段的美国企业发现,在企业内建立国际部,往

往使企业最高领导层只重视国外市场经营而忽视国内市场经营,于是一些企业纷纷放弃这种组织形式而采用全球性组织形式。与此同时,许多原本采用母子公司结构的欧洲、日本企业,为了适应日趋复杂的国际经营环境,充分发挥企业内国际生产一体化的功能,也越过国际部阶段,从母子公司的结构直接进入全球性结构。

全球性组织结构可分别按职能、产品、地区设立分部,也可按产品和地区混合设立分部,或采用网络式形式。网络式组织结构形式将成为大型跨国公司组织结构未来发展的趋势。

1. 全球职能结构

全球职能结构(Global Functional Structure)是欧洲跨国公司广泛采用的一种传统组织方式,如瑞典滚珠轴承公司。此结构是根据各种不同的职能,在母公司总部之下设立若干分部,各分部之间相互依存度较高,并由母公司总协调相互间的关系,是一种决策权高度集中于母公司的组织形式。典型的职能分部结构,是按照生产、销售、财务、研发等职能分部来管理企业的全球业务,这种组织形态如图4-4所示。

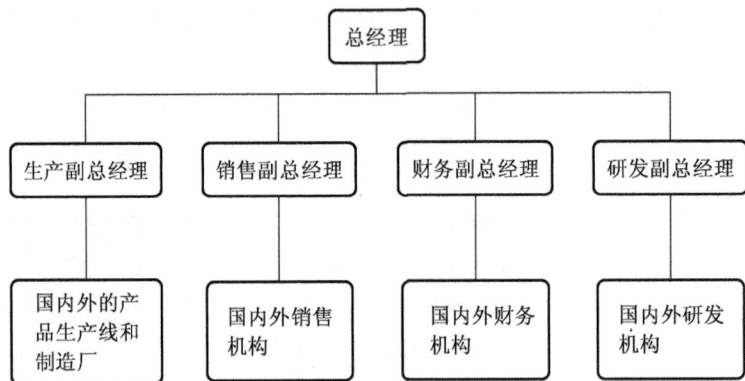

图4-4 全球职能结构示意图

(1)全球职能结构的运行方式

公司按职能设立分部,由副总经理直接控制国内外各职能部门的活动。如生产副总经理直接控制国内外生产基地的生产,管理全球产品标准化、质量控制及研究开发活动;销售副总经理负责该公司产品的全球销售,直接控制各地区所有的销售机构和分销商。各分部之间相互依存并由母公司协调相互关系,公司总部确定全球战略,每个分部统管相应职能领域内的国际和国内业务,是一种决策权高度集中的组织形式。

(2)全球职能结构的优点

总部对各职能部门的控制比较紧密,成本核算、利润获取均集中在母公司总部,避免了各部门冲突,同时充分发挥各职能部门专业分工特点,形成规模优势,有利于公司全面统筹国内外业务。

(3)全球职能结构的缺点

这种结构要求各职能部门管理人员要熟悉国内外厂家生产的各种产品,对人员能力要求高;信息沟通不畅可能会导致各职能部门的工作相互脱节,产生矛盾;公司总部要对研发、生产和销售各部门进行密切协调,加大了公司业务协调工作量。海外分公司面对多个上级,要向不同职能部门进行汇报,决策速度慢,不同职能部门的管理侧重点不同可能会导致执行矛盾和冲突。

全球职能结构适合于企业规模比较小、产品系列不复杂的跨国公司,有的跨国公司虽然规模较大,但产品单一,产品销售不受地区限制,也可以采取这种形式,许多矿业跨国公司采取这种结构。

2. 全球产品结构

全球产品结构(Global Product Structure)是跨国公司按照产品或生产线设立分部,如图4 – 5 所示,每个产品分部承担某一类产品或服务在世界范围内的各种职能活动。

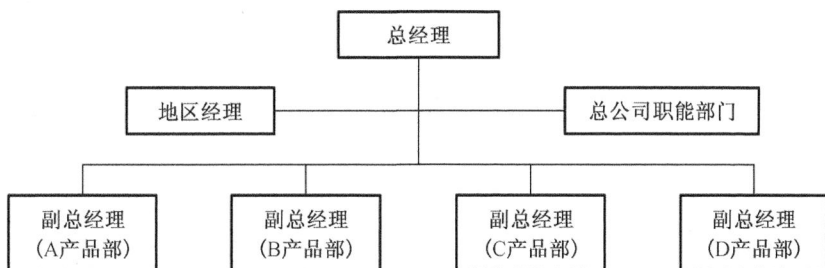

图 4 – 5　全球产品结构示意图

(1)全球产品结构运行方式

在全球产品结构中,总公司确定公司总目标和策略,各产品分部根据总目标制订计划,负责该产品在全球范围内经营活动。各产品分部享有较大经营自主权,每个产品分部都具有较为完善的职能部门,与该产品生产相关的所有生产、销售、研发、人事等决策权都归于该分部。

(2)全球产品结构的优点

它有利于跨国公司协调全球范围内不同类产品的生产和销售,有利于实现不同地区同一产品生产技术的转移,获取产品开发与制造的规模经济,有利于企业根据产品生命周期差异安排产品的生产和销售,有利于产品研发立足于满足世界市场需要。全球产品结构中的国外子公司的生产经营服从于产品分部的总体目标,根据总部指示生产零部件、供应原材料或最终产成品。例如,波音公司的国外子公司只负责生产零部件,最后由总部向世界各国销售完整的波音飞机。全球产品结构的另一个特点是,产品可以很好地适应当地要求,可以提供顾客与公司技术专家的交流渠道,从而使公司的研发营销工作更具有针对性。

(3)全球产品结构的缺点

全球产品组织结构中,所有产品分部都有同样职能部门,造成资源浪费;产品分部的管理人员不仅通晓该部所有产品的技术发展现状、需求、竞争等情况,还要了解全球相关产品市场状况,对管理人员要求较高。当管理人员不能胜任其工作时,抑制了下属子公司的灵活性和创新能力,有时难以根据不同国家市场特点作出充分回应。各产品事业部都有相对独立利益,事业部之间协调难度较大,甚至出现各部门的相互竞争。

全球产品结构特别适合于产品种类多,产品比较复杂的公司,消费市场较为分散,且具有全球性生产经营活动经验的跨国公司。

3. 全球性地区分部结构

全球性地区分部结构采取区域组织结构,主要是为了在企业全球性总体战略的指导下,按各大区域组织本地区的各种产品的生产经营活动以及各项职能工作。这种组织形式就是按照地区设立分部,由母公司副总经理担任各地区分部经理,负责企业在某一特定地区的生产、销售、财务等业务活动,而总公司负责制定全球性经营目标和战略,监督各地区分部执行。图4-6描绘的就是全球性地区分部结构的一种形式。

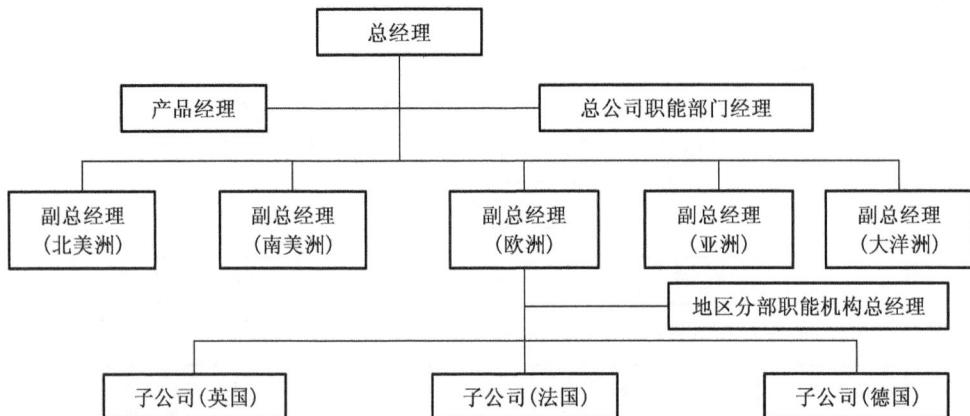

图4-6　全球性地区分部结构示意图

全球性地区分部结构的优点是:①重视国外各子公司作为利润中心的地位,减少了公司总部协调和管理的工作;②有利于国外子公司根据区域内环境的条件,改进自己的生产经营活动方式,充分利用当地的资源,发挥自己的优势。

全球性地区分部结构的缺点是:①当企业产品品种增多时,难以协调多种产品的生产经营活动,不能迅速地与其他地区或本地区其他国家的子公司分享新产品的协同作用;②各地区需要大量的具有国际生产经营经验的管理人员,会造成人才不必要的浪费;③各地区容易增长地区本位主义,忽视全球战略,人为地在区域内部设置地区利益障碍,使得企业总部难以协调与管理。

全球性地区分部结构适用于那些产品成熟、产品高度标准化、地理分布较广的企业和产品线较少、生产技术接近、市场条件相似的企业。

4.全球矩阵结构

为平衡地区结构与产品结构的利益,有些跨国公司建立起全球矩阵结构。与大多数全球混合组织结构不同,全球矩阵结构(Global Matrix Structure)是一个对称性组织:它在产品分部和地区分部两方面具有相同的授权路线,如图4-7所示,矩阵结构为公司同时实施地区战略和全球战略提供了理想的组织结构,地区分部注重国别反应能力,产品分部注重全球生产经营效率。只有对地区调整需要与产品标准化生产需要趋于相等时,矩阵结构才能最好地发挥作用。

(1)全球矩阵结构的运行方式

处于产品分部和地区分布结合点位置上的子公司经理被称为"受双重领导的经理",同时接受总部产品上司和地区上司的领导。产品上司和地区上司的管理侧重点不同,所有管理人员都要不断适应产品和地区需求的变化。

(2)全球矩阵结构的优点

理论上,当管理层在如何平衡当地与世界性需求达成一致的意见时,可以解决全球化经营和本土化决策的两难困境;当管理层可以将地区差异和产品特点揉合在一起,同时满足两个上级部门的要求时,矩阵组织结构会产生高质量的决策。

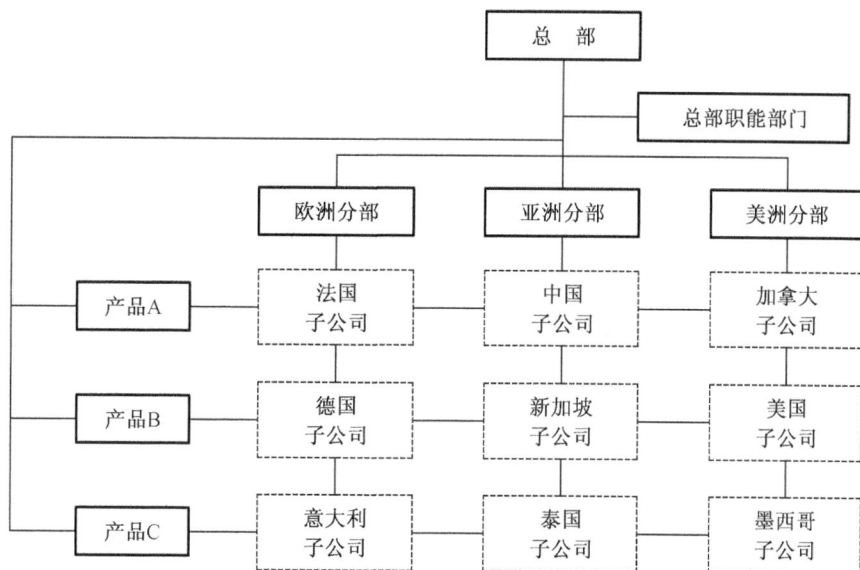

**图4-7 全球矩阵结构示意图**

（3）全球矩阵结构的缺点

矩阵结构要求所有事情实现双重控制，一点小分歧可能会演变成为无休止的争论和矛盾，许多公司组织结构中，矩阵结构等同于官僚，存在太多会议和太多冲突，一些公司，例如皇家荷兰壳牌集团、道氏化学集团、华旗银行等不得不放弃了矩阵结构而退回到产品结构。其他公司亦对矩阵结构进行了重新设计。

5. 全球性混合结构

在实际中，很少有跨国公司用纯粹的职能、事业部或矩阵等结构，因此，一些大型跨国公司在设计组织结构时，会倾向于采取两种或多种组织结构。绝大多数的跨国公司采取的战略既包括对当地的调整，也包括对全球化经济与产品发展利益的考虑。结果是许多跨国公司都拥有混合结构。如在日本索尼总部，虽然国际产品组的管理人员对其业务实施广泛的监督，但是，索尼公司也仍然强调地区方面的需要，将公司的全球经营划分为日本、北美、欧洲和世界其他地区等四大区。生产消费品的巨型公司联合利华拥有在以下3个地区设立地区经理的区域性组织结构：非洲/中东、拉丁美洲和东亚/太平洋地区。宝洁公司是为数不多的仍采用国际部结构作为主要组织形式的大型跨国公司之一。宝洁公司按照产品分部形式来构建其在美国的公司，同时按照国际部的形式来组织其他国际生产。

全球性混合型结构的优点是：可以根据企业的特殊需要，灵活调整组织结构，弥补单项结构造成的经营管理上的不足。

全球性混合型结构的缺点是：组织结构不规范，容易产生双重管辖的矛盾，部门之间差异过大；难以协调与管理，增加了企业总部协调的复杂性。

6. 网络结构

越来越多的公司追求的目标是发展成一个网络组织。正式的结构和网络结构相反，正式的结构承认并造成了总部与下属公司之间、下属公司与下属公司之间、公司与供应商和客户之间的障碍。这些障碍阻碍了相互了解，造成低效，并且使反应变得迟钝。网络结构建立在打破组织内外部障碍的意向基础上。各公司正努力扫除这些障碍，以最大限度为顾

客实现最终价值,同时促成一种员工们都承担责任并努力工作的组织氛围。

图4-8是蛛网形网络结构的示意图。处于一个网络中的各个团队,可能按照职能、地理区域、顾客类型或产品种类为基础来进行组织。但这些团队间的联系,却更多的是按照对所承担的共同任务的一些要求来管理,而且这些要求是经常变化的,并不是像其他结构那样,按照一些正式的权威级别来实施管理。如今,大多数公司都与供应商、经销商、政府甚至自己的竞争对手建立某种形式的网络结构。如果说,收购和接管是要将企业单位合并成一个更大的联合公司,那么网络关系的特点则是在享有自治权的合伙人之间,在自愿组成联盟的基础上,建立相对比较固定的业务关系。信息网络的发展促进了组织网络的发展,这一发展使网络形式成为以知识为基础的经济社会所需要的一种结构模式。

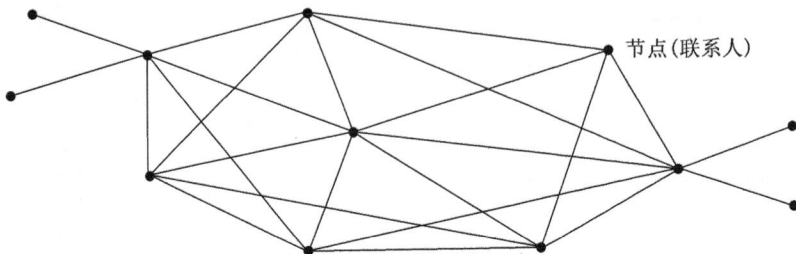

节点(联系人)

**图4-8 蛛网形的网络组织示意图**

网络组织的基本单位是团队。团队包括多组为达到一个共同目标而一起工作的人员。团队可以好几个星期或好几年都保持原样。成员可以来来去去,团队的目标也可以发展。团队使公司的界限变得模糊起来,典型的有与供应商和买方之间的各种形式的联盟。网络组织也致力于消除公司内部界限。团队已成为公司使用的一种普遍的方法,用于连接不同部门、职能和地区的员工。内部的团队代表了一种组织结构,它可能会取代正式组织框图中死板的条条框框。在一个全球化和技术加速变化的时代,团队能帮助提高组织的应变能力和决策的整体质量。把来自各种背景的人联系起来,会促使新观点产生,消除骄傲自大的情绪。

## 二、跨国公司组织结构的选择

### (一)跨国公司组织结构的选择原则

#### 1.多样化与一体化原则

跨国公司组织结构面临的重大挑战是如何处理好多样化和一体化的关系。企业的国际化经营一方面要求企业能根据各国市场的具体环境进行多样化经营,并能根据市场的变化及时对经营策略和产品生产进行调整,具有灵活性的组织结构将能够使企业更贴近市场、缩短部门间沟通和贯彻管理决策的时间。另一方面,跨国公司为了实现企业的全球战略目标,更有效地利用全球资源和提高企业的整体竞争力,又需要进行一体化经营,把各子公司的多样化经营融合到企业总部的一体化经营的框架中。

#### 2.集权与分权原则

授权是组织结构设计的重要内容之一。对于跨国公司而言,集权有利于企业总部对国外子公司或分支机构的控制,有利于实施企业的总体发展战略方案;而分权则有利于子公司的开拓市场,有利于提高企业对市场变化的反应能力。

对于处于发展初期的跨国公司,适宜采用分权式组织结构,给子公司高度的管治权,母公司以利润中心标准对子公司实施控制。而对于实行全球战略的跨国公司,决策权宜集中于企业、总部。在实践中,跨国公司通常把研究与开发、财务和人事的决策权集中于总部,把营销权授予各子公司。

3.成本与效率原则

低成本和高效率是跨国公司选择组织结构类型应该考虑的又一重要原则。低成本可以通过扩大子公司决策经营权,减少管理层次,减少部门间的协调量,避免设备、人员和机构的重复设置,以及提高管理人员的管理能力等方式来实现。合理的组织机构设置,明确的业务部门权责划分,以及完善的激励和控制系统的建立是提高组织效率的重要保证。跨国公司由于经营战略和经营环境限制,并不总能在组织结构设置上实现成本的最低化和效率的最高化。跨国公司必须根据内外部环境的具体情况对成本和效率进行权衡,选择对其最有利的方案。

## (二)影响跨国公司组织结构选择的因素

有众多因素影响公司组织结构的选择,本节列举了几个主要影响因素。

1.公司决策模式

国际化经营中,公司首要考虑的是公司重大事务最终决策权力应该由谁掌控,如果是母公司拥有最终决策权,则属于集中决策。如果子公司拥有最终决策权,则属于分散决策。

(1)集中决策

①集中决策的优点:自上而下的决策指令具有权威性,公司总部强化对财务等关键部门的控制保证公司决策可以得到执行,由公司统一决策的生产制造与研发政策可以帮助企业获得规模经济利益;总部掌握控制全球战略目标,建立全球战略目标管理能力,统一各分支机构行动,易于全球战略的实施。

②集中决策的缺点:集中决策要求母公司和子公司之间保持信息完全沟通,且最终决策由母公司作出。但由于国际市场的瞬息万变,母公司无法掌握市场最新变化,使得总部的最终决策可能会引起延误,错失良机,子公司对当地市场需求的适应能力减弱,无法根据当地市场需求进行自主调整,降低了子公司的经营积极性。

(2)分散决策

①分散决策的优点:子公司管理层有较高自主权,由于子公司对当地市场较为了解,可以迅速应对市场变化,较好融入当地市场,适应东道国政策要求。

②分散决策的缺点:对总部来讲,子公司权限过大使得总部全球战略执行较为困难;子公司之间各自为政沟通不畅,交流与合作较少,难以实现规模经济效益;同时,子公司重复设置机构也会带来整个公司成本增加。

跨国公司需要根据多种因素选择决策方式,并选择相应的公司组织机构方式。如果母公司倾向于集中决策方式,则可以采取出口部、国际业务部、全球职能结构等方式进行。如果母公司倾向于分散决策方式,则可以采取全球产品结构、全球地区结构、混合结构或矩阵结构。但这并不是一个严格的划分,实际业务中,即使采取了全球产品结构或地区结构,许多子公司的一些重大决策仍需由总部决策批准。

由于国际经营环境的多样性和复杂性,以及跨国公司本身状况的千差万别,造成影响各个跨国公司选择组织结构的因素也会有所不同。但是有一些因素是对所有跨国公司都会起影响作用的。

**2. 公司国际化经营发展阶段**

企业国际化发展程度直接影响着跨国公司组织结构的选择。斯托普福德(Stopford)和维尔斯(Wells)对187个美国公司1900—1963年的情况作了广泛的调查研究,提出了企业国际化发展程度与跨国公司组织结构选择的关系模型,即"结构发展阶段模型",参见图4-9。这两位研究者认为,影响组织结构选择的最重要因素有两个:一是企业提供给国际市场的产品的种类多少;二是企业的国际业务对企业总业务的重要程度如何。根据这两个因素可以把组织结构的发展划分为三个阶段。

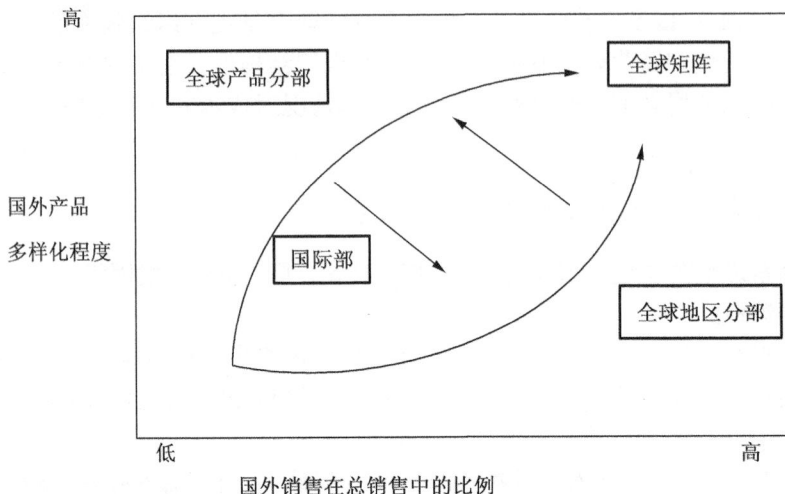

**图4-9 跨国公司组织结构发展阶段模型示意图**

在组织结构发展的第一阶段,企业刚刚开始从事国际化经营,还没有跨国战略发展方案和国外经营经验,因此企业只是建立自治子公司,无须为了从事国际经营而调整和改变已有的组织结构。当企业的国际业务扩大、国际经营经验增多后,企业的组织结构就进入发展的第二阶段,企业在已有组织结构的基础上设立了主管国际业务工作的国际部。组织结构发展的第三阶段是全球性组织结构。由于企业国外业务占总业务量的比例和国外产品多样化程度的大大提高,已有的组织结构已经不能再适应国际化发展的需要,企业开始采用全球性组织结构。全球矩阵结构是全球性组织结构的高级形式。斯托普福德和维尔斯的调查还显示,在企业国际化发展的实践中,美国和欧洲的跨国公司其组织结构的发展有所区别。

美国的企业是按照上述三阶段模型发展的,而欧洲企业组织结构的发展通常是越过第二阶段,由自治子公司阶段直接进入全球性组织结构阶段。欧洲企业采用的自治国外子公司结构持续时间较长,这是因为直到20世纪60年代末为止,欧洲市场的竞争一直相对平和,组织结构无需为适应国际化的发展进行调整。而当竞争压力日益增大后,欧洲企业已经没有时间再按照常规的三阶段发展模式调整组织结构,而是直接进入发展的第三阶段。结构发展阶段模型的意义,是使跨国公司把组织结构的决策与对企业的国际化发展程度的分析相结合,企业可以根据自己所处国际化的发展阶段大体确定应选择的组织结构类型。但是,他们把影响跨国公司选择组织结构的因素只归结为两类的做法,对于企业进行组织结构决策显然是不够的。

3.企业的国际业务规模及在企业整个业务中的重要程度

企业的国际业务规模常以企业国外产品销售额、产品销售种类和子公司数量等指标来表示。当企业国外子公司的数量少、业务量小时,企业的经营重点是国内业务,因而适合于采用出口部或自治子公司结构。当企业的国外业务在整个业务中占有重要地位时,企业就需要采用国际部或全球性组织结构。

埃杰尔霍夫(Egelhoff)对24家美国公司和26家欧洲公司的调查结果表明,采用全球性产品结构的企业国外生产占企业总生产的比重平均为61%,采用矩阵结构的企业则达到86%。他由此得出了与斯托普福德和维尔斯模型相似的组织结构选择的二维模型,当企业国外业务和国外产品多样化程度均较低时,企业适合采用国际部结构;当企业的国外业务量增加,但国外产品多样化程度仍较低时,采用全球性地区分部结构较为合适。当企业除了国外业务量猛增外,企业的国外产品多样化程度也提高时,就有必要考虑采用矩阵结构;而对于国外业务量较少、但国外产品多样化程度较高的企业,适合于采用全球性产品结构。

4.其他因素

(1)公司产品特点

当公司国外业务和国外产品多样化程度较低时,适合采用全球职能结构;当公司国外业务量增加,但国外产品多样化程度较低时,采用全球地区结构较为合适;当公司国外业务量大,产品多样化程度高时,可以采用全球矩阵结构;国外业务量少,但产品多样化程度高时,采用全球产品结构。

如果公司产品系列比较单一,同时也无须根据区域市场需求进行产品调整,全球职能结构可能是最好的选择,如果产品必须要作地方性调整,全球产品结构可能比较富有效率。如果公司业务经营地区比较分散,全球地区结构可以作为选择。例如,为促进欧洲和亚洲地区的销售增长,可口可乐强化了它的全球地区职能结构,增强了地区管理力量的投放。

如果公司产品主要是消费品,选择独立子公司或子公司决策权力较大的组织结构,使子公司具有较大的灵活性和快速反应能力,如果公司产品是技术密集性产品,最好选择决策权集中在总部组织结构。

(2)管理人员的能力

跨国公司管理人员的管理能力是影响组织结构的重要因素。如果母公司管理人员敢于创新,地区管理人员经验丰富,富有开拓精神,公司可能会采取分权程度较大的组织结构,给海外分支机构提供更多的独立决策机会和开拓市场的机会;如果总部管理人员较为保守,地区管理人员缺乏国际经营管理经验,公司可能会采取决策高度集中的组织结构。跨国经营环境、经营战略的不断变化必然会导致组织结构的不断调整,如果公司管理人员具有较强的应变能力,跨国公司可以较顺利地实现组织结构的调整和变化。否则,可能会导致较为僵化的组织结构。

跨国公司需要建立一定的组织结构开展国际化经营,包括法律组织形式和管理组织形式两种。法律组织形式只涉及企业资产所有权的形式,而并不反映企业所有制的性质。管理组织形式的作用主要在于提高企业的管理效率,改善企业资源的配置和利用,以实现企业的目标。

从法律形式上看,跨国公司主要有母公司、分公司、子公司等结构。跨国公司在设置国外组织机构时,需要从企业的实力、社会形象、预期经营状况以及所在国的法律,综合地加以考虑,采用更为合适的组织机构形式。一般来讲,企业实力雄厚、国际知名度高,可以选

择分公司的形式,以利于借助母公司的名誉,打入国外新的市场。同时,如果预期企业在国外的机构初期面临亏损,则需要选择分公司形式,以减少总体的亏损。但是,如果所在国的法律对分公司的形式有较严格的限制时,则需要考虑采用子公司的形式。

跨国公司组织结构的基本轨迹是先在销售部下设出口部,接着经历母子结构阶段、国际部阶段,然后进入到全球性的组织结构阶段。全球性组织结构又可分为全球性职能分部结构、全球性地区分部结构、全球性产品分部结构、全球性混合结构等多种形式。跨国公司的组织结构随着环境的不断变化也在发展。近年来出现了一些新型的组织结构,如控股公司结构、国际网络结构和虚拟公司结构等。

跨国公司组织结构的选择一般遵循多样化与一体化原则、集权与分权原则、成本与效率原则等。影响跨国公司组织结构选择的主要因素有:企业国际化发展程度、企业的国际业务规模及在企业整个业务中的重要程度、产品市场类型、国家文化差异、管理人员的质量和数量等。

## 第三节　跨国公司的管理体制

跨国公司的管理体制是指跨国公司的管理体制和管理方法,包括管理机构的设置、管理权限的划分和管理模式等。跨国公司管理体制的实质是集权与分权的问题,即哪些权限归母公司所有,哪些权限归子公司所有。

### 一、跨国公司的管理体制类型

跨国公司的管理体制类型主要有 3 种:集权模式、分权模式和混合模式。

1. 集权模式

集权模式是一种以母公司为中心的管理体制。在这种模式下,管理权限集中在母国总部,由母国总公司制定全球经营战略,并将其制定的方针、政策及业务活动的计划方案安排传达给子公司,各子公司及分支机构必须无条件地遵守执行,总公司对公司各级分支机构的经营状态进行监督管理,并根据其变化在政策上作出相应的调整。这种模式虽然有利于跨国公司一体化的实施,有利于实行专业化分工及标准化生产,但是由于权力过于集中,使各子公司及分支机构缺乏自主权,不利于与东道国的政策和环境相融合。

2. 分权模式

分权模式是以子公司及分支机构为中心的管理模式。在这种模式下,总公司通常只对重大的方针、政策及战略等作出规划,而对各子公司及分支机构的生产、销售及财务等不直接控制,只是给予必要的监督和控制。因此,子公司拥有较大的自主权,可充分利用东道国的政策与环境,并根据市场变化及时地调整自己的计划。但是,由于这种模式的跨国公司下放给各子公司较多的自由权,因此常常造成目标与局部利益的冲突。

3. 混合模式

混合模式是一种集权与分权相结合的管理模式。在这种模式下,公司总部只制定整体的经营目标和经营战略,具体的经营管理策略由子公司或其分支机构自行制定。这样既保证了总公司能有效地控制整体情况,又使各子公司或分支机构能拥有较多的自主权,两者相互结合,提升了企业的竞争力。

## 二、跨国公司管理体制的选择

在跨国公司管理体制中,通常集权与分权并不是完全对立的,而是同时存在、相互结合的。前面所说的集权与分权也不是绝对的,而是指跨国公司更偏向于哪一方。跨国公司在选择管理模式时,通常要考虑以下 5 个因素。

1. 企业的规划

如果跨国公司的规模较小,那么集权模式的管理体制有助于企业资源的合理配置、经营战略的实施、业务经营活动的开展及财力的节约。如果跨国公司的规模较大,并且东道国子公司或分支机构管理体制相对完善,那么采用分权模式的管理体制能使跨国公司针对不同国家或地区的经营环境来制定经营策略。

2. 产品

如果跨国经营的产品品种不多,生产线较为简单,那么适用于采用集权管理模式。若品种较多,生产线较为复杂,此时采取集权模式往往不能满足多种产品及不同地区的要求,所以采用分权管理模式较为适宜。

3. 市场环境

若东道国市场环境与母国市场环境相似,则倾向于集权模式。若东道国的市场环境与母国的市场环境相差较大,则宜采用分权模式。

4. 技术水平

如果跨国公司主要经营技术密集型产品,那么子公司对总公司的技术依赖性较强,这就要求对技术开发与研究工作实施高度的集权管理;反之,则适于采用分权管理模式。

5. 分公司或分支机构管理人员的素质

如果跨国公司子公司或分支机构的管理人员有丰富的跨国经营管理经验,有能力独立开展业务活动,那么采用分权模式有利于调动他们的积极性和创造性;反之则采用集权管理模式。

值得注意的是,跨国公司的经营体制并不是一成不变的,随着跨国公司自身的发展及市场环境的变化,跨国公司必须不断地、及时地调整管理体制,才能在跨国经营中取胜。

## 【本章小结】

跨国公司采用最多的是股份有限公司形式,其组织形式分为设立在母国的母公司、设立在海外的分公司以及子公司等。跨国公司组织结构的演变,其基本轨迹是先在销售部下设出口部,接着经历了母子公司结构阶段、国际部阶段,然后进入到全球性的组织结构阶段。影响跨国公司结构选择的主要因素有:公司决策模式、公司国际化经营发展阶段、企业的国际业务规模、在企业整个业务中的重要程度、管理人员能力等。跨国公司的管理体制类型主要有 3 种:集权模式、分权模式和混合模式。跨国公司在选择管理模式时,通常要考虑企业的规划、产品、市场环境、技术水平、分公司或分支机构管理人员的素质 5 个因素。

## 【思考题】

1. 跨国公司的法律组织形式有几种?
2. 试述跨国公司组织结构演变的进程中各种形式的内涵和应用条件。
3. 简述跨国公司组织结构选择的原则。

4.简述影响跨国公司组织结构选择的因素。

5.影响跨国公司管理体制的选择因素有哪些?

# 【课外阅读】

## 杜邦公司的组织机构改革

美国杜邦公司(Du Pont Company)是世界上最大的化学公司,建立至今,已近200年。这200年中,企业的组织机构历经变革,其根本点在于不断适应企业的经营特点和市场情况的变化。杜邦公司所创设的组织机构,曾成为美国各公司包括著名大公司的模式,并反映了企业组织机构发展演变的一般特点。

### 1.成功的单人决策及其局限性

历史上的杜邦家族是法国富埒王室的贵族,1789年在法国大革命中化成灰烬,老杜邦带着两个儿子伊雷内和维克托逃到美国。1802年,儿子们在特拉华州布兰迪瓦因河畔建起了火药厂。由于伊雷内在法国时是个火药配料师,加上美国历次战争的需要,工厂很快站住了脚并发展起来。

整个19世纪中期,杜邦公司基本上是单人决策式经营,这一点在亨利这一代尤为明显。亨利是伊雷内的儿子,军人出身,由于接任公司以后完全是一套军人派头,所以人称"亨利将军"。在公司任职期间,亨利挥动军人严厉粗暴的铁腕统治着公司。他实行的一套管理方式,被称为"凯撒型经营管理"。这套管理方式无法传喻,也难以模仿,实际上是经验式管理。公司的所有主要决策和许多细微决策都要由他亲自制定,所有支票都得由他亲自开,所有契约也都得由他签订。他一人决定利润的分配,亲自周游全国,监督公司的好几百家经销商。在每次会议上,总是他发问,别人回答。他全力加速账款收回,严格支付条件,促进交货流畅,努力降低价格。亨利接任时,公司负债高达50多万美元,但亨利后来却使公司成为此业的领头羊。

在亨利的时代,这种单人决策式的经营基本上是成功的。这主要是因为:①公司规模不大,直到1902年合资时才2 400万美元;②经营产品比较单一,主要是火药;③公司产品质量占了绝对优势,竞争者难以超越;④市场变化不很复杂。单人决策之所以取得了较好效果,这与"将军"的非凡精力也是分不开的。直到72岁时,亨利仍不要秘书的帮助;任职期间,他亲自写的信不下25万封。

但是,正因为这样,亨利死后,继承者的经营终于崩溃了。

亨利的侄子尤金毫无准备,被推上舵位,显得缺乏经验,不知所措。他试图承袭其伯父的作风经营公司,也采取绝对的控制,亲自处理细微末节,亲自拆信复函,但他终于陷入公司错综复杂的矛盾之中。1902年,尤金去世,合伙者也都心力交瘁,两位副董事长和秘书兼财务长终于相继累死。这不仅是由于他们的体力不胜负荷,还由于当时的经营方式已与时代不相适应。

### 2.集团式经营的首创

正当公司濒临危机、无人敢接重任、家族拟将公司出卖给别人的时候,三位堂兄弟出来力挽家危,以廉价买下了公司。

三位堂兄弟不仅具有管理大企业的丰富知识,而且具有在铁路、钢铁、电气和机械行业中采用先进管理方式的实践经验,有的还请泰罗当过顾问。他们果断地抛弃了"亨利将军"那种单枪匹马的管理方式,精心地设计了一个集团式经营的管理体制。在美国,杜邦公司是第一家把单人决策改为集团式经营的公司。

集团式经营最主要的特点是建立了"执行委员会",隶属于最高决策机构董事会之下,是公司的最高管理机构。在董事会闭会期间,大部分权力由执行委员会行使,董事长兼任执行委员会主席。高级经营者年龄大多在40岁上下。

公司抛弃了当时美国流行的体制,建立了预测、长期规划、预算编制和资源分配等管理方式。在管理职能分工的基础上,建立了制造、销售、采购、基本建设投资和运输等职能部门。在这些职能部门之上,是一个高度集中的总办事处,控制销售、采购、制造、人事等工作。

执委会每周召开一次会议,听取情况汇报,审阅业务报告,审查投资和利润,讨论公司的政策,并就各部门提出的建议进行商讨。对于各种问题的决议,一般采用投票、多数赞成通过的方法,权力高度集中于执委会。各单位申请的投资,要经过有关部门专家的审核,对于超过一定数额的投资,各部门主管没有批准权。执委会作出的预测和决策,一方面要依据发展部提供的广泛的数据,另一方面要依据来自各部门的详尽报告,各生产部门和职能部门必须按月按年向执委会报告工作。在月度报告中提出产品的销售情况、收益、投资以及发展趋势;年度报告还要论及五年及十年计划,以及所需资金、研究和发展方案。

由于在集团经营的管理体制下,权力高度集中,实行统一指挥、垂直领导和专业分工的原则,所以秩序井然,职责清楚,效率显著提高,大大促进了杜邦公司的发展。20世纪初,杜邦公司生产的五种炸药占当时全国总产量的60%~74%,生产的无烟军用火药则占100%。第一次世界大战中,协约国军队40%的火药来自杜邦公司。公司的资产到1918年增加到3亿美元。

3. 充分适应市场的多分部体制

可是,杜邦公司在第一次世界大战中的大幅度扩展,以及逐步走向多角化经营,使组织机构遇到了严重问题。每次收买其他公司后,杜邦公司都因多角化经营遭到严重亏损。这种困扰除了由于战后从通货膨胀到通货紧缩之外,主要是由于公司原有的组织对成长缺乏适应力。1919年,公司的一个小委员会指出:问题在于过去的组织机构没有弹性。尤其是1920年夏到1922年春,市场需求突然下降,使许多企业出现了所谓存货危机。这使人们认识到:企业需要一种能力,即易于根据市场需求的变化改变商品流量的能力。继续保持那种使高层管理人员陷入日常经营、不去预测需求和适应市场变化的组织机构形式,显然是错误的。一个能够适应大生产的销售系统对于一个大公司来说,已经成为至关重要的问题。

杜邦公司经过周密的分析,提出了一系列组织机构设置的原则,创造了一个多分部的组织机构。在执行委员会下,除了设立由副董事长领导的财力和咨询两个总部外,还按各产品种类设立分部,而不是采用通常的职能式组织如生产、销售、采购等。在各分部下,则有会计、供应、生产、销售、运输等职能处。各分部是独立核算单位,分部的经理可以独立自主地统管所属部门的采购、生产和销售。

在这种形式的组织机构中,自治分部在不同的、明确划定的市场中,通过协调从供给者到消费者的流量,使生产和销售一体化,从而使生产和市场需求之间建立密切联系。这些以中层管理人员为首的分部,通过直线组织管理其职能活动。高层管理人员总部在大量财务和管理人员的帮助下,监督这些多功能的分部,用利润指标加以控制,使它们的产品流量与波动需求相适应。

由于多分部管理体制的基本原理是政策制定与行政管理分开，从而使公司的最高领导层摆脱了日常经营事务，把精力集中在考虑全局性的问题上，研究和制定公司的各项政策。新分权化的组织使杜邦公司很快成为一个具有效能的集团，所有单位构成了一个有机的整体，公司组织具有了很大的弹性，能适应需要而变化。这使杜邦公司得以在20世纪20年代建立起美国第一个人造丝工厂，以后又控制了赛璐珞生产，垄断了合成氨。而且在20世纪30年代后，杜邦公司还能以新的战略参加竞争，致力于发展新产品，垄断新的化学产品生产。从20世纪30年代到20世纪60年代，被杜邦公司首先控制的、有着重要意义的化学工业新产品有：合成橡胶、尿素、乙烯、尼龙、涤纶、塑料等，直到参与第一颗原子弹的制造，并迅速转向氢弹生产。

4."三套马车式"的体制

杜邦公司的执行委员会和多分部的管理机构，是在不断对集权和分权进行调整的情况下去适应需要的。例如，20世纪60年代后期，公司发现各部门的经理过于独立，因此杜邦公司的组织机构又发生了一次重大的变更，这就建立起了"三套马车式"的组织体制。

新的组织体制是为了适应日益严峻的企业竞争需要而产生的。20世纪60年代初，杜邦公司由于过去许多产品的专利权纷纷期满，在市场上受到日益增多的竞争者的挑战；道氏化学、孟山都、美国人造丝、联合碳化物以及一些大石油化工公司相继成了它的劲敌。再加上它掌握了多年的通用汽车公司10亿多元股票被迫出售，美国橡胶公司转到了洛克菲勒手下，公司又历来没有强大的金融后盾，真可谓四面楚歌，危机重重。1962年，公司的第十一任总经理科普兰上任，他被称为"危机时代的起跑者"。

公司新的经营战略是：运用独特的技术情报，选取最佳销路的商品，强力开拓国际市场；发展传统特长商品，发展新的产品品种，稳住国内势力范围，争取巨额利润。

有了新的经营方针，还必须有相应的组织机构作为保证。除了不断完善和调整公司原设的组织机构外，1967年底，科普兰把总经理一职史无前例地让给了非杜邦家族成员，财务委员会议议长也由别人担任，自己专任董事长一职，从而形成了一个"三头马车式"的体制。1971年，科普兰又让出了董事长的职务。

这一变革具有两方面的意义。一方面，杜邦公司是美国典型的家族公司，公司几乎有一条不成文的法律，即非杜邦家族的人不能担任最高管理职务。现在这些惯例却被大刀阔斧地砍去，不能不说是一个重大的改革。虽然杜邦公司一直是由家族力量控制，但是董事会中的家族比例越来越小。在庞大的管理等级系统中，如果不是专门受过训练的杜邦家族成员，已经没有发言权。另一方面，在当代，企业机构日益庞大，业务活动非常复杂，环境的变化速度越来越快，管理所需的知识越来越高深，实行集体领导，才能作出最好的决策。在新的体制下，最高领导层分别设立了办公室和委员会，作为管理大企业的"有效的富有伸缩性的管理工具"。科普兰说："'三头马车式'的集团体制，是今后经营世界性大规模企业不得不采取的安全设施。"

20世纪60年代后杜邦公司的几次成功，不能说与新体制无关。所以，可以毫不夸张地说，杜邦公司成功的秘诀，首先在于使企业的组织机构设置适应需要，即适应生产特点、企业规模、市场情况等各方面的需要。而且，这样的组织机构也不是长久不变的，还需要不断加以完善和发展。

# 第五章　跨国公司的全球战略及战略联盟

## 【学习目标】

1. 掌握跨国公司全球战略的定义、特征及目标。
2. 理解跨国公司采用全球战略的意义。
3. 掌握跨国战略联盟的定义、特点。
4. 掌握跨国战略联盟的类型。
5. 理解组建跨国战略联盟的动因。
6. 了解跨国战略联盟的发展趋势。

## 第一节　跨国公司的全球战略

### 一、跨国公司全球战略的内涵和特点

#### （一）跨国公司全球战略的内涵

“战略”一词源于军事用语，意为指导战争的谋略。在《辞海》中，将战略一词定义为“泛指重大并带有全局性和决定全局的计谋”。20 世纪 70 年代后期，西方国家的企业，为了在激烈的国际竞争中实现自己的经营目标，将这一军事术语用于企业的经营管理。

跨国公司全球战略（Global Strategy of Transnational Corporation）是跨国公司从 20 世纪 70 年代以来采取的一种全新的经营战略。跨国公司以加强其在世界市场上的竞争力为目标，在全球范围内建立专业化的生产和销售网络，分工制造零部件，定点加工装配，定向销售产品。

西方经济学家罗伯克和西蒙斯在《国际商业与多国企业》一书中指出，跨国公司的全球化经营战略是“在作出重大业务决策中，据以考虑全球化的机遇、全球性的抉择以及展望未来全球效果的计划”。一项全球性战略的制定，意味着决策者不受任何民族和国家的限制来考虑世界市场和世界资源的分配，而不是单纯孤立地考虑某一个特殊国家的市场和资源。一项全球战略目标，是要在多国基础上取得最大的经济效益，而不是计较国际业务活动中一时一地的经济利益。跨国公司的全球战略目标，就是为了在技术日新月异的新时代角逐中取胜。企业必须从全球经营的总体考虑，有计划地谋求最大的利润和最小的风险。

总之，跨国公司全球战略，是指跨国公司在全球范围内进行资源的最优化配置，以期达到长期总体效益的最优化，即在正确战略思想指导下，在科学分析国际经营环境和自身经营条件的基础上，为求得长期生存和发展而作出的总体、长远的谋略。这既是公司战略思想的集中体现和经营范围的科学规定，又是制定规划的基础。具体地说，跨国公司的全球战略，就是在经营活动中，以全球的竞争视野和思维方式，在考虑来自世界任何国家和地区的激烈竞争和各种能变化的环境制约因素时，要从全球、长远的角度出发，最合理地配置和

使用各种有限资源,对各种市场作出合理选择、组合及有效进入。从其制定要求看,全球战略就是从机遇和风险的角度评价现在和未来的环境,用优势和劣势评价公司现状,进而选择和确定公司的全球、长远目标,制订和选择实现目标的行动方案。

### (二)跨国公司全球战略的特征

跨国公司全球战略有以下一些特征。

#### 1. 全球性

全球战略不受任何民族、国家的局限,不是简单孤立地考虑一个特定国家的市场和资源,不是处理一时一事的得失,而是全面考虑世界的市场和资源,在多国基础上取得最大的经济效益,实现全球经营目标。它是以公司的全局为对象,根据公司全球发展的需要而制定的。它所规定的是公司的全球行动,虽然它必然包括公司的地区活动,但是,这些地区活动是作为全球行动的有机组成部分在战略中出现的。

#### 2. 长远性

全球战略是公司谋取长远利益的发展要求的反映,是公司对未来较长时期内如何生存和发展的统盘筹划。它不是以短期的国际市场经营的成败得失为着眼点,而是谋求国际市场经营长期的发展,而且为了长远的发展,有时还会牺牲眼前的利益。虽然它的制定要以公司当前外部环境和内部条件的情况为出发点,但是这一切都是为了更长远的发展,是长远发展的起步。凡是为适应环境条件的变化所确定的、基本不变的长期目标和实现目标的行动方案都是战略。而那种针对当前形势灵活地适应短期变化、解决局部问题的方法都是战术。

#### 3. 纲领性

全球战略规定的是公司在全球的长远目标、发展方向和重点,以及所采取的基本行动方针、重大措施和基本步骤,这些都是原则性的、概括性的规定,具有行动纲领的意义。全球战略必须通过展开、分解和落实等过程,才能变为具体的行动计划。

#### 4. 抗争性

市场就是战场,跨国公司的经营如同作战,公司为了开拓占领市场,就必须战胜对手。而跨国公司的全球战略,就是关于公司在激烈的竞争中,如何与竞争对手抗衡的行动方案,同时也是迎接来自各方面的许多冲击、压力、威胁和挑战的行动方案。它与那些不考虑竞争、挑战,而单纯为了改善公司现状,增加经济效益,提高管理水平等为目的的行动方案不同。只有当这些工作与强化公司竞争力和迎接挑战直接相关,具有战略意义时,才能构成全球战略的内容。

#### 5. 风险性

世界市场变幻莫测,使得跨国公司所处的环境极为复杂。在跨国公司作决策时,它不仅要考虑经济因素,还要考虑政治、国家、民族因素。即使在经济因素中,影响决策的变量也比较复杂,如市场的异质性、经营环境的稳定性、金融环境的相异性和货币的多样性。这些都无疑增加了决策的困难程度,同时也使全球化经营战略相比一般的经营战略面临更大的风险。

## 二、跨国公司全球战略的内容

全球战略是通过共享和一体化来寻求全球经营的最大化和最优化。要做到这一点,跨国公司就需要通过全球战略的制定,形成一条公司全球范围内的共同经营主线,即全球经营范围(包括业务活动和区域扩展)、全球资源配置、全球竞争优势、全球协同效果。

在这条全球共同经营主线之下,跨国公司全球战略的具体内容主要体现在:市场参与、产品提供、地方的价值增值活动、营销方法和竞争手段五个方面。

1. 市场参与

在全球战略中,跨国公司是依据各国对全球化利益的潜在贡献来选择进入国的,一般其会进入有限的几个关键市场。这意味着,跨国公司可能进入一个自身没有吸引力,但具备全球战略意义的市场,比如其全球竞争者的母国。

2. 产品提供

在全球战略中,跨国公司将生产标准化的核心产品来满足世界不同的需求。提供标准化的产品带来的最大好处就是降低成本。成本的下降,一方面源于规模经济,一方面源于可避免为满足地方需求而重复进行某些价值创造活动所产生的成本。

3. 地方的价值增值活动

在全球战略中,跨国公司会将其价值链活动选定在最适宜这些活动的地区进行。价值链是由一系列不同的价值创造活动组成的,包括生产、销售、研发、人力资本、信息系统等。

4. 营销方法

在全球战略中,跨国公司将统一的营销方法应用于全球市场。虽然各国的销售环境存在差异,但满足共同需求的产品能够采用相同的营销计划扩展海外市场。

5. 竞争手段

在全球战略中,跨国公司在不同国家的竞争手段是一致的。也就是说,相同的竞争手段可能同时或连续地被应用于不同的国家。

## 三、跨国公司的全球战略目标

跨国公司的全球战略目标,是指跨国公司在一较长时期内要达到的全球经营的总水平或预期效果。它是全球战略的核心,是全球战略思想的具体化、定量化。

### (一)全球战略目标的内容

跨国公司的全球战略目标一般包括以下几个方面。

1. 生产经营方向

跨国公司要研究开发产品的种类、经营业务范围的扩大与缩小,以及生产经营方式的变化等。

2. 用户和市场方向

其中包括主要服务对象的确立和转变,主攻市场及市场的组合,市场占有率的水平等。

3. 自身的发展方向

其中包括生产规模、技术水平和管理水平的提高,主要的技术经济指标水平,在国际同行业中的地位及如何处理母国与东道国的关系等。

战略目标一般要用一套综合性的指标体系来表示,因此,确定全球战略目标的过程,就是具体地选择指标体系和确定各项指标内容的过程。全球战略目标要求的指标体系,一般由数量指标和质量指标两部分构成,具体包括:利润指标、投资收益、销售收益、市场占有率、股份红利、质量控制、降低成本、产品研制、人事安排、公司形象、政府关系、环境保护等。

大多数公司往往以利润作为最重要的指标,但不能简单地规定获取利润的指标,因为利润只是公司经营的结果,它并没有为公司提出前进的方向,而其他指标完成得好坏却会直接影响利润指标。利润的大小可以由投资收益率、销售收益率和股份红利率来计算。其计算公式分别为

$$投资收益率 = (纯利润/全部资本) \times 100\%$$
$$销售收益率 = (纯利润/总销售额) \times 100\%$$
$$股份红利率 = (纯利润/全部股份) \times 100\%$$

跨国公司的全球战略目标对跨国公司的经营有着重要的作用。正确的全球战略目标,能指明跨国公司在一定时期内的经营方向和奋斗目标,突出生产经营活动的重点,把压力变成动力,引导跨国公司持续前进。确立全球战略目标,有利于把跨国公司的各部门、海外子公司的活动连成一个有机整体,产生一种"向心力""凝聚力",获得整体的经营效果。建立以全球战略目标为核心的生产经营目标体系,有利于开展目标管理,实行全员经营,调动职工的积极性和创造性。

## (二)全球战略目标的检验标准

通常,一个好的有效的全球战略经营目标的检验标准是:

(1)层次清楚。如总目标、分目标及关系经营成败的关键目标十分明确。

(2)要便于衡量。将定性与定量结合起来,尽可能用数字表示,使之具有良好的可比性。

(3)可操作性强。目标有充分的客观依据,积极可靠,留有余地,切实可行。

(4)具有协调性。各种目标在内容上要协调配套,在时间上要同步,形成体系。

(5)具有激励性。目标具有鼓舞作用,能激发职工的积极性、创造性。

(6)灵活性。目标相对稳定,但在内外部经营环境条件发生重大变化时,也可及时调整。

## (三)影响全球战略目标的因素

跨国公司在确定全球战略目标时,会受到各种因素的影响,只有在认真分析研究这些因素的基础上,才可能作出正确的选择。影响全球战略目标的因素主要有以下几方面。

### 1.原全球战略目标的制约

原全球战略目标是全球战略新目标的起点。当人们要对过去全球战略经营目标实施的不良后果负责时,往往会限制全球战略新目标的确定。因此,跨国公司的领导人不应受过去全球战略目标的约束,应敢于负责、勇于开拓,去制定并实施新的全球战略目标。

### 2.全球风险的承受力

跨国公司的全球风险承受力包括物质承受力和心理承受力两种。物质承受力,是在实施全球战略目标失败情况下仍然维持公司经营的物力、财力的大小。心理承受力,是跨国公司领导人的心理特征。有的领导敢于冒风险,有的领导不喜欢冒风险,这对全球战略目标的确定有很大的影响。跨国经营总是有一定风险的,跨国公司的领导人应具有勇于承担风险的心理素质。

### 3.全球经营环境

跨国公司的全球经营环境有一般环境和具体环境的区别。一般环境,是指国家和地区

的社会制度、经济发展水平、技术水平、文化水平等。具体环境,是指本跨国公司产品的需求者、竞争者、生产经营的联合者及供应者的情况和态度。全球经营的具体环境直接影响跨国公司全球战略目标的确定,充分研究具体环境,有利于制定正确的跨国公司全球战略目标。

4.公司自身条件的约束

公司自身条件,即公司内部因素,包括管理水平、生产能力、市场营销、财务状况、研究与发展,以及对外部环境变化的应变能力。①管理水平:公司管理方法是否科学化、合理化、现代化,以及公司经营效率、管理人员素质等。②生产能力:生产能力发挥情况、规模经济的情况、生产要素的供应潜力、技术工艺等新动向,以及生产设备适应国际市场变化的能力等。③市场营销:产品在目标市场的销售情况、边际效益、产品的未来“生命循环”情况,以及销售渠道是否畅通,广告宣传媒介是否广泛而有效等。④财务状况:目前及未来资金转移的能力,利润、股息水准与目标,成本控制及预算制度等。⑤研究与发展:目前及未来对新工艺和新产品研究的能力、方向、资金、设备及人员等。⑥对外部环境变化的应变能力:供给与成本的变化、外部需求的变化、竞争对手的力量、政府政策法令及管制措施、社会公众的态度等。

对公司内部因素必须认真分析研究,以了解自己的长处和不足,这样才能制定出好的战略目标。

5.跨国公司文化的影响

跨国公司文化是跨国公司员工共同的价值观和支持跨国公司全球战略的思想基础。不同的跨国公司文化,会对全球战略目标有不同的选择。

## 四、跨国公司全球战略的意义

1.便于实行内部化经营

跨国公司全球性的动机与战略,也就是公司经营和分工的内部化,即资金、技术和零部件的流动与转让相当大的部分是在公司内部进行的,如母公司与子公司、子公司与子公司之间的经营。在这里,各国之间的分工反映了跨国公司内部的分工,同时,跨国公司也就把国际贸易的很大一部分变成跨国公司的内部交易。

全球战略使公司的经营具有较大的灵活性和机动性。跨国公司可以充分利用遍布全球的生产、销售、金融、信息和研究发展的网状组织,有效地调配各种资源,谋求利润最大化。具体表现在以下几个方面。

(1)跨国公司可以充分利用世界各地的资源来组织生产,从而降低生产成本,提高产品竞争力。

(2)跨国公司可以利用子公司所在国的先进技术,专业化生产某种特殊的产品部件,然后集中到有利的地点进行装配,使其最终产品集各国技术之大成。

(3)跨国公司可以利用各国汇率和利率的差异,在母公司与子公司、子公司与子公司之间统一调配资金,以扩大资金来源、减轻利息负担以及赚取利息和汇率的差额。

(4)跨国公司还可以利用各国税率的差异,将公司的所得由高税区转向低税区,达到合理避税的目的。

(5)跨国公司可以通过海外直接投资,充分利用产品生命周期理论,将即将淘汰的产品,转移到尚未开发的或正在开发该产品的国家,以延长其产品的生命周期,寻找新的市场

机会。

(6)跨国公司可以利用各国子公司之长,进行专项技术开发,由总公司统一安排,集中控制,技术成果由各子公司分享,从而保证了公司的技术优势地位,还可节省研究开发费用。

### 2.便于实行集中统一管理

跨国公司之所以区别于其他类型的公司,是因为它具有全球性的动机和战略,是以争夺全世界消费者和全世界市场为角逐目标的。通过对外直接投资,跨国公司在世界范围内进行扩张,在世界范围内进行生产力配置。它把研究与开发、采掘、提炼、加工、装配、销售以及服务等再生产和流通环节,像章鱼的触角一样伸向世界各地,而最高的决策权仍保留在跨国公司的总公司手中。总公司对整个跨国公司的投资计划、生产安排、价格体系、市场安排、利润分配、研制开发方向以及其他重大决策,实行高度集中统一的管理。子公司根据母公司的全球战略部署制订各自的经营计划和措施。

### 3.便于公司发挥下属机构的积极性

总公司下属机构的战略部署包括各种可能的抉择,明确地区、产品的发展规模和优先顺序,以及向新地区、新领域扩张的具体步骤等。由此可见,跨国公司的业务活动已经不是简单地对市场有利机会和不利条件的直接反应,而是经过周密策划的有计划的行动。在全球战略的指导下,公司内部的各个部门,彼此密切配合,互相协作,形成一个整体,所有国内外的分公司和子公司的活动,都服从于跨国公司的整体利益,彼此互相配合,交流技术,互通信息,共担风险,分享盈利。这是保证公司实现全球战略的关键。公司这种管理与控制体系,一则能使总公司高度集权地统一指挥,使海外子公司服从于整个跨国公司的全局利益;二则能使各海外子公司的业务活动保持其主动性,能使它们对迅速变化的环境作出适时的灵活的反应。

# 第二节 跨国公司战略联盟

跨国公司的战略联盟是由经济全球化导致的一场巨大而深刻的经济变革,是新的国际分工全球化发展的结果,它使得国际竞争在更高的层次上、更大的范围内,向更深的程度全面展开。

## 一、跨国战略联盟的含义

跨国公司战略联盟(Strategic Alliances of Transnational Corporation)简称跨国战略联盟,这一概念最早是由美国DEC公司总裁简·霍普兰德(J. Hopland)和管理学家罗杰·奈格尔(R. Nigel)提出的,它指两个或两个以上的经济实体,为达到共同占有市场、共同使用资源等战略目标,通过各种协议、契约而结成的优势互补、共担风险的松散型组织。在这种行为过程中,各方的联合是自发的非强制性的,各方在结成联盟后仍旧保持着本公司经营管理的独立性和完全自主的经营权。战略联盟采取的形式多种多样,包括合作研究、许可证协议、特许经营协议、联合营销协定等,随着经济的发展,还将会有越来越多的新的联盟形式出现以满足企业的战略要求。

由于战略联盟形式的多样性和战略联盟理论的复杂性,其定义也各有不同。目前,比较具有代表性的观点是西尔拉的竞争性联盟观点和波特的市场交易安排观点。

西尔拉认为,战略联盟是由很强的、平时本是竞争对手的公司组成的企业或伙伴关系,具有竞争性联盟的特性。

康特拉克特也持有相似的观点,认为"近年来的伙伴关系,许多涉及经营过程众多阶段的联合行动,如联合生产、联合采购、联合研究开发。这些联合经常是规模实力大致相等且都从事国际经营的公司之间的联合。双方的贡献是类似的,而不是互补的。"因此,他把战略联盟归结为从事同一种活动的公司之间的合作,如两家生产飞机发动机的公司的合作。

而波特却认为,战略联盟"是不同国家的公司之间的长期联合,它超出了正常的市场关系又没有达到兼并的地步——战略联盟是市场与公司间的某种交易方式"。其中包括建立合资企业、许可证、供应协议、营销协议和其他各种协议,如图5－1所示。

| 市场 | 非正式合作项目 | 正式合作项目 | 合资企业 | 多数股权参与 | 公司 |
| 无 | | 一体化程度 | | | 大 |

图5－1　战略联盟是介于市场与公司之间的某种交易形式

这两种关于战略联盟的定义都存在缺陷。西尔拉的定义把大量从事互补性活动公司之间的合作和实力不相等的公司之间的合作排除在外;而波特的定义过于宽泛,现实中,超出正常市场关系的交易关系实在太多,公司之间经常有的互相协助就无法剔除。实际上,战略联盟是公司之间为了达成战略目的长期合作安排。它既包括从事类似活动的公司间的联合,也包括从事互补性活动的公司间的合作,既包括强强联合也包括强弱联合。但这种合作或联合必须基于公司的战略考虑,是公司为了长远的生存或发展而采取的重大措施。

现实中,我们言及的战略联盟多数指由两个或两个以上有着对等经营实力的(跨国)企业,出于对整个市场的预期和企业总体经营目标、经营风险的考虑,为了企业长远的生存和发展,为达到共同拥有市场、共同使用资源和增强竞争优势等战略目标,通过各种协议、契约或设立某种独立的治理结构(如合资企业)而组成的优势相长、风险共担、利益共享的松散型组织。

## 二、跨国战略联盟的特点

跨国战略联盟是两个或两个以上的跨国公司为实现同一战略目标而建立的合作关系。它与传统的国际合资经营、合作方式有根本的区别。它所形成的合作关系并非一国企业对另一国企业的控制和支配的纵向从属关系,而是一种以共同利益为核心,以协调一致为基础的合作关系,这是战略联盟区别于其他合作模式的重要标志。其主要特征有五个方面。

1. 跨国战略联盟合作形式具有较大的灵活性和随意性

战略联盟与合资经营企业在合作形式上完全不同:传统的合资经营企业是一个独立的经济实体,对资金投入、资源的承担、管理结构和利润分享均有法律上的约束性协议规定,是一种股权式的紧密型结合;而新型的战略联盟则是一种非股权式的松散的"联姻"。联盟契约仅仅表明合作各方的共同战略目标以及在生产和销售方面协调行动,其共同目标的实现全靠协商而非法定的权利与义务。联盟成员之间具有独立人格,法律地位平等,不是控制与反控制的关系,而是一种松散的合作伙伴关系,这种关系可以随时因外部因素的变化进行调整。

2. 跨国战略联盟实现了"柔性竞争"

战略联盟将来自不同国家、不同企业的不同所有者结合在一起,使其形成了"你中有

我,我中有你"的关系。它是竞争对手的合作,在合作中竞争,改变了传统的竞争和合作对立的观念,形成了所谓的"柔性竞争"。加盟的各方都有自己的目的,以对方之长补己之短,防御性地分配市场,进攻性地开辟市场,从而提升加盟者的整体竞争力。

### 3.跨国战略联盟实行全方位合作

战略联盟不只局限于合资企业的相互参股、资本流动,还拓展到技术、市场、资金、人才、信息等方面的全方位合作。它把分散在各国的研究开发、生产加工、市场营销及售后服务等价值增值链环节上具有特定优势的不同企业联合起来,实现分工合作,优势互补,资源互用,利益共享。这样,加盟者既可从对方获得各自所需,又确保各自的独立性。这种既"给"又"取"的利益让与机制,要求联盟成员兑现"贡献"与"承诺",方能实现合作互利。

### 4.跨国战略联盟是一种深层次的合作形式

战略联盟是以技术、信息、知识共享为核心的利益共同体。联盟改变了以往企业单枪匹马自行研究开发新技术、新工艺、新产品的传统做法,提升到共同研发新技术,推出适应当地市场的个性化、优质化的产品和服务。这样以竞争而合作,靠合作来竞争,使联盟层次更深,更具有生命力。

### 5.跨国战略联盟管理的复杂性

战略联盟的这种深层次的合作形式常常给联盟在运行过程中带来这样那样的问题,即管理的复杂性加大。主要表现在以下方面:一是管理权关系模糊。管理权关系模糊不清,使得协调和控制过程带有很大的不确定性,其中每一方都期望自身收益最大化,联盟各成员往往难以协调一致;二是收益不平衡。战略联盟的收益往往不是在所有合作伙伴之间均分,这可能与各方原有的期望相悖,从而难以使联盟成员始终如一地保持合作热情,并将威胁联盟的存在;三是企业文化的冲突。联盟各成员由于拥有不同的企业文化,在合作中难免发生管理方式甚至价值观的碰撞,致使联盟效率低下;四是合作伙伴的"背叛"危险。当合作各方在合作过程中或提出合作意向时,发现其中一方正与其竞争对手结为联盟,将有可能使合作或合作意向告吹。

## 三、跨国战略联盟的类型

跨国战略联盟是一种非常复杂的企业战略决策,根据不同的划分标准可分为不同的类型。

### (一)按联盟企业的主体地位差异划分

按主体地位的不同,可将跨国战略联盟分为互补型联盟、接受型联盟两种,这是世界银行经济学家巴兰森的分类方法。

#### 1.接受型联盟

又被称为互惠联盟,多产生于差异性显著的公司之间,处于联盟的低级阶段。其目的在于实现对一方的市场进入,而不是为了对付市场竞争,属于非对抗性的。发达国家跨国公司与发展中国家跨国公司的战略联盟就属于此种类型。

#### 2.互补型联盟

它是联盟的高级阶段,大多是在西欧、北美和日本等市场经济发达国家的跨国公司之间结成的,其特征为强强联合。联盟的出发点在于取得优势互补和相长,提高市场竞争力,以期在对抗性极强的市场竞争中立于不败之地,因而是一种对抗竞争导向型联盟。跨国公司之间为了应付全球性的竞争,而在技术设计、加工过程和营销服务方面进行技术、资金和人员等方面的互补和配合。例如,德国的戴姆勒－奔驰汽车公司和日本的松下公司结成跨国战略联盟,共同开发、制造和经营自动汽车。其主要目的是分摊产品开发与生产投资的成本,迅速而有效地进入各自在欧洲和日本的营销与分销网络。

## (二)按照是否涉及股权关系划分

按照是否涉及股权关系分类,联盟可分为契约式联盟和股权式联盟。

### 1. 契约式联盟

契约式联盟是指借助契约建立的、不涉及股权参与的合伙形式。具体的形式有专利许可证、供应协议、联合研发、联合营销等。

契约式联盟无须组成经济实体和固定的组织机构,结构比较松散,合作范围相对有限,内容比较具体。联盟各方就具体领域或方面展开合作的同时,可保持经营上的相对独立性。

契约式战略联盟以联合研究开发和联合市场行动最为普遍,最常见的形式包括以下几种。

(1)合作生产。合作仅限于生产环节,可获得规模经济和吸纳过剩生产能力或在市场不景气时缩减生产能力,产品由各公司独自销售或用于它们自己的其他产品生产和管理。

(2)技术合作。联盟成员间相互交流技术资料,通过"知识"的学习和共享来增强竞争实力。

(3)研究开发合作。联盟成员分享现成的科研成果、共同使用科研设施和生产能力,在联盟中整合各自优势,共同开发新技术、新产品。

(4)销售安排。联盟成员通过合同安排,借用对方的销售渠道和销售网络推销企业的产品。

(5)许可证合同主要指一般许可和交叉许可形式。

(6)全面协议。建立全面协作与分工的产业联盟体系,多见于高科技产业中。

契约式联盟具有更大的灵活性和自主权,更强调相关企业的协调与默契。

### 2. 股权式联盟

股权式联盟是指涉及股权参与的企业间联盟。股权式联盟主要有对等持有和相互持股两种类型。对等持有型战略联盟,指合资双方母公司各拥有合资企业的50%的股权。相互持股型战略联盟中联盟成员长期地相互持有对方少量股份,以巩固良好的合作关系。与合资、合作或兼并不同的是,该方式不涉及设备和人员等要素的合并。

股权式战略联盟要求组成具有法人地位的经济实体,股权对合作有着重要的意义。首先,股权突出了联盟合伙人之间的长期义务;其次,股权向市场发出了强烈的信号,表明有关各方已经联合起来。

股权式联盟对资源配置、出资比例、管理结构和利益分配均有严格规定。因此,股权式战略联盟有利于扩大企业的资金实力,并通过部分"拥有"对方的形式,增强双方的信任感和责任感,使合作更持久,还可以增强对敌意收购的防御能力。但它初始投入较大,灵活性较差,财务风险较大,而且股权关系会影响公司的独立性。股权式联盟是通过合资建立实体的方式建立起来的联盟,涉及合作各方共同的所有权。具体形式有为生产、分销、研究开发而建立的合资企业。

契约式联盟更具有市场的特性,因此又被称为准市场联盟;而股权式联盟更接近于企业的内部组织,又被称为准层级联盟。

### (三)按联盟企业的产业合作方向划分

按联盟企业的产业合作方向来划分,企业战略联盟可分为:横向联盟、纵向联盟和混合联盟。

#### 1.横向联盟

横向联盟是指同属一个产业或行业部门,生产、销售同类产品企业间的联盟,或者在同一市场上产品或服务有竞争关系的企业间的联盟。这种联盟是企业扩大经济规模、降低或分散风险、加快新技术的扩散、降低进入目标市场的壁垒、增强产品间的兼容性以实现经济扩张的一种有效形式。横向联盟旨在降低经营成本。

横向联盟是竞争对手之间的联盟。联盟的建立模糊了有关领域竞争和合作的差别。联合的力量可使公司获得规模经济,共享知识、降低风险。同时,横向联盟也是更有效地学习合作伙伴的手段,因为联盟意味着彼此更密切更经常地接触。

但是横向联盟往往会被当做共谋,因为横向联盟各方通常会在价格制定、产量、服务等方面达成某种默契。但大多数横向联盟不是共谋,因为它们并没有消除竞争,而只是改变了竞争的模式。其中,联盟方企业所提供资产的类型对决定竞争的性质起到了决定性的作用。

1984年,美国通用汽车与日本丰田在美国合资建立了新联合汽车制造企业(NUMMI),在这个联盟建立过程中,通用汽车投入的是公司的分销技能,而丰田公司投入的则是其在汽车生产制造方面的技术。这种具有互补性质的联盟被认为是最难管理的,它对联盟各方在控制知识转移方面形成挑战。因为在互补联盟中各方拥有不同类型的技能和资产,这会导致一种学习竞争。如果一个企业具有很强的学习能力,那么它会在学习竞争中受益,同时也可以保证自身的核心竞争力不被其合作伙伴模仿,在互补联盟中占据主动的位置。

#### 2.纵向联盟

纵向联盟是指分属于两个不同行业部门,但两者之间又有直接投入产出关系的企业间的联盟,其特点是把相连的几个生产阶段置于同一企业的管理之下。纵向联盟旨在减少或防止因信息不对称所造成的劣势,有助于产业政策的实施。

纵向联盟的核心是联盟各方相互承诺从事对方需要的某些活动,使各方可以得到比一般市场交易更紧密的协调,但同时又保持自己的相对独立性。

纵向联盟的优势来自价值链活动的互补性。这种联盟最典型的是生产厂商同中间产品供应商的联盟(如丰田汽车公司同其零部件供应商的长期合作)和生产商同销售商的联盟(如宝洁公司同沃尔玛公司的联盟)。

纵向联盟另外两个明显的优势是具有灵活性和专有技术。纵向联盟比横向联盟的灵活性强,因为联盟各方可以通过接触或协调来应付零配件、顾客需求、管理等方面的变化。如电脑硬件的生产商,都需要很好的软件来显示出其产品的质量和工艺水平。但是运用公平市场交易获得的软件可能不具效率性,因为硬件和软件会随时被要求作某些调整。但如果硬件的生产商通过购并买入一个软件公司,也会使被购并企业的能力受到很大损害。因此,联盟这种处于公平市场交易和购并之间的更为灵活的方式便被广泛地采用了。而在专有技术方面,如果一个企业的竞争对手在技术或市场份额方面居于领先位置,那么它可以通过与供应商或客户建立纵向联盟来实现对领先者的追赶。

3. 混合联盟

混合战略联盟是指两个或两个以上相互间没有直接的投入产出关系和技术经济联系的企业间的联盟,或是两个或两个以上产品与市场不存在任何关系的企业间的联盟。混合战略联盟旨在改善企业自身结构、扩大经营能力、增强市场控制能力、实现多元化经营、提高市场占有率。

（四）按联盟企业的资产注入情况划分

按这种分类方法,战略联盟可分为合资型战略联盟和协作型战略联盟。

1. 合资型战略联盟

合资型战略联盟的联盟各方作为股东共同创立的独立企业,拥有独立的资产、人事和管理权限,但一般不包括各联盟方的核心业务。

2. 协作型战略联盟

当联盟各方的核心业务与联盟相同、合作伙伴又无法将其资产从核心业务中剥离出来置于同一企业时,或者为了实现更加灵活的收缩和扩张、合作伙伴不愿建立独立的合资公司时,就会产生协作型战略联盟。

（五）按战略联盟的性质划分

按战略联盟的性质划分,企业战略联盟可分为集中式战略联盟和综合式战略联盟。

1. 集中式战略联盟

集中式战略联盟是根据两个或多个企业之间的协议安排建立的,目标明确但受限制,联盟中一般只有一项主要活动或功能。

2. 综合式战略联盟

综合式战略联盟的合作业务内容可能包括合作伙伴价值链上的全部环节,成员之间合作范围十分广泛。

（六）按联盟企业所在价值链位置的不同划分

按这种划分标准,企业战略联盟分为资源互补型战略联盟、市场营销型战略联盟、联合研制型战略联盟。

1. 资源互补型战略联盟

资源互补型战略联盟是指上游企业和下游企业结成的战略联盟。如通用动力公司为了向比利时、丹麦、荷兰、挪威销售 F－16 型战斗机,就曾达成一项协议,规定在这 4 个国家制造及装配零组件。这种联盟有两种形式:一种形式是拥有独特技术的跨国公司,为了接近海外市场或利用对方的销售网络而结成的联盟,通过资源的互补实现风险共担、规模经济及协同经济;另一种形式是跨国公司和用户联合的战略联盟,企业通过联盟把生产和消费,供给与需求直接联系起来。

2. 市场营销型战略联盟

市场营销型战略联盟多流行于汽车、食品、服务等领域,是以下游活动为合作领域缔结的,缔结目的在于提高市场营销的效率和市场控制的能力,联盟各方重在互相利用各自价值体系中的下游环节,即营销网络。这类联盟是抢占市场的有效手段,能够较好地适应多样化的市场需求。比如福特汽车公司与马自达汽车公司的营销联盟,使福特汽车顺利进入

壁垒森严的日本汽车市场,也使马自达汽车在美国市场占有一席之地。再如法国的雷诺公司与美国的汽车公司达成协议,雷诺通过美国汽车公司1 700个经销商网络,在全美销售其汽车。这种联盟的不足之处在于,这类联盟是以降低环境的不确定性为目的,而不是致力于提高联盟各成员的核心能力,因而不能带来持久的竞争力。

3. 联合研制型战略联盟

该种类型的合作领域侧重在生产和研究开发,参与联盟的企业充分利用联盟的综合优势,共享经营资源,相互协调,共同开发新产品、新材料和新技术,合作的目的在于获得新技术、降低资金的投入风险和项目的开发风险。

联合研制型战略联盟中的成员多为风险型公司,这类联盟在微电子、生物工程、新材料等高科技行业比较常见,其具体可分为知识联盟与产品联盟。两者各有不同的特点:第一,知识联盟的中心目标是学习和创造知识,以提高核心能力;产品联盟则以产品生产为中心,合作的目的在于填补产品空白、降低资金的投入风险和项目开发风险,以实现产品生产的技术经济要求。第二,知识联盟比产品联盟更加紧密,有利于跨国公司之间的学习、创造和加强专业能力,相关人员必须一起紧密工作。第三,知识联盟的参与者更为广泛。产品联盟通常是在竞争者或潜在的竞争者之间形成的;知识联盟能够在任何组织之间形成,只要该组织有利于提高参与者的专业能力。第四,知识联盟比产品联盟具有更大的战略潜能。产品联盟可以帮助跨国公司抓住商机、保存实力;知识联盟能够帮助其扩展和改善它的基本能力,知识联盟的建立有助于从战略上提高或更新企业的核心能力。

(七)按组织接触程度和潜在竞争的高低划分

按这种标准划分,企业战略联盟可分为亲竞争型联盟、非竞争型联盟、竞争型联盟和前竞争型联盟四种。

1. 亲竞争型联盟

亲竞争型联盟是指那些产业间和在价值链中有垂直关系的企业之间的联盟。如生产商和供应商的联盟、生产商跟分销商之间的联盟。联盟之间有利害休戚关系,这种联盟能加强企业各自的竞争能力。

2. 非竞争型联盟

非竞争型联盟是指那些同一产业内部相互没有竞争关系的企业之间的联盟。这种联盟之间的组织接触程度较高,但潜在的竞争较低。

3. 竞争型联盟

竞争型联盟的联盟者之间存在着直接的竞争关系。他们之间的组织接触程度较高,潜在的竞争也较大。

4. 前竞争型联盟

前竞争型联盟是指为了开发一种新的技术而在不同的、经常是互不关联的行业间的公司合作。这种合作意图非常明显,就是为了开发新技术。他们的组织接触程度较浅,但潜在的竞争风险较大。

### 四、组建跨国战略联盟的动因

促使企业建立战略联盟有许多直接的动因。根据近年来企业战略联盟的实践和发展,可把促使战略联盟形成的主要动因归结为以下几个方面。

1. 促进技术创新

各种研究证实，近年来几乎半数以上的战略联盟成立的主要目标是实现技术转移和研究与开发合作。技术交流成为战略联盟的动因之一。一方面现代高科技的迅猛发展，且不说单个跨国公司，即使像美国这样的科技大国也无法在所有的领域都取得领先地位。一项复杂的高技术产品从设计、造型、试制到有关设备筹建、批量生产和市场渠道的开拓，都已表现为日益扩大的系统工程，以至于单个跨国公司难以在短期内实现该系统工程。因此，为了迎接潜在对手的挑战，不同国籍的跨国公司结成国际战略联盟，以实现共同的战略目标。另一方面，由于高科技产品的开发费用日益高昂，单个企业难以独立支付，就迫使多个跨国公司结成战略联盟，这样不仅可以避免风险，减少不必要的重复性投资，此外，还使产品生命周期日益缩短，增加了时间的紧迫性和承担的风险，同时降低了大量研究与开发投资的潜在回报，这也增加了合作的必要性。

2. 避免或减少竞争

通过建立跨国战略联盟，有利于形成新的竞争模式，以合作取代竞争，减少应付激烈竞争的高昂费用。战略联盟竞争与合作是一种新的辩证关系，竞争并不排斥合作，而且从某种程度上讲，合作有利于充分提高竞争效率。例如，当企业准备开发某种新产品或打入某一市场时，竞争对手可能早已拥有了竞争优势，如果与竞争者直接交锋，其结果可能是趋于失败或两败俱伤，这必将浪费稀缺的社会资源。因此，与竞争对手携手建立战略联盟，共同促进社会经济的发展，不失为新市场环境中的理性选择。

此外，由于在一定时期内市场需求容量都是有限的，如果企业之间仍在有限的市场中展开恶性竞争，这不仅会增加市场竞争中的成本，而且还可能因为竞争过度而失去自身现有的市场。因此，企业之间建立战略联盟，加强合作，可以共同理顺市场，维护竞争秩序。

3. 开拓新的市场

跨国企业建立战略联盟，促使联盟伙伴共同开拓新的市场，从而提高各自的市场销售额，这就是战略联盟创造新市场的思路，即不是去"抢市场"而是与对手共同创造并分享一个更大的市场。如数年前，空客公司着手开发600~700座的超级大型客机，波音公司想随后进入，但是需求可能只允许1家公司收回高达150亿美元的成本。如果双方投入这场你死我活的竞争将不可避免地导致"双输"。最后这两家制造商结成战略联盟，共同开发这种巨型客机，共享潜在市场的巨大利润。

4. 避免经营风险

跨国公司可能面临的风险一般包括政治风险和经营风险。虽然和平与发展是当今世界的主题，但全球各地区的民族、政治等诸多矛盾仍然经常出现，再加之各国国内政策等各方面的差异，这些都将对跨国公司的跨国经营带来巨大的政治风险。各大跨国公司若采取战略联盟进行国际化的经营，对单个跨国公司来讲，无疑可以减少因政治风险所带来的损失。除政治风险外，跨国公司进行国际化经营还会遇到经营风险，即市场风险。这种风险对公司经营也将产生巨大负面影响。跨国公司国际战略联盟在相当大的程度上可以减少上述风险。

首先，跨国公司与东道国企业结成战略联盟关系，如果东道国对外资企业实行歧视性政策或经营上的限制，甚至采取国有化措施，势必会影响本国企业的切身利益，这样往往可以免受东道国政府的控制，有效地降低政治风险。即使跨国公司遭遇政治风险，也可以分担或转嫁由此造成的部分损失。

其次，跨国战略联盟也可以避免或降低生产投资风险。例如，美国通用汽车公司与日

本丰田汽车公司结成联盟,从日本引进小型轿车技术和生产手段,就使通用汽车公司可以拿出原先必须用于开发小型轿车的 25 亿美元,转而用于改进和开发中、大型轿车系列产品。这样通用汽车公司在开发新型同类产品上不仅节省了时间,而且还通过迅速满足消费者在油价上涨情况下乐于购买小型节能汽车的需要,加快了开发投资成本的回收,从而避免了生产投资的风险。

其三,跨国战略联盟还有利于避免技术创新风险。激烈变动的外部环境对企业的研究开发提出了以下三点基本要求:不断缩短开发时间、降低研究开发成本、分散研究开发风险。对任何一个企业来说,研究和开发一项新产品、新技术常常要受到自身能力、信息不完全、消费者行为等因素的制约,需要付出很高的代价。而战略联盟有利于避免这些风险。

**5. 规避贸易保护**

全球经济一体化过程中,区域经济一体化趋势加剧。为了保护本国市场,削弱外来竞争,各国在降低关税的同时,采用了大量的非关税壁垒。特别是欧盟建立统一大市场以来,欧盟成员国对汽车和纺织品等采取统一的贸易保护政策,非成员国与欧盟的贸易摩擦不断出现。为了有效应对欧盟的贸易壁垒措施,美国和日本的跨国公司积极与西欧同行业的大公司结成战略联盟。如美国斯密特 – 凯恩公司与英国比彻姆集团结成战略联盟,从而使其绕过了欧盟所设立的各种贸易壁垒进入了欧盟市场。日本市场对美欧的一些跨国企业来说亦是如此。

**6. 实现资源互补**

国际竞争环境的变化对公司的绩效目标造成巨大压力,使他们制定的战略绩效目标同他们依靠自身资源和能力所能达到的目标之间存在一个缺口,这个缺口被称为战略缺口。战略缺口在不同程度上限制了公司走一切依靠自身资源和能力而自我发展的道路,在客观上要求跨国公司走战略联盟与合作的道路。通常认为,资源在企业之间的配置总是不均衡的,在资源方面或拥有优势,或存在某种不足,通过战略联盟便可以达到资源共享、优势互补的效果。如美国福特汽车公司与日本马自达汽车公司通过建立战略联盟,使福特得以借助马自达的营销网络更便捷地进入日本乃至亚洲市场,并依靠马自达的生产能力在日本建立起小型车的供应基地;马自达也在和福特的联盟合作中进一步提高了其汽车发动机制造技术。此外,战略联盟还有利于企业在实现资源互补中分摊高昂的开发投资费用。

## 五、跨国公司战略联盟的构建

要建立一个成功的战略联盟必须注意三个关键因素:合作伙伴的选择、联盟结构和联盟管理。

**1. 合作伙伴的选择(Partner Selection)**

一个好的合作伙伴要具备下面三个主要特征:

(1)拥有企业缺少的能力,并能帮助企业达到战略目标。这一目标可能是进入新市场,可能是分担新产品的开发成本和风险,也可能是赢得进入关键核心竞争力的机会。

(2)与企业对联盟目标的看法一致。如果双方各怀异志,那么彼此间的联盟关系不可能和谐、兴旺,迟早会分道扬镳。

(3)不会一味地贪图企业的技术诀窍而不思回报。合作伙伴要具备"公平游戏"的信誉,以维系双方良好的联盟关系。

为了选择一个好的联盟伙伴,企业应该做好以下三项工作:首先,尽可能从公共渠道多收集潜在联盟伙伴的信息,比如报刊、网站;其次,从消息来源可靠的第三方获取信息,比如曾与潜在伙伴建立过联盟的企业、与其有过业务往来的投资银行以及潜在伙伴以前的雇员等;最后,要谨慎行事,多听取企业内部专业人士和管理者的意见,可以为此专门召开中层以上的经理会议进行讨论,以确保选择的正确性。

2. 联盟结构(Alliance Structure)

在选择好联盟伙伴后,要在联盟中建立保护措施,包括:

(1)建立防护墙,隔断核心技术的转移,防止敏感技术泄露给对方。

(2)将保护条款写进联盟协议,以防范联盟伙伴的投机行为。

(3)联盟双方进一步允许交换对方渴望的技能或技术,以保证双方享有同等的机会,如交叉许可协议就可以保证双方公平获取对方核心能力的机会。

(4)要求联盟伙伴作出重要可靠的许诺,比如双方共同出资建立合资企业,进行生产和销售。

3. 联盟管理(Managing the Alliance)

一旦选择好联盟伙伴,并建立起恰当的联盟结构,企业唯一面临的任务就是使联盟利益最大化。要使双方从联盟中获得的利益最大化,就要彼此信任,并善于向伙伴学习。

(1)建立信任。要成功地管理联盟,就需要在联盟企业的管理者之间建立良好的人际关系。朋友式的人际关系有助于联盟企业建立互信、和谐的关系。此外,私人的良好关系也会培育出企业间的正常管理网络,进而有助于解决联盟内部的问题。

(2)向伙伴学习。通过对 15 家战略联盟长达 5 年的研究,前伦敦商学院战略及国际管理教授加里·哈默尔(Gary Hamel)等得出结论:一个企业可以从联盟中获得多少益处主要取决于它向联盟伙伴学习的能力。为了使学习效应最大化,一个企业必须尽力向它的伙伴学习,并且将所学知识应用到自身企业中。

## 六、跨国战略联盟的风险

正是由于上述的动机,建立跨国联盟与合作有一段时间被视作跨国公司解决全球战略问题和寻找机会的灵药。但事实上并非如此,战略联盟也存在风险。一些风险来自这种关系中同时存在的合作与竞争性质。其他的风险则来自于公司之外的管理合作关系和组织的高度复杂性。此外在合作者的选择上也会带来一些风险。

1. 竞争性合作的风险

经验证明,战略联盟也存在风险。当相互联盟的企业既存在合作关系又有竞争关系时,一方有可能利用联盟形式来发展自身的相对优势,给对方企业造成风险。这存在两种风险的可能性:一种是企业加入联盟的目的是为了利用合作伙伴,它有可能完全是为了从合作者那里获得核心能力,或通过自己对投资和发展过程的影响来削弱企业的竞争力。两个企业都希望将自己与他人的技术优势相结合,创造出新产品或规模优势。这可能导致在合作过程中一方合作者在学习另一方技术优势的同时,也能保护自身的技术优势,最终还可能抛弃合作者独自享受合作所带来的利益。特别是在下列情况下,当一方企业的技能和能力隐蔽在复杂的组织过程中很难进行学习和模仿;另一方的技能和能力清晰,相当容易学习和模仿。

另一种情况是一方积极主动地投资,并利用合作关系侵蚀对方的竞争性优势,即占优势地位的企业可以在保证自身独立性的前提下,有效地约束另一方,造成对方对自己的单

方面的依赖,进而随意地削弱和控制对方。而另一方必须确保比合作者更具备对重大投资的控制权,使其投资可以用于产品开发、生产制造、市场营销或任何一种具有战略重要性的价值链上。

此外,由于这些跨国联盟的目的通常是为了分担风险,每家合作的企业将竞争任务"外部化"给合作方,这样,企业几乎不可避免地都丧失了一些从"边干边学"中获得的利益。最后,即使在最好的理想情况下,这种合作关系满足了合作双方企业的所有期望,使得双方都获得一定的收益,但也同时加强了竞争者的实力。合作双方从联盟过程中新获得的能力极有可能在未来的竞争中被用来对付其现在的合作者。

2. 战略和组织关系的高度复杂性

即使在最理想的条件下,企业竞争对手之间也常常难以相互合作。造成这一现象的原因之一是:企业成员明白,风险和报酬最终会影响到企业的财务状况,这又直接或间接地影响到企业成员的自身利益。战略联盟往往缺乏这一基础性的动因。而且,战略联盟的范围和它们必然面对的不确定性环境,使得双方很难理解在合作演进过程中可能产生的报酬或风险情况。结果,在分担风险、分配报酬以及分割特许权使用费时,这种合作关系不可避免地导致额外的战略与组织的复杂性,这反过来又包含了管理这种复杂性的成本。

国际战略伙伴关系使各国企业联合起来,成为存在巨大经济、政治、社会和文化系统差异的产物。这种合作伙伴公司的管理差异将把各自的战略思维和管理实践带到合作企业中,这就进一步加大了对组织的挑战。

经营范围广泛是许多战略联盟所具备的典型特点,但这会造成组织相当的复杂性。合作范围的扩大要求合作双方不仅能处理好各个领域的关系,还要在组织内部协调好与联盟相关的各项任务。这也意味着必须不断地监控联盟的目标、任务和管理进程,使之适应不断变化的环境。

3. 合作者的选择风险

对于潜在合作者进行战略和组织能力的分析过程是战略联盟的重要步骤之一,但也是最困难的一项任务。用来有效评价潜在合作者的信息较难全面获得。进行联盟前对潜在合作者的分析,不仅需要关于有形资产的数据,还需要无形资产方面的衡量,这其中包括品牌力、信誉、专业技术水平、雇员的忠诚度、企业的组织能力,等等。这些因素直接影响到联盟的最后效益。

## 七、跨国公司战略联盟的发展趋势

1. 从接受型战略联盟向互补型战略联盟转变

接受型战略联盟又分为东西方联盟和南北方联盟,其总的特点是联盟各方在经营能力、经营资源方面表现出显著的不均衡,一方为了有效地进入对方的市场,而另一方则为了获取自己短缺的资源或投资收益。合作内容多以技术型联盟为主,合作基础为资源互补,合作的实质是市场与利益,或者是关键要素资源交换。

2. 经济发展水平不同的国家之间建立的战略联盟比重呈增加趋势

战略联盟发展的另一个趋势是随着对外直接投资流入发展中国家的比重不断增加,作为对外直接投资主体的跨国公司与东道国的各种合资、合作企业的数量不断增加。

3. 高新技术产业的战略联盟日趋活跃

20世纪90年代,世界经济发展的一个标志性特征就是知识与技术资本逐渐成为工业化经济时代影响财富增长的一个关键变量,技术要素已经成为影响跨国公司竞争优势最为重要的贡献者。

跨国公司的技术联盟,是指两个或者多个跨国公司以维持和提升技术水平为战略目标,组成的技术互补、共担风险和合并彼此技术要素的联盟形式。其中,包含了公司间知识的传递、共享、整合等方面的技术互动过程。特别是20世纪90年代以来,跨国公司战略联盟的目标,由一般性技术内容的合作越来越明显地指向了高新技术领域。据统计,1990年,美国、西欧和日本在信息技术产业的研究和开发合作协议达到了2 364件,在生物工程产业的合作协议达到了876件,在新材料产业的合作协议达到了552件。事实上,在跨国公司战略联盟的诸多形式中,技术联盟属于一种最为本质的联盟,其他形式的联盟或多或少都与技术联盟有着直接或者间接的关系。

4. 知识与技术的流动从单向转为多向

跨国公司的战略联盟一开始由于南北方联盟较多,因此知识以及技术等的流向特征是在联盟中多从发达国家企业流向发展中国家企业。但近年来,随着跨国公司间联盟数量的增加、互补型战略联盟数量的增加,使企业之间的知识、技术流向由单向转为多向,即企业之间的相互学习、相互交流越来越多。

## 【本章小结】

跨国公司全球战略要求在全球范围内建立专业化的生产和销售网络,将世界市场和全世界消费者作为自己角逐的目标。跨国战略联盟是通过外部合伙关系而非通过内部增值来提高企业的经营价格。目前,战略联盟已成为国际技术合作和技术转让的一种新形式。

战略联盟多数指由两个或两个以上有着对等经营实力的(跨国)企业,出于对整个市场的预期和企业总体经营目标、经营风险的考虑,为了企业长远的生存和发展,为达到共同拥有市场、共同使用资源和增强竞争优势等战略目标,通过各种协议、契约或设立某种独立的治理结构(如合资企业)而组成的优势相长、风险共担、利益共享的松散型组织。

战略联盟的特点包括跨国战略联盟合作形式具有较大的灵活性和随意性、跨国战略联盟实现了"柔性竞争"、跨国战略联盟实行全方位合作、跨国战略联盟是一种深层次的合作形式、跨国战略联盟管理的复杂性。

战略联盟的分类主要采取七种方式:按联盟企业的主体地位差异划分、按照是否涉及股权关系划分、按联盟企业的产业合作方向划分、按联盟企业的资产注入情况划分、按战略联盟的性质划分、按联盟企业所在价值链位置的不同划分、按组织接触程度和潜在竞争的高低划分。

## 【思考题】

1. 什么是跨国公司全球战略?
2. 跨国公司全球战略有什么特点?
3. 简述跨国公司全球战略目标。
4. 简述战略联盟的特点。
5. 简述战略联盟的类型。
6. 试述组建跨国战略联盟的动因。
7. 战略联盟的风险有哪些?

8. 简述跨国战略联盟的发展趋势。

# 【课外阅读】

## 通用汽车公司打造成全球性战略联盟

在过去十几年中,汽车业成为一种全球性的产业,全球化导致了激烈的竞争。汽车业对投资的需求是巨大的,同样,这也伴随着巨大的风险,特别是在当今这种更加激烈和边际利润下降的竞争环境中。因此,汽车业中几乎所有的主要竞争者都通过合作来分享成果和抵御风险。

成立于 1908 年的通用汽车公司,是全球最大的汽车公司,其核心汽车业务及子公司遍及全球,共拥有 324 000 名员工。迄今在全球 32 个国家建立了汽车制造业务,其汽车产品销往 200 个国家。通用在世界各市场的份额分别为(2000 年):北美市场占 26.7%,欧洲市场占 9.3%,拉丁美洲、非洲、中东地区总共占 16.3%,亚太地区占 3.7%。2004 年,通用汽车公司的轿车和卡车销售量将近 900 万辆。

尽管如此,通用汽车公司似乎失去了往日的辉煌,在财务和决策上存在着失误(例如在美国市场上),在某些地区甚至出现了亏损(例如欧洲的欧宝系列的营业收入)。对于公司的高层,他们相信联盟会给他们带来好处,汽车业是一个寡头结构的产业,参与联盟对于参与者是有利可图的。它起码可以阻止其他竞争者与其合作者进行合作。从这点来说,任何形式的联盟都是具有"保护"作用的。

从 20 世纪 70 年代起,在全球化竞争逐渐加剧的背景下,通用汽车公司开始通过一系列的联盟以达到提升其竞争力,占领国际市场的目的。

20 世纪七八十年代,日本汽车企业凭借"精益生产"方式生产轻型轿车,大举进攻美国市场。在 20 世纪 80 年代后期,通用公司的一项内部研究发现,日本人可以生产每辆成本比通用公司低 1 800 美元的汽车。为了获得新的知识与管理方法,1984 年,通用汽车公司与丰田汽车公司建立了一家新联合汽车制造公司(New United Motor Manufacturing Inc., NUM-MI)。通用汽车公司获得了密切观察这一生产实践的机会,并通过学习已成功地将部分丰田实践移植到 Saturn 工厂,该工厂以新的团队工作和不断关注质量的原则建立。因此,在某种程度上,通用汽车公司达到了自己建立战略联盟的目的。

为了达到加强在欧洲和南美洲地位的重要战略目标,通用汽车公司积极发展,壮大自己的全球性汽车企业。它通过与大型企业和具有技术优势公司建立联盟来实现这一目标。1986 年与沃尔沃组建合资公司,从事载货车及变型车的开发、生产和销售;1989 年收购瑞典萨伯集团 50% 的股份;1990 年,与匈牙利的 RABA 组建生产载货车、轿车和柴油机的合资企业。2000 年 3 月 13 日,通用汽车公司与意大利菲亚特汽车集团宣布结成战略联盟,其实际交易额达到 24 亿美元,并以股权交换形式进行。从合作的具体内容看:一是双方今后将在欧洲建立合资企业,致力于新型发动机、变速器等主要汽车零部件系统的研究开发合作,加速技术学习;二是菲亚特所属的阿尔法-罗密欧和兰西亚两个品牌参与通用的统一零部件采购,以节约成本;三是菲亚特加入通用的全球采购网络,共同开拓企业对企业的电子商务,并建立全面的业务合作关系,同时菲亚特还保持其各品牌的相对独立性。从轻型车的生产情况看,1999 年在西欧通用的生产量占当地的 11.31%,位居大众、雷诺、福特之后名列第四,竞争形势不容乐观,但是如果加上菲亚特的生产量(占当地总生产量的 8.23%),该联盟的总生产量几乎可以与西欧最大的汽车生产商大众集团相近,竞争形势大为改观。在南美1999年的生产量中菲亚特占26%,仅次于大众位居第二,如果加上位居第三的通用生产量(占当地总生产量的20.4%),则该联盟在南美的轻型车生产具有绝对优势。在东欧1999年菲亚特的生产量占当地总生产量的11.4%,位居第三,而通用的生产量只占1.1%,两者结成联盟后虽然也不能与当地最大的生产商大众集团(其生产量占21.8%)抗衡,但可以为未来的竞争打下良好的基础。

联盟使通用汽车公司获取平台和零部件领域的巨大收益,分享成本效率,为通用汽车品牌提供了更具竞争力的基础。

在亚洲市场,通用汽车早在20世纪70年代同日本五十铃、铃木汽车公司和富士重工建立战略联盟。20世纪90年代,通用汽车全球化战略把亚洲市场放在首要位置。1994年9月,在新加坡建立亚太地区总部,指挥通用公司在亚洲的经营活动,当年投资1亿美元与印度斯坦汽车公司合资建厂,又在我国台湾地区组装欧宝牌汽车,在中国沈阳建立合资企业。通用汽车通过扩展制造业务,加强战略联盟,并且针对本地市场需求专门设计汽车产品等战略为其业务增长奠定坚实基础。近年来,尤其是对中国市场,通用进行了大规模的投资。通用汽车在亚太地区85%的业务都在中国。2004年6月,通用汽车决定将亚太地区总部迁到中国。显然,通用公司认为它在中国销售额的不断增长是其在全球市场发展的关键因素,中国已经成为通用汽车在全球的第二大市场。

通用的战略联盟是在全球范围内布局,而且随着北美和欧洲市场趋于饱和,亚洲成为其全球战略的重要市场。尤其是近年,通用汽车除了在新兴市场如中国获得了高速增长外,在欧美地区均出现了亏损和市场份额的下降,而亏损和下降的原因在于虽然通用通过联盟获得了一定的竞争优势,却没有在全球范围内最优地配置资源,比如进入中国的时间过晚。

事实上,全球化已经成为20世纪90年代以来世界经济的一个显著特征,而在各个产业部门中,汽车业无疑是全球化程度最高的部门之一,也可以说是全球化最彻底的部门之一。在日趋激烈的竞争环境下,汽车生产企业必须以更大的生产规模、更高的技术开发投入和更大的市场来求得生存和发展,而战略联盟不仅可以减少竞争对手,还可以实现优势互补、拓展市场和降低成本。

当企业全球竞争规模增大的时候,战略联盟就成为同一行业中企业竞争的很有效果的竞争手段,同时还可以保持企业的独立性。通用汽车公司可以说是战略联盟的典范。通用汽车公司通过全球性的战略联盟争夺全球市场份额,并在全球范围内整合资源。

通过与日本丰田公司组成战略联盟,通用汽车获得了知识和能力的提高;通过与菲亚特等欧洲厂商组建联盟,通用汽车可以更有效地共同开发技术和供应原材料,同时获得了欧洲和南美市场;通过与中国等厂商的合作联盟,通用汽车获得了亚洲新兴市场,带来了公司利润的增长。

# 第六章　跨国公司的营销管理

## 【学习目标】

1. 掌握跨国公司的国际产品策略。
2. 掌握转移定价的概念、方法及目的。
3. 理解分销渠道策略。
4. 掌握跨国公司的国际市场促销组合。

## 第一节　跨国公司国际产品策略

### 一、国际产品的整体概念

传统的产品概念通常偏重于产品的有形实体,而忽视了产品的本质和内涵。这种狭隘的产品观念直接影响了跨国公司的国际营销活动,限制了企业的产品开发能力。现代市场营销学认为,产品是指为留意、获取、使用或消费以满足某种欲望和需要而提供给市场的一切东西。这一概念极大地拓展了产品的范围,既包括各种有形产品,如计算机、建筑物;又包括各种无形产品,如理发、音乐会,还囊括了各种观念、思想,如禁止吸毒、环保意识等。

在跨国公司的营销中产品整体概念包括 5 个层次:核心利益、形式产品、期望产品、附加产品和潜在产品。

1. 核心利益

核心利益是企业为顾客所提供的最基本的效用和利益,是对顾客基本需要的满足。核心利益是顾客购买商品时所真正追求的东西。例如,顾客购买风扇,不是为了购买一些钢铁原料,而是为了获得风扇的降温功能。核心利益引发并决定了顾客的购买行为,是产品整体概念中最基本、最主要的部分。

2. 形式产品

一般产品是核心利益的物质载体,是产品的基本形式。消费者通常接触到的都是各种一般产品,如自行车、图书、旅店等。

3. 期望产品

期望产品是产品的第 3 个层次,即消费者在购买产品时所希望得到的一系列属性和条件。例如当人们享受住宿这一核心利益时,一般都希望旅店提供干净的床铺、完备的卫生设施、安静的睡眠环境等。

4. 附加产品

附加产品是产品的第 4 个层次,是指产品包含的各种附加服务和利益。例如,很多旅店在提供住宿的基础上,还通过快速结账,餐饮小吃,提供电视、鲜花,代办机票等服务项目来增加产品的内涵。

**5.潜在产品**

产品的第 5 个层次是潜在产品,即某种产品最终可能提供给顾客的所有属性。附加产品是产品目前的状态,而潜在产品是产品将来的可能形态。企业为了突出产品与竞争对手的差异,会不断地对产品进行改进,突出其个性。

## 二、现有产品策略

跨国公司对其现有产品可采取国际产品标准化与差异化策略。

### (一)国际产品标准化策略

所谓国际产品标准化策略,是指企业无论在国内市场还是在其他国家和地区都提供同一种产品。很多企业都喜欢在世界范围内销售同一规格的产品,如可口可乐、雀巢咖啡、索尼等跨国公司都是如此。以哈佛大学李维特教授为首的一批学者主张标准化的观点,他们认为世界是一个整体市场,各地的消费者之间存在消费心理和消费文化的共性,所以企业可以不必考虑相互之间的差异,只需提供物美价廉的产品。国际企业作出国际产品标准化决策主要出于以下几个方面的原因。

**1.生产的规模经济**

如果产品在一个生产基地生产,而要满足世界各国市场的需要,则企业通常考虑用标准化产品决策。因为大规模生产,充分利用生产能力必然会大大降低生产成本。随着企业将生产能力向海外扩散,产品的生产规模经济优势将逐步丧失。

**2.产品研究开发的投资效益**

如果企业对外推销标准化的统一产品,则产品的研究开发费用可以在大批量的基础上分摊。

**3.营销活动的规模效益**

产品标准化是宣传推广标准化的基础,如果企业推出标准化产品,则它就可以采用标准化促销策略。产品标准化企业将用一种广告向世界各国市场宣传产品。这样不仅可以大大降低广告设计费用,而且可以造成一种声势和气氛,以利于扩大销售。产品标准化同样有助于人员推销的标准化。同样的商品,宣传小册子的内容相同,只需翻译一下即可,这样不仅减少宣传资料的设计成本,同时由于推销展示内容基本相同,也可以大大降低推销人员的培训费用。产品标准化还能够产生售后服务的规模经济。标准化零配件的大批量生产大大减少了生产成本,统一的维修保养操作技术将大幅度降低维修人员的培训投入。

**4.消费者的流动性**

当今世界旅游事业蓬勃发展,旅游者已成为企业的一个不可忽视的消费群体。人们在海外旅游,国际产品实行标准化显然有利于他们识别和寻找消费品,有利于促使他们产生对产品的忠诚性。吉列剃须刀、希尔顿饭店服务都是这方面的成功例子。

**5.国家形象**

有些国际产品实行标准化是为了借助国家的形象,以扩大产品的海外销售。一些产品或者是一国的特产或者是具有浓厚民族特色,这些产品应该标准化,因为对外国消费者而言,民族的东西往往是最优秀的东西。例如,美国的香烟、口香糖、牛仔裤具有鲜明的美国风格,法国的香水享誉世界,中国的丝绸、瓷器甚至成了国家的代名词。

**6. 技术因素**

一般而言,技术要求越高的产品越要求实行标准化。国际营销强调的差异,是各国消费者文化背景的差异,产品的物理、化学性能并不会因跨越国界而发生变化。产品设计标准化意味着产品使用的通用性。产品的标准化、通用化是现代科学技术发展的结果。从实践看,工业品一般采用标准化策略,产品即使有调整也是细节上的变动,如改变电压或改用公制(英制)。

## (二)国际产品差异化策略

所谓国际产品差异化策略,是指企业针对不同的国家和地区提供不同的产品,以适应当地市场的特殊需求。产业组织理论认为,除了完全竞争市场和寡头垄断市场之外,企业控制市场的能力取决于其产品差异化的成功程度。如果企业能够突出自己与竞争产品之间的差别,并且让顾客了解到这一差别的存在,则企业就可以在相应市场上拥有绝对的垄断权。因此,产品差异化是限制竞争对手的重要工具。国际市场条件下的产品差异化要求企业的营销人员重视环境的调研工作,了解不同国家和地区的市场在经济、文化、地理等方面的差别,提供适合当地消费者口味的产品。促成国际企业实行产品差异化主要有以下几个因素。

**1. 产品的使用环境**

虽然产品提供消费者的效用是基本相同的,但是由于各国的自然环境不同,因而不同的国家往往对产品有不同的要求。一些产品对湿度、温度比较敏感就易受气候影响。例如在美国销往北方地区的汽车必须装有发热装置,而销往南方的汽车必须有制冷设备。

**2. 消费者的收入水平**

由于种种历史和现实的原因,世界各国的收入水平差别是很悬殊的,收入低的甚至不到 200 美元,收入高的可达 20 000 美元。购买力高的国家欢迎高档消费品,购买力低的国家则需要廉价耐用的商品。例如同样是领带,富裕国家注重其色彩鲜艳,花样繁多,相对贫穷的国家则要求其耐洗、不退色。又如洗涤剂,高收入国家的消费者要求其绝对无毒,价格高些也无妨;低收入国家的消费者则对无毒性要求不高,只要经过较长时间清水浸泡后无毒即可,但单价不能太高。这方面例子很多,通常是欠发达国家居民要求商品能够便宜、耐用,笨重一点、简陋一点不要紧;发达国家则不同,居民要求产品雅致、方便、精美,至于价格高或不很耐用也没关系。

**3. 消费习惯**

各国各民族文化背景不同,因而有着不同消费习惯,产品同样受消费习惯影响。例如,由于各国的穿衣习惯不同,其对洗衣机要求就明显不同,有些国家(尤其是缺水的国家)人们衣服穿得时间比较长,因而比较脏,而有的国家穿得时间比较短,一般不太脏,因而销往不同国家的洗衣机(尤其是自动洗衣机)的洗衣程序就必须调整。又如有的国家居民习惯用热水甚至沸水洗衣服,有的国家习惯于冷水洗衣服,这样外销各国的洗衣机有的必须有发热器,有的则不需装发热器。各国消费口味也有明显差异,即使是相邻的国家消费者对产品也有明显的个性。例如法国人不喜欢四门汽车,德国人则是选择双门小汽车。

**4. 政府限制**

各国具有不同的国情及传统习惯,因而各国政府制定了一些不同的产品标准,并通过税收、直接禁止来保证这些标准的实施。例如欧洲一些国家根据发动机的大小计征税收,这样对欧洲国家生产的小汽车设计就必须实行差异化。此外各国政府一般都对食品、药品规定各种不同的标准,食品、药品进口都必须经过检验,这样使这类产品也不可避免地要实行差异化。

5. 子公司经营需要

第二次世界大战后随着经济民族主义的兴起,跨国公司在各国设立的子公司为了顺应这一潮流都尽量根据当地市场的要求开发产品,这也就使得总公司国际产品统一性策略无法实现。

### 三、新产品开发策略

#### (一)跨国公司新产品的定义

开发新产品对跨国公司的生存和发展具有重大意义。现代市场营销理论认为,企业的产品只要在功能或形态上发生改变,与原产品之间产生差异,即可视为新产品。新产品一般可分为以下几类:①全新产品,即运用最新的科学技术而生产出的整体更新的产品;②革新产品,即部分改变产品特性的产品;③变异产品,即对产品外观、形态、款式作出调整的新产品;④新品牌产品,即在原有产品基础上更改品牌名称的新产品;⑤引进的外来产品。对跨国公司而言,它除了可以通过产品开发获得新产品之外,还可以通过兼并、购买拥有新产品的企业,购买新产品的专利权、特许权,与其他企业合作开发等方式获得新产品。

#### (二)跨国公司新产品的开发过程

一般要经过 8 个步骤,即产品构思、构思筛选、产品概念形成与测试、初拟营销规划、商业分析、新产品研制、市场试销和商业化。

1. 产品构思

构思就是为满足一种新需求而提出的设想,把比较现实的有代表性的种种设想加以分析、综合,就可形成比较系统的新产品概念。新产品构思的来源有:顾客,顾客的需求是新产品构思的起点,企业应当通过市场调查了解消费者需求来寻找产品构思;企业的子公司,企业在各国市场的子公司经常与该国市场顾客打交道,它们知道国际市场顾客的真正需求,同时它们也了解竞争对手产品的优势和劣势;竞争对手,通过分析竞争对手的成功和失败之处,企业往往可以获得创意,对企业新产品开发具有很大的指导意义;科学家,随着科学技术的发展,新产品中的技术含量越来越高,科学家理所当然地成为新产品的主要来源之一;企业的高层管理人员,企业的高层管理人员可以超然于企业和市场之上来考察新产品,因此,新产品开发人员可以从企业的高层管理人员那里获得新产品构思。另外,跨国公司还可以从大学、国际性咨询公司、国际性同业协会、国际性的市场调查公司那里寻得有用的创意。

2. 构思筛选

企业取得足够构思之后,要对构思进行评估,选出那些符合本企业发展目标和长远利益及企业资源相协调的创意,从而保证新产品开发的成功。企业通常根据以下标准来对构思进行筛选:①市场成功的条件,包括产品潜在市场的大小、市场的竞争程度及企业获利的大小;②企业内部条件,即企业资源、技术水平与管理能力是否适应该新产品;③销售条件,即企业的销售人员、销售渠道是否有足够的能力推销该新产品;④企业的利润目标和销售

增长率水平。

### 3. 产品概念形成与测试

产品概念是从消费者角度出发对构思的详细描述。新产品构思经过筛选后,应该发展为更为具体、更为明确的产品概念。形成产品概念,要经过产品设计和测试两个步骤,产品设计的基本任务是将产品构思发展成几种产品设计方案,以文字、图形、模型等方式描绘出比较明确的产品概念。产品概念测试就是将产品设计展示于一群目标顾客面前,以观察他们的反应。它的基本任务是对每个具体方案加以具体的评价。现在许多公司经常通过三维印刷技术为产品制作立体模型,或者通过模拟现实的方法来进行概念测试。经过产品概念测试,企业不仅可以得到比较清晰的产品概念,还可了解新产品概念的潜在价值,使产品概念趋于完善。

### 4. 初拟营销规划

企业形成产品概念后,应将产品概念文字化,形成营销规划草案。它由3个组成部分:①描述目标市场的规模、结构、行为,新产品在目标市场上的定位,头几年的销售额、市场占有率、利润目标等;②阐述新产品的预期价格、分销策略以及第一年的市场营销预算;③规划长期销售额和目标利润以及不同时期的市场营销组合。

### 5. 商业分析

商业分析实际上是对新产品在各国市场上相容性的分析。在进行这种相容性分析时,国际市场营销人员应考虑以下问题:①目标市场国的市场规模有多大,需求持续的时间为多久,企业将达到什么样的利润水平;②导入新产品对企业整体销售额、成本和利润会产生什么影响;③企业现有的资源、技术与能力是否能完成新产品项目;④是否需要进行固定资产更新;⑤新产品与旧产品的相关性如何;⑥新产品项目的资金是否有保障,若使用借贷资本,其资金成本是多少;⑦国际市场的变化对新产品开发有何影响。

### 6. 新产品研制

经过商业分析,若新产品确实有利可图,研究开发部门或技术工艺部门就可以把新产品概念转化为产品,进入试制阶段。在这一阶段,还要进行包装和品牌设计。进行新产品开发的目的主要是认证产品概念能否成为技术上和商业上可行的产品。如果不能,就应停止该产品的市场开发。

新产品应该具有新产品概念所规定的各项功能和特征,并要进行严格的测试与检查,包括"功能测试"和"消费者测试"。功能测试用来检测新产品是否安全可靠,性能质量是否符合国际产品标准等。如果产品符合下列要求,就可以认为该产品是成功的:①符合市场国的产品标准,消费者认为产品具备了产品概念中所列举的各项主要指标;②可以安全地发挥功能;③符合企业的成本预算。

### 7. 市场试销

经过功能测试与消费者测试,对于符合要求的产品,应投放到具有代表性的小范围市场上进行试销,其目的在于了解消费者和经销商对于经营、使用和再购买这种新产品的实际情况以及市场大小,然后再酌情采取适当对象。

### 8. 商业化

经试销成功的新产品,就可批量投入市场。在决定向国际市场推出新产品时,企业应作出下列决策:①投放时间。当产品尚未完全适合市场和顾客的消费习惯、营销网络尚未健全或者顾客对产品的需求尚未足够大之前,匆忙地推出产品,一般会遭受挫折。对于用来替代企业其他产品的新产品,应在老产品库存较少的情况下上市;对于季节性需要的新产品,应在市场需求最旺盛的季节投入市场;对于竞争性产品较多的新产品,应抢在竞争对手之前把产品推入市场。②投放地点。企业一般应在某国的某地区市场上开展促销活动,取得一定的市场份额之后,再向该国其他地区市场扩展,实力雄厚的公司也可选择整个国际市场投入新产品。企业评价投放地点的标准有:市场潜力、企业在该市场的营销能力、该地区对其他市场的影响力度、竞争对手在该地区的状况等。③市场营销组合。企业应对各国市场的营销活动分配预算,决定各种营销组合,规定各种促销活动的先后顺序,使新产品顺利地打入国际市场。

# 第二节　跨国公司的定价策略

## 一、跨国公司的转移定价的基本概念

转移定价是跨国公司进行内部贸易时采用的一种价格,具体是指一个跨国公司系统内部,分处不同国家的母公司与子公司间或者各子公司之间进行内部贸易时所约定的账面交易价格。转移定价的根本目的在于通过对跨国公司设在不同国家的生产或销售单位之间调拨的商品价格进行管理和调整,为企业在全球营销战略中谋取最大利润。

近些年来,随着跨国公司在世界各地的子公司、分公司和合资公司以及公司所属分销系统的不断建立和完善,跨国公司系统内部母公司与子公司之间、子公司与子公司之间进行内部贸易使用的转移定价给许多跨国公司带来了好处,同时也造成了比较复杂的管理问题。跨国公司的国际营销实践证明,转移定价能给企业带来如下好处。

(1)当产品从生产国调往处于高所得税国家的下属机构时,提高转移价格,可以降低企业所得税,将利润转移到低所得税国家的所属机构中。

(2)当产品调往设在高关税国家的分支机构时,采用压低转移价格的方法,可以减小征税基数,从而减轻企业的关税负担。

(3)当外国政府限制跨国公司企业将股利汇往本国时,可以通过大幅提高调拨到该国所属机构的产品转移价格的方法,将所得股利抽回国内。

但是,转移定价也给跨国公司带来了一些管理难题。如果转移价格很低,甚至低于制造成本,就必然人为降低出口企业的盈利能力和利润水平;如果转移价格定得过高,就会使得处于东道国的所属子公司的利润空间受到限制。这样,跨国公司就很难用一套统一的标准化考核指标体系对所属的处于不同国家的分支机构的营销业绩进行考核。而不同的分公司或子公司之间经常因此相互缺乏理解与配合,彼此因利益纠纷激烈争吵,甚至影响跨国公司国际营销业务的正常进行。另外,无论本国还是东道国政府都在密切关注跨国公司的这些做法,并通过立法加强监管,以免外国公司逃税或本国企业少报海关收入。一旦发现跨国公司通过转移定价少缴税款,就有可能招致相关国家的严厉处罚。

## 二、转移定价的方法

跨国公司的转移定价主要有以下 3 种方法。

1. 以成本为基数的转移定价

在这种定价方法中,直接以当地产品制造成本为基准制定转移定价或者将直接制造成

本加上标准加成后出售。比如,某跨国公司规定下属 A 子公司销售某产品 10 000 件给 B 子公司,每件产品的变动成本为 5 美元,总固定成本为 10 000 美元,标准加成率为 10% ,则按照当地制造成本加上标准加成后,确定的内部转移价格就是 6.6 美元。如果母公司规定的标准加成率为零,则内部转移价格就是产品的制造成本。这意味着跨国公司对其生产性子公司或分公司的考核主要使用生产效率指标,而不是利润率指标。

2. 以市价为基数的转移定价

在这种定价中,跨国公司的内部交易价格以对外部独立客户的公开市场报价为基数确定转移价格,所以,又叫公平转移定价。这种定价方法要求跨国公司对自己处于其他国家的各部门和各机构的要价与公司以外的其他独立买主一样。如某跨国公司规定其下属 A 子公司以公开市场价 9 美元/件,作为内部转移价格卖给 B 子公司若干某产品。当所定价格较高或产品质量低劣时,这种转移定价可能迫使跨国公司的国外分支机构想方设法购买其他更合算的商品。

3. 以协商加价的转移定价

这是一种常用的折中定价方法,这种定价方法把跨国公司的利润指标在产品和各国际分支机构之间进行合理分配。它有助于解决企业在有争议的转移定价上存在的矛盾与冲突,使企业获取最大利润。例如,某跨国公司的 A 子公司销售某产品给 B 子公司,协商确定以 B 子公司公开对外售价(如 9 美元/件)的 2/3 作为内部转移价格(6 美元/件),而其余售价的 1/3(3 美元/件)就是 B 子公司的利润。则 B 子公司的销售价格就是:6 美元 +3 美元 = 9 美元。

### 三、转移定价的目的

转移定价法被国际企业广泛采用,是因为转移定价已经成为跨国公司实现全球利益最大化的一种重要手段和工具。具体来说,转移定价可以为企业达到以下目的。

1. 规避关税

跨国公司为了减少商品国际转移的成本,增加国际营销的利润,常会采用转移定价的方法逃避关税。一般说来,对方国家进口关税税率较高,就降低价格向所在进口国的子公司出售产品,以降低该子公司所缴纳的进口税。

2. 规避所得税

跨国公司为了降低企业整体应缴的所得税总额,可以利用不同国家所得税率的差异,将发往高所得税率国家的子公司的商品确定较高的价格,以减少该子公司的利润,从而降低纳税基数,减少应缴所得税。而对处于低所得税国家的子公司降低价格出售,以享受所在国的低税率待遇,增强其赢利能力,这样就可以大大提高跨国公司整体的税后利润水平。

3. 规避风险

跨国公司在国际营销中,会遇到国际政治风险、汇率波动风险、经营性风险以及处理各种关系不当而引发的公共关系风险等。利用转移定价策略可以在一定程度规避和减轻风险带来的损失。比如,当某国家政局动荡不稳时,跨国公司可以通过转移定价增加所在国子公司的成本,即提高出售给该子公司的商品价格,低价收购其生产的产品,同时向其收取高额的技术转让费或使用费等,从而达到减少其赢利,抽回和转移该子公司资金的目的。尤其是近些年来,在一些欠发达国家或地区,一些赢利能力较强的跨国公司经常受到当地政府和工会组织要求重新分配利润、增加当地企业股份、强制国有化以及不断增加员工工资与改善待遇、参加各种社会募捐活动的不利影响。为了应对这种局面,跨国公司就采用转移定价的方法,调低企业盈利水平,甚至做成账面亏损,将利润转移出这些国家。

4.克服有关国家的管制

目前,跨国公司常常遇到东道国政府非关税以外的各种贸易管制,主要有价格管制与外汇管制等。国际企业可以利用转移定价,在一定程度上克服或减轻各种管制对企业的影响。比如,当东道国政府为保护本国工业而禁止进口低价产成品,杜绝倾销时,国际企业可以向处于东道国的子公司低价配送原材料、半产品和组装件等,由其生产后以极具竞争力的价格直接投放当地市场。在一些发展中国家,当地政府为了经济发展,常常鼓励企业多创外汇,而对外汇的使用与汇出严加限制。这时,跨国公司就可以低价向处于该国的子公司出售产品,使当地子公司能以较少的外汇就可以购进大量的产品,从而为子公司节省大批外汇。另外,在一些外汇管制非常严格的国家,尽管当地子公司的经营账面赢利很高,但无法以利润和股息方式汇出,这将严重影响母公司在全球范围内资金的调动,影响资金的最大使用效果。对此,跨国公司可以高价出售的方法,将利润附加在转移价格上汇出。

**四、转移定价的手段**

在国际营销实践中,跨国公司运用转移定价的手段多种多样。总体上讲,转移定价的手段主要有以下几种。

(1)通过调整进出口商品的价格完成转移定价。其基本手法是:高价进低价出,或低价进高价出。即国际企业通过调高来自国外子公司的商品价格,将国内资金转移到国外,增加该子公司的赢利水平;通过降低出售给某国外子公司的商品价格,可以减少该子公司的进口关税负担,同时增强公司的赢利能力。通过低价买进高价卖出,可以降低该子公司的所得税缴税基数,同时将该子公司的利润转移回国内。

(2)通过调整向海外子公司收取专利技术、商标名誉使用权等无形资产转让费用的高低,来影响子公司的经营成本和赢利能力。当母公司大幅度提高这部分收费标准时,就会增加子公司的成本,减少赢利;反之,就可以增加该子公司的利润。因此,这也是跨国公司调整与平衡国外各分支机构赢利水平的又一个重要手段。

除此以外,跨国公司对地处不同国家和地区的子公司提供货物贷款的利息高低、服务收费的多少、商品促销折扣的多少以及上交管理费的多寡都在一定程度上影响母公司和各子公司的经济利益,影响资金与利润在国际转移与流动。

# 第三节　跨国公司国际分销渠道策略

## 一、跨国公司国际分销渠道模式

当采取不同的战略进入国际市场时,跨国公司会面临不同的分销决策。当跨国公司选择不同的分销策略时,产品或服务从生产者向消费者的转移就会经过不同的营销中介机构,从而形成不同类型的国际分销模式。国际分销系统就由这些营销中介机构以及生产者和消费者或用户构成。营销中介机构可以被区分为许多不同的类型,例如,根据各营销中介机构所执行功能的不同,营销中介机构可以区分为经销中间商、代理中间商和营销辅助机构。营销辅助机构是那些不参与商品交换(这里的交换是指买卖双方为达成交易而进行

的谈判过程),但对商品交换的实现提供支持的各种机构,如管理顾问公司、商业银行、运输公司、仓储公司及保险公司等。根据国际市场分销中所使用的营销中介机构所处的国境的差异,国际分销渠道机构还可以区分为国内中介机构和国外中介机构。

当跨国公司以出口方式进入国际市场时,产品不仅要经过国内的分销渠道,而且要经过进口国的分销渠道,才能最终到达目标市场国家的消费者和用户手中。在这种情况下,一个完整的国际分销渠道系统主要由3个环节构成:第一个环节是出口国国内的销售渠道,由生产者和国内的批发商组成;第二个环节是出口国的出口商和进口国的进口商之间的销售渠道;第三个环节是进口国国内的销售渠道,由进口国的批发商和零售商组成,如图6-1所示。

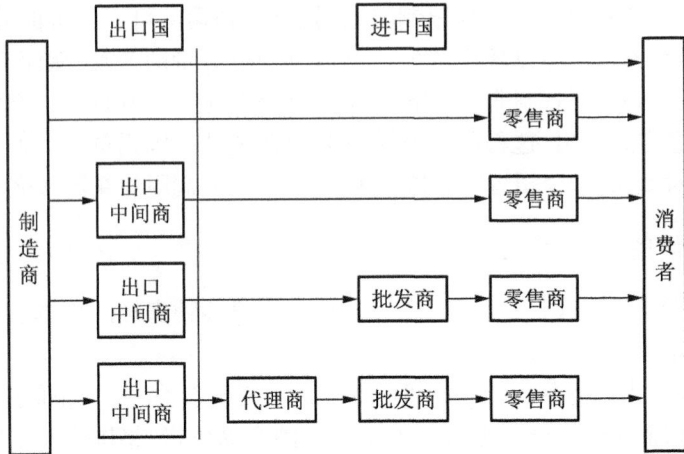

**图6-1　国际分销渠道模式**

当跨国公司在国外设厂生产、就地销售时,产品或服务的分销所需经过的过程和环节,与出口的方式相比则可能要简单一些,最明显的就是在国外生产时不需要经过母公司所在国的国内中间商。

由此可见,跨国公司有多种分销渠道模式可供选择,这依赖于跨国公司已确定的国际市场进入战略。不仅如此,跨国公司在选择具体的国际分销策略和设计国际分销渠道结构时,还必须充分地考虑跨国公司自身的资源及其所在行业的特点、竞争者的渠道策略、目标市场特征、目标市场国家的法律环境以及消费者的生活方式和购买习惯等。此外,不论采取何种选择,跨国公司都必须考虑渠道的效率和对渠道的控制。

## 二、跨国公司国际分销渠道策略

### (一)分销渠道长度策略

渠道的长度是指中间商层次的多少,层次越多,分销渠道就越长,反之就越短。在国际市场上,产品分销的层次可能长达几十个,也可能只有两个,即直接销售。对中间商分销层次的确定,跨国企业应综合考虑进出口条件、国际目标市场容量、中间商信誉和销售能力、产品特点、生产企业本身的状况和要求、消费者购买要求等因素。一般而言,渠道的长度首先取决于产品特点。技术性强的产品因为需要较多的售前和售后服务,因此需要较短的渠道,而标准化的产品渠道一般较长。渠道的长短即使在同一产品中也有比较大的差别。比如在家用计算机市场上,戴尔运用渠道非常短的直销模式,在网上或电话订购;而联想在营销时通过开设自己的专卖店来销售,渠道相对较长。因此,渠道长度的选择应该综合考虑多个因素后才能确定,不能根据少数几个因素和行业经验就草草决定。

## (二)分销渠道宽度策略

渠道的宽度是指渠道的各个层次中所使用的中间商数目。跨国公司在做国际营销时,在渠道的宽度上可以有三种选择,见表6-1。

表6-1　三种渠道策略对比

| 名称 | 含义 | 目的和优势 | 适用性 | 可能出现的问题 |
|---|---|---|---|---|
| 广泛分销策略 | 同一渠道层次使用尽可能多的中间商,对中间商不作明确的规定和要求 | 使国际市场消费者能有更多机会,方便地购买其产品和服务 | 价格低廉、购买频率高、一次性购买数量较少的产品以及高度标准化的产品 | 要进行大量广告宣传,增加成本;中间商多,价格难控制,沟通、整合难进行 |
| 选择分销策略 | 在一定时期、特定的市场范围内,精选少数中间商来分销自己的商品 | 集中使用企业的资源,节省费用,对渠道有比较好的控制力 | 消费品中的选购品、特殊品,工业品中专业性较强、用户较固定的设备和零件等 | 中间商能否良好合作、愿意合作的中间商的数目和执行情况将影响中间商的分销 |
| 独家分销策略 | 在一定时期、特定的市场范围内,只选择一家中间商来分销自己的产品 | 有利于激发中间商的积极性,提高营销效率;有利于对渠道的控制 | 名牌商品,需要做现场演示或加强售后服务的工业品和耐用消费品 | 如果选择不当,会给企业带来失去市场的巨大风险 |

# 三、国际分销渠道管理

## (一)中间商的选择

当跨国公司决定采用直接出口方式时,选择进口国中间商也就成为建立国际市场分销渠道的主要决策之一。其具体步骤是:寻找中间商、甄选中间商、签订协议。

1. 寻找中间商

寻找中间商候选人,首先要在市场调查研究的基础上确定用以评价该市场中间商的标准。所定标准必须遵循企业的总政策,并应根据所用中间商类型以及他们同跨国公司关系的性质而有所区别,但一般应以下面5个方面为标准。

(1)经济实力

经济实力即有无足够的经营资金。企业可通过资产负债表、注册资本等资料加以了解。要避免上皮包商的当,即使是经销商,成交额也不宜超过资产额过多,以免货款两空。

（2）经营能力

经营能力主要是指中间商实际的潜在的经营额、市场覆盖面等，是否符合企业的销售目标。

（3）管理水平

管理水平包括成本、利润、库存等方面的管理水平及其稳定性，它直接关系到企业及其产品在市场中的长远利益。

（4）信誉状况

信誉状况包括是否遵守合同、付款态度以及与供应商、顾客的关系等。当某一企业在海外尚未扬名时，所选择的中间商的信誉就显得更加重要，中间商的信誉等同于它的信誉。

（5）业务性质

企业必须了解中间商是何种类型的中间商，它所经营的商品是何种类型的商品等，以便进行选择。

上述 5 个方面的标准可进行定量或定性分析。这些标准的制定并不困难，关键在于如何取得中间商候选人的资料。对于我国出口企业来说，外国中间商的资料可通过以下几个途径取得：本企业调查所掌握的资料；候选中间商所提供的资料；国家外经贸管理部门及其所属机构所提供的资料；我国驻各国大使馆及其他驻外机构所提供的资料；国内外各类商业名录、国内外权威性的出版物；外国友好团体及工商组织所提供的资料等。

2.甄选中间商

甄选中间商应遵循以下步骤。

①给每个候选中间商分发用其国家文字书写的有推销产品资料和对分销者要求的信函。

②从复信中挑选出最佳的候选人，并要求他们提供更具体的资料，如经营的商品种类、业务覆盖区域、公司规模、销售人员数量及其他背景材料。

③通过候选中间商的客户或顾客核对其信用、经营情况。

④如可能的话，直接派员到最有可能被选中的中间商那里去核查。

3.签订协议

一旦选定某一中间商，就要想办法说服其经销自己的商品，进而协商、签订分销协议。分销协议应载明双方的责任权利，并对最低年销量等做出明确的规定。一些经验丰富的跨国公司认为，初始的合约最好以 1 年为限，如果第一年的业绩令人满意，则可考虑新签订长期合约。这样要中止合约比较容易，更重要的是经过在市场上一年的合作，双方可逐渐达成更为可行的协议。此后，拓展国际市场的成功，便要依赖良好的产品和信誉、优秀的谈判人员或推销人员以及对市场、中间商、从事经营活动环境的深入了解。

## （二）国际分销渠道的控制与管理

对国际分销渠道的控制主要可通过激励渠道成员、调整渠道结构和消除渠道冲突 3 方面工作来进行。

1.激励渠道成员

对中间商予以支持，调动中间商的积极性是国际销售渠道管理的一个重要方面。对国际中间商的主要激励措施如下。

（1）开展促销活动

生产企业应主动承担广告宣传、商品陈列、产品展览和操作表演、新产品信息发布会等促销职能,这样能够调动中间商的积极性,促进国际销售渠道的顺利运转。

（2）资金支持

生产企业可以给予国际中间商在付款上的优惠措施,以弥补中间商资金的不足,如允许国际中间商分期付款、延期付款等。但是,国际市场风云变幻,采用分期付款、延期付款的支持措施,可以提高中间商的积极性,达到激励的目的,但也加大了生产商的风险,因此生产商应该对国际中间商的信用情况有详细的了解,只有确信可以收回货款时,才可以采用资金支持的方式。

（3）管理支持

生产企业可以协助国际中间商进行经营管理,培训营销人员,提高营销的效果。管理支持对一些需要技术支持的机械设备产品、高科技产品和一些需要规范和标准化的服务行业尤其重要。

（4）提供情报

生产商将市场情报及时传递给国际中间商,将生产与营销的规划及时向国际中间商通报,为他们合理安排销售计划提供依据。

2. 调整渠道结构

国际分销渠道的管理,不但要求设计、建立能有效运转的渠道系统,而且还要根据跨国公司的目标、市场环境、中间商的变化,及时调整分销渠道,使之保持最佳状态。调整国际分销渠道包括更换渠道和修改渠道两方面的决策。

（1）更换渠道

更换渠道即废弃原有的国际分销渠道系统,建立新的国际分销渠道系统。更换渠道的原因是多方面的:

①跨国公司目标的变化。国际营销有时为了实现进入目标市场的短期目标而建立国际分销渠道,当这一目标达到后,就应重新建立分销渠道而着眼于长远目标。

②市场变化。

③进口国渠道变化。

④渠道成本的变化。直接销售与利用中间商等渠道系统的互相转换,就可能是重新评估渠道成本的结果。

（2）修改渠道

修改渠道即在保留原有分销渠道系统的前提下,适当增减某些渠道成员或渠道层次,更换某些渠道成员。渠道成员或层次的增减,同样是为了适应企业目标、市场、进口渠道、渠道成本等方面变化的要求。而渠道成员的更换,则往往是由于某些渠道成员未能履行其职责所采取的措施。

3. 消除渠道冲突

国际销售渠道是由生产企业和各种类型的国际中间商组成的,由于所持观点和各自利益的不同,再加上跨越国界,客观上存在社会文化、政治法律等方面的差异,所以必然会产生一些冲突。例如,生产商希望中间商只销售自己的产品,而国际中间商只要有销路,经营哪一个生产商的产品都可以。再比如,生产商希望中间商多做广告,而国际中间商则要求生产商承担部分或全部费用。显然彼此在利益和目标等方面均是不同的。由于国际市场

营销的环境复杂,产生冲突的概率也就相应加大了。因此要保障销售渠道的和谐畅通,为所有渠道成员带来好处,国际企业必须及时解决销售渠道存在的矛盾。

①从思想观念上充分认识合作对各方的重要战略意义。生产企业和国际中间商都必须认识到渠道是一个体系,只有共同努力,将渠道体系建设流畅才能给每个渠道成员都带来利益。

②企业还要分析冲突产生的原因,强化服务意识,改善供应或服务的方式与方法。

③通过协商的方式建立一套渠道运行的制度,使各方在今后的活动中有章可循。

## 第四节　跨国公司国际促销

国际促销是指跨国公司通过人员接触或非人员联系等各种方式,向消费者传递公司和产品的信息,并说服诱导消费者购买企业产品的营销活动。促销的主要任务是传递商品和劳务的信息,以达到促进企业产品销售的目的。跨国公司的促销组合依然包括人员推销、广告、营业推广和公共关系等形式,但是针对国际市场的特殊性与复杂性,其国际市场促销策略的制定与实施必须适应目标市场所在国的具体环境,以便更好地发挥促销的功能与作用。

### 一、国际人员推销

#### (一)国际人员推销的概念

人员推销是指企业派出或委托推销人员在国际市场上直接向消费者或用户推销商品或服务。人员推销一般具备两种基本功能:一是激发客户需求,引起顾客购买欲望,即引导功能;二是了解顾客需求,向顾客提供产品或服务,即满足功能。与其他促销方式相比较,人员推销是一种古老且非常有效的促销工具。人员推销通常用于竞争形势严峻的场合,应用于企业推介新产品需要引导需求的情况,也适用于推销那些价格昂贵或性能复杂的产品,尤其在全球工业用品销售中,面对面的人员推销往往起着至关重要的作用。

#### (二)国际人员推销的类型

在国际市场上,人员推销通常包括以下几种类型。

1. 企业外派推销人员

企业外派推销人员包括两种主要形式。

(1)出口企业派出的长期驻外销售人员。这些销售人员在国外专门从事产品推销和贸易洽谈业务,或者定期在国际市场做考察、调研和情报收集工作。

(2)出口企业向国际市场临时派驻推销人员或销售人员。这种做法经常发生在某一国际市场出现特殊问题或困难,而企业必须亲自派出专业销售人员和其他人员才能解决的场合,以及对国外代理商或经销商和用户需要进行现场培训与指导的情况。有时,为了得到国际市场上突然出现的巨大商业机会,也需要临时组织与派出专业推销员队伍去抢占商机。对一些国际营销业务多,而产品售后服务要求高的跨国公司,往往成立一支预备推销小组和维修小组,一旦有任务,就迅速被派往目标国市场边做维修,边做推销工作。

2. 企业常驻国外分支机构的推销人员

国外许多大型企业都在国外市场设有办事处、固定展台、销售分公司等机构或附属机构,配备一定推销人员专门负责企业产品在有关地区的销售工作。这些推销人员有的是本国人,有的是在目标市场国所在地招聘的当地人,还有一些是熟悉当地情况的第三国人。雇佣目标市场所在地的人员做推销工作,并通过培训使他们成为业务骨干,甚至负责或参与管理相关国际业务,将大大有利于国际市场营销工作的开展。

3. 利用国外市场的代理商或经销商进行推销

在许多情况下,不是出口企业直接派人员进行推销,而是通过签订合同聘请目标市场所在地的代理商或经销商负责人员推销工作。这种情况往往因为:企业没有可以派往国际市场的合适推销人员;企业实力不强,国际营销业务量较小,向国际市场派驻推销人员不经济,企业难以承担高额的海外人员推销费用;企业对国际市场不熟悉,国际人员推销风险较大。但是,聘请国外中间商进行人员推销,也存在一定的弊端。如可能导致出口企业对国际市场推销工作的失控,而任由中间商摆布,反而加大推销成本,也不利于出口企业培养自己的外销推销人员队伍。因此,即使委托国外中间商负责产品推销工作,也应加大对国际市场人员推销工作的监督、管理与指导。

### (三)国际人员推销的结构

在国际市场上,人员推销的效果不仅取决于推销人员的素质和努力程度,而且取决于企业能否有效地配置好自己的推销员队伍。国际市场人员推销的结构是指企业推销人员在国际市场上的分布与构成状况,一般包括以下4种结构。

1. 地区型结构

地区型结构是指按照区域或地区分布来分派推销人员,一个推销人员负责指定区域内国际市场的企业各种产品的推销工作。这是外销企业最普遍采用的一种人员推销组织形式。其优点是:首先,推销人员可以在自己负责的局部市场统揽全局,统筹安排促销工作,并对自己的推销行为结果负完全责任,避免推销工作发生相互推诿,又方便企业对推销人员行为与业绩的考核与评比;其次,推销人员可以与目标市场顾客进行充分、有效的接触,有助于建立长期、稳定的客户关系;最后,由于采用地区型组织结构,不需要企业向同一区域市场派出多名推销人员,因而推销费用会相对降低。其缺陷是:难以适应产品品种多,而市场又复杂的场合。

2. 产品型结构

产品型结构是指推销人员按照产品类别进行配置,即每个推销人员只负责一种或指定的几种产品在各国际区域市场的推销,而不受国家或地区的限制。这种人员推销方式特别适合于产品类别多,且技术性较强,产品之间差异大、关联性不高的产品推销。比如,一个企业在国际市场上同时推出家用电器、小汽车、计算机、保健品与服装等产品,采用产品型结构效果较好。这种形式的好处在于,有利于形成专业化的销售队伍,使推销工作更加精细化,专门服务于某一产品的客户群。其主要缺点是,企业要向同一市场区域派出销售几种不同产品的几支推销人员队伍,势必增加大量的推销费用,也难以形成企业在国际市场统一的推销策略。另外,产品型结构也对推销人员的专业技术水平提出了更高的要求,推销人员不仅要通晓推销技术,还要掌握比较精深的产品知识和售后服务技术。

### 3. 顾客型结构

顾客型结构即按照顾客类型来配置推销人员结构。由于国际市场上顾客的类型众多,因此配置的推销人员结构种类也比较多。比如,可以按照用户所处的行业划分,按照用户规模大小划分,按照用户的重要程度划分,按照用户的特殊要求划分,还可以按照新、老用户划分,或按照用户的发展潜力与趋势划分等。采用这种形式的好处是,推销人员容易与顾客保持长期、密切的联系,有利于形成牢固、稳定的客户关系。这种根据不同类型用户配置推销人员的做法,能够使推销人员了解各类顾客的需求特征以及其所关心和所要解决的问题,以便有针对性地开展推销活动。派出企业也可以从中尽快熟悉和掌握适应不同类型顾客的人员推销策略与管理办法。但是,这种办法也有不足之处,如果同一类型用户分布分散,且不同类型用户分布又相互交织,则势必增加推销的难度,同时加大推销的费用。如果推销人员之间由于推销业绩争夺有利的顾客类型,则可能导致企业配置推销人员难度加大,甚至影响推销人员之间的团结与协作。

### 4. 综合型结构

综合型结构又叫矩阵型结构,即综合发挥上述 3 种结构的优势来配置国际市场推销人员。当出口企业的经营范围广泛和市场范围很大时,用户往往分布分散,采用上述 3 种任一单一的组织结构都难以有效地达到理想的推销效果,实现既定的推销目标。因此,常常根据国际市场情况和各种单一结构的特征,采用地区—产品、地区—顾客、产品—顾客或地区—产品—顾客等复合结构形式对推销人员进行矩阵式配置。如美国一些大型跨国公司在欧美市场和日本等发达国家市场多采用地区结构、产品结构和顾客结构相结合的综合形式来组织和实施人员推销策略。

## 二、国际广告

### (一)国际广告的含义

国际广告是跨国公司为了实现一定的目标,在目标市场所在国或地区所做的企业及产品的商业广告。国际广告是国际市场营销活动中应用最为广泛的促销手段。国际广告在企业开展的国际促销活动中扮演着非常重要的角色,起着越来越重要的作用。国际广告的根本目的是沟通信息,树立企业及产品在国际市场的良好形象,促进企业产品在国际市场的销售。

### (二)国际广告策略

#### 1. 国际广告商品周期策略

国际广告商品周期策略就是针对商品市场寿命周期的不同发展阶段,采取不同的广告策略。在商品投入阶段,由于商品刚刚投入国际市场,国际消费者对新产品不甚了解,应通过广告向消费者宣传介绍商品,以促使其购买和消费。国际广告的目的是在国际市场上创造新需求;广告重点是商品本身;广告策略是宣传介绍商品。在商品的成长阶段,随着商品销售的增长和国际市场对商品认知程度的提高,广告的目标就是创造国际或区域名牌;广告的重点是介绍商品的优势,突出商品的特色,强化商品的市场概念;广告策略是通过创品牌、塑形象进一步促进商品在国际市场的销售,提高国际市场占有率。在商品的成熟期,由于市场竞争进入白热化,国际市场需求趋于饱和,广告目的应是巩固市场地位,稳定商品销售;广告的重点从宣传商品为主转为宣传企业为主,注意突出企业形象,提高企业及商品的国际竞争力;广告策略是保护名牌,想方设法延长商品的成熟期。在衰退期,商品销售急剧下降,企业无利可图,甚至出现亏损,老商品逐步退出国际市场。广告目标就是维持销售;广告宣传的重点是提醒消费者前来购买;广告策略要减少广告费支出,以降低销售成本。

2. 国际广告商品定位策略

国际广告商品定位策略就是通过广告突出商品符合消费者心理需求的特点,确立商品在国际市场上的位置,以便国际广告受众能对该商品产生鲜明而又深刻的印象。国际广告商品定位策略包括实体定位策略和观念定位策略两种。首先是实体定位策略,是指在国际广告宣传中,突出本企业商品的特色和与众不同的优势。具体又划分为:功能定位、品质定位、价格定位等。如有的商品质优价高,有的商品质优价廉,有的商品质次价高等。其次是商品概念定位策略,是指通过宣传商品的新意,树立新的商品观念,引导消费者新的需求,从而改变国际市场消费者的消费习惯。它包括逆向定位和是非定位两种。逆向定位是通过广告宣传突出本企业商品在国际同行业中的不同优点,借以取得国际市场消费者的关注和认同。是非定位是指故意将本企业商品与国际市场上其他企业的商品加以区分,以突出某种特长,意在划分出一种新的商品类别,推出一种新的商品,形成国际市场一种新的消费观念。

3. 国际广告标准化与本地化

国际广告策略要求解决的又一个基本问题是:为所有国际市场设计标准化的广告信息还是根据不同市场情况和不同国家的特殊要求来设计信息,即企业要在国际广告的标准化与本地化之间作出选择。

(1)国际广告标准化

国际广告的标准化意味着将全球市场看作一个大的整体市场而忽略各国区域市场在民族、文化、地域和发展水平等方面的差异性,在所有国际市场推出一种包含广告信息和广告主题都完全相同的无差异广告策略,以吸引各国消费群体中具有相同消费意愿和购买习惯的消费者对商品的需求。国际广告标准化策略有利于企业全球整体促销目标的组织、制定和实施,可以充分发挥企业同一标准化广告对全球市场的覆盖和影响,有利于实现国际广告传播的规模经济效益。比如,可口可乐、百事可乐、万宝路香烟和莱维丝牛仔裤等,在全球市场运用标准化的广告策略已经取得了很大的成功。

企业选择国际广告标准化策略,主要为了达到以下目的:一是向国内外消费者传递统一的产品形象,便于各国同类型消费者选择与购买所共同喜欢的产品;二是有利于企业加强对国际广告的控制,加强对各国分支公司的集权管理;三是可以节省广告制作成本,实现广告传播的规模经济效益;四是企业在全球市场采用统一的市场营销组合(包含统一的广告等)策略,塑造企业统一的国际形象。但是,实施国际广告标准化策略,需要具备下列基本条件:①国际目标市场的城市化进程加快,不同国家或地区消费者的生活方式与购买行为逐渐趋于一致;②不同区域市场的居民对同一广告信息的反应相似或相同;③媒体的国际化带动主流文化的国际交流,不同国家、不同民族、不同年龄的消费者观看同样的电视节目、阅读相同的报章杂志、穿着同样类型的服装,欣赏而不是拒绝来自异国他乡的文化和风情,这为国际广告标准化的推行提供了重要的文化氛围;④随着科学技术的迅猛发展,各国新产品的开发更多采用国际标准,消费者愿意接受这些新产品。各国工业基础设施在现代化的进程中变得趋于相似,零售业态和物流体系日益国际化。这些为国际广告的标准化策

略实施提供了重要的技术条件。

(2)国际广告本地化

由于大千世界千差万别,要提高国际广告的促销效果,需要提高国际广告传播的适应性,国际广告本地化就是一种实现途径。国际广告本地化是指跨国公司针对不同国家和地区市场的具体特点,制作与播出不同的广告,传递不同的广告信息。这种国际广告策略根据各个国家的政治、经济、社会文化与法律等不同营销环境来制定和实施,符合不同国家和地区消费者的消费心理偏好和购买行为特征,使广告信息的传递更具针对性和适应性,因而广告效果好。一些跨国公司为了提高广告的国际市场适应性,而不惜更换商品名称。比如,新西兰乳制品局出口的一种黄油——安佳(Anchor)是其在西欧家喻户晓的旗舰品牌,而在马来西亚,这却是一种人人皆知的当地啤酒品牌,为了避免马来西亚的主妇在为孩子购买乳制品时联想起啤酒而影响产品的销售,在马来西亚就用 Fern 来作为黄油的商标。但是,国际广告本地化会大大增加跨国公司的广告制作费,降低不同国际市场之间广告资源的共享性,不利于塑造企业统一的国际形象,同时加大了企业国际广告管理的难度。

跨国公司实施广告本地化策略,可能出于以下考虑:第一,不同国家或国际区域市场消费者或用户的社会文化、消费心理、购买动机和购买行为差别较大。使用一种标准化的广告难以适应不同目标市场的特殊性要求,需要为不同的国际市场设计、制作不同的广告策略,以增强其针对性。第二,各个国家和地区可利用的广告媒体不同,当地相关广告的法律规定和限制相差迥异,使得按照同一标准制作的广告的可行性受到质疑。如有些国家有线电视、互联网、广播、报纸和杂志等各种媒体一应俱全,使用起来几乎不受限制;有些国家现代传媒业发展落后,只有少数几家报纸,电视覆盖面过低;还有些国家和地区的目标受众大多是文盲或半文盲,或者国家法律对广告内容和播出时间与播出时段有严格的限制,使得国际广告主在选择广告媒体和策划广告方案时不能随心所欲。第三,不同国家和地区市场的发育程度不同,产品处于市场寿命周期的不同发展阶段,用统一的广告内容对全球市场进行促销宣传,难免会顾此而失彼,这种违背市场经济成长规律的做法很难取得成功。

(三)国际广告代理商

在现代国际营销中,广告主为了进行全球范围的广告促销活动,配备专门机构与专业人员自行设计、制作和发布广告的情况已经越来越少,在绝大多数情况下主要采用委托广告经营者,即广告代理商的做法。国际广告代理商主要有以下两种类型。

1.目标市场当地的广告代理商

目标市场当地的广告代理商是指跨国公司在各国目标市场上,委托当地广告商来为自己设计、制作广告或提供相关代理服务。这些广告公司不仅能够获得当地企业的广告业务,而且还能不断取得大量的来自国外客户在当地促销的广告代理业务。广告主使用当地广告公司代理企业广告业务,主要基于以下原因:第一,当地广告商熟悉本地文化背景、消费习惯,能够娴熟而准确地为企业塑造理想的本地形象。比如,美国的 IBM 公司在国际市场多使用当地的广告商,成功地塑造了当地优良公民的形象。第二,当地广告公司与当地中间商或其他相关机构往往具有密切有效的业务联系,与当地广告商合作更有利于产品在当地市场的后续销售。第三,当地广告公司与跨国广告公司相比,虽然在技术水平、制作水平和品牌知名度等方面存在着较大的差距,但是当地广告商为提高竞争力会更加努力的工作,提供更好的广告服务。第四,如果跨国公司执行的是本地营销计划,旨在个别国际区域市场对单个产品进行针对性广告宣传,而不必进行国际市场间的业务协调时,选择当地广告商不仅费用低而且同样能收到不错的广告效果。第五,与大型跨国广告公司相比,当地广告公司有许多比较优势。比如,一些大型跨国广告公司不愿意根据客户的具体要求调整他们的服务,反而希望客户调整自己的广告活动以适应他们的惯例与要求。在这方面,当地的广告商却乐于为客户量身订做广告,尽量满足客户的个性化要求。另外,许多跨国广告公司对中小型客户缺乏足够的关注、服务不到位,也是许多广告主优先选择目标市场当地广告商为其代理广告业务的重要原因。

### 2. 跨国广告代理商

跨国广告代理商是指跨国公司在从事多国营销时,为每个不同的目标市场选择同一个有实力的跨国广告公司,通过其在各国的分支机构为企业在当地的促销活动进行广告设计、广告制作或提供广告代理服务。一般情况下,选择跨国广告商从事广告促销活动,可以利用其在全球各地的分支机构协调在各国市场的广告促销活动,从而得到最佳的整体促销效果。同时,还可以省去企业在多个目标市场分别选择不同的当地广告代理商带来的诸多麻烦。由于跨国广告公司往往拥有高素质的专业文案人员、翻译人员、销售推广专家、影视制作人员、营销策划人员和媒体计划人员等,他们不仅熟悉国际广告业务,而且具有丰富的从事国际广告业务的经验,能为国际广告客户提供包括广告创意、广告制作、文案编写和媒体关系建立等的"全套服务",所以深受众多大型国际制造商的青睐与欢迎。一些跨国公司愿意选择跨国广告商代理广告业务,常常出于以下原因:第一,选择有当地分支机构的跨国广告公司进行广告代理,既可以凭借其强大的实力做强、做大自己的品牌,又可以利用其当地分支机构贴近目标市场的优势成功进行有针对性的广告促销。第二,利用具有当地分支机构的跨国广告公司更能够在全球各大市场发起协调一致的价格战。如果跨国公司有意进行全球化或标准化的广告活动,那么他们雇用一个或两个这样的跨国广告公司,由其负责企业在全球的广告业务,就可以比较容易达到企业的目标。第三,跨国公司要在没有设立分公司的国际目标市场做广告,由于企业在当地市场没有自己的人员,要与其他国家的广告商进行合作往往比较困难。这时如果选择跨国广告公司做广告,其在当地的分支机构就可以代表企业处理相关事务,这样对跨国公司来说,既经济又有效。第四,国际著名的跨国广告公司具有雄厚的实力,可以吸引最资深的专家为大批客户代理广告业务,反过来,跨国公司慕名而来,愿意选择这些大型跨国广告商为其代理广告业务,以期取得良好的促销效果。

跨国公司选聘广告代理商,归根结底是为了让其帮助企业做好广告宣传与促销工作。然而,现实中每个广告公司都只能在某区域市场更具优势或较其他代理商拥有更为丰富的经验和更高的技能。因此,企业选择广告代理商时,必须考察广告代理商的业绩记录和主要客户档案等相关资料。为了选聘一个好的广告代理商,企业需要把握以下几点:①广告代理商应在目标市场设立有自己的分支机构,熟悉当地市场的相关文化背景和消费习惯;②广告代理商具有经营国际广告的经验与能力,具有技术、人才和品牌优势,广告业绩卓著;③广告代理商能够动员和掌握丰富的广告媒体,具有设计广告、制作广告和联系广告媒体的"全套服务"能力,以及对广告效果进行市场调查与评价的能力。④广告代理商应该具有良好的商业信誉,有较高的知名度与美誉度,深得广告用户和受众的好评,没有不良信用记录。同时,选择广告商还要考虑产品的特点、目标市场的特征以及投放广告的性质等因素的影响。比如,准备以标准的方式在所有国家推出产品的统一形象时,易选跨国广告公司来代理广告业务。当目标市场限制在一个或有限的几个局部市场时,就易选用当地广

告代理商。而当广告的性质确定为宣传企业在全球市场的整体形象时,就最好采用一个或两个大型跨国广告代理商来负责具体业务。

### 三、国际市场营业推广

#### (一)国际市场营业推广的含义

国际营业推广是指除了人员推销、广告、公共关系等手段以外的,企业在国际市场营销活动中能迅速刺激需求、鼓励购买的一种特殊促销手段。营业推广与其他促销手段不同,它是对广告和人员推销等主要促销手段的补充,属于一种辅助性的促销工具。它具有刺激消费者购买欲望、促进中间商努力工作和加强相互之间合作的作用,其目的是促进中间商积极推销产品,消费者立即购买产品。

#### (二)国际市场营业推广的形式

1. 以说服消费者试用新产品为目标的营业推广

(1)赠送样品。通常在新产品上市时或不被市场广泛接受时,企业通过让消费者或用户试用或让消费者或用户免费品尝,增加产品接触市场的程度,建立消费者或用户对产品的信任感。

(2)购买奖售和购买奖酬。购买奖售就是新产品上市因受生产规模制约,价格又受到政策限制,在出现供不应求时,可采取消费者购买其他商品后,才允许购买这种紧俏的新产品的措施。购买奖酬是为推销新产品,通过赠送便宜品或免费品促进消费者立即购买新产品。

(3)产品陈列和演示促销。就是企业在产品陈列现场,实地介绍商品用途、性能,演示操作技巧和使用方法,展示产品优势和功效,让顾客观看,刺激其购买欲望。

(4)成组供应。对商品进行配组出售,其价格比单件商品分别出售时便宜一些。有时,把消费者或用户经常放在一起使用的一组或一套产品组合在一起成套销售,这样可更方便消费者或用户购买。

2. 以开展竞争、扩大现有产品销售为目标的营业推广

(1)折扣优待。为招徕顾客大批量购买,具体有数量折扣、批量折扣、现金折扣、类别顾客折扣、特种价格优待等方法。

(2)竞赛促销。通过向顾客提供某种参赛项目(如文体活动、游戏等)推销商品,参赛者可免费或优惠获得这种商品,借以扩大产品对市场的影响力。

(3)包装促销。廉价包装能吸引"经济型"顾客,多用途包装能使顾客得到实惠,系列包装可刺激消费者重复购买,改变包装能重新获得市场的认可,增加新的营销机会。

(4)有奖销售。常见的有奖销售形式,有幸运抽奖、买一送一、赠送购物券、免费聚餐或旅游等。

### 四、国际公共关系

#### (一)国际公共关系的含义

随着国际市场营销的迅速发展,国际公共关系在国际营销中的地位与作用日益重要。在国际市场营销中,企业必须面对比国内更加复杂的营销环境和各种关系,学会针对不同

国家的社会文化、风俗习惯、宗教信仰等特点,与目标市场的消费者、社会公众、新闻媒体和政府部门建立一种密切、和谐与融洽的关系,以利于企业在国际市场的长远发展。

国际公共关系是企业搞好与国外社会公众的关系、树立企业良好形象,最终促使目标顾客自觉购买本企业产品的重要手段。国际公共关系既区别于广告、人员推销等主要的促销工具,一般不会直接用于推销商品;也不同于营业推广,着重追求企业短期利益,而是谋求企业的长远发展。可见,国际公共关系是一种战略性的促销手段。

### (二)国际公共关系的对象

企业要搞好国际公共关系,必须首先明确国际公共关系的对象。只有这样,企业公共关系工作,才能做到有的放矢,取得良好成效。

1. 企业内部公众

企业要建立良好的形象和声誉,先得从企业内部做起。一个企业的目标要获得外部公认的支持和合作,首先必须获得企业内部职工的理解、支持。处理好内部公众关系,充分发挥职工主人翁精神,使他们对企业产生认同感、归属感,形成同心力、凝聚力,并为企业的成功而奋斗,这是企业内部公众关系工作的根本宗旨。

2. 媒介公众

对企业来说,一方面是企业应运用各种媒介物广泛宣传企业各方面的工作及成就,让公众对本企业有深入的了解;另一方面,新闻大众媒介本身也是一种公众,对企业有着重要的影响。企业与新闻媒介公众关系应当是相互平等、相互尊重、以诚相待、共同促进的合作关系。

3. 顾客公众

企业与顾客之间的关系是最重要的公众关系,企业与顾客应当建立和维持良好的关系。企业需要经常注意企业行为在顾客头脑中产生什么样的企业形象,企业为顾客提供产品的满意程度,企业对顾客的信息反应等。

4. 政府公众

政府是国家权力的执行机关,对企业有间接控制的权力。正确处理企业与政府的关系,就必须贯彻执行政府颁布的方针、政策、法规。

5. 社区公众

社区是指企业所在的区域。正确处理好与社区内的机关团体及居民之间的关系,尽可能为社区提供一些帮助和服务,完善企业自身的生产经营条件,减少或消除环境污染,积极参加一些社区活动,这也是企业外部公共关系工作的重要方面。

6. 业务往来的公众

这类公众是指企业在经营活动中的供应者、批发商、零售商、金融保险等业务往来单位。企业应与他们经常互通信息,履行合同,满足他们对企业的期望;平衡与协调同他们之间的冲突。

### (三)国际公共关系的主要方式

企业公共关系营销的主要方式,有市场宣传、新闻报道和为社会事业提供赞助等。

1. 促销沟通中的市场宣传

这是指用视听手段编印小册子和商品目录,开设陈列室,举办训练班,参加或举办展览

会,邀请外界有关人员参观企业,对商品用途进行操作表演等。

2.新闻宣传报道

这主要包括撰写新闻稿件,编撰企业的各类刊物、简讯和年度报告,向新闻界及有关团体和个人散发企业的宣传资料。

3.提供社会赞助

这主要是指赞助社会事业,如文娱体育活动,教育事业中的奖学金、教育基金、社会福利事业,各种专业奖,节日庆典活动等。

4.积极参加各种学术交流活动

宣传介绍本企业的营销能力和科技成果,扩大企业对社会的影响,提高社会公众对企业的认同度。

## 【本章小结】

在跨国公司的营销中产品整体概念包括5个层次:核心利益、形式产品、期望产品、附加产品和潜在产品。跨国公司对其现有产品可采取国际产品标准化与差异化策略。而开发新产品对跨国公司的生存和发展具有重大意义。新产品开发一般要经过8个步骤,即产品构思、构思筛选、产品概念形成与测试、初拟营销规划、商业分析、新产品研制、市场试销和商业化。转移定价是跨国公司进行内部贸易时采用的一种价格,具体是指一个跨国公司系统内部,分处不同国家的母公司与子公司间或者各子公司之间进行内部贸易时所约定的账面交易价格。跨国公司必须要通过国际分销渠道实现产品从生产者向消费者的转移。国际促销是指跨国公司通过人员接触或非人员联系等各种方式,向消费者传递公司和产品的信息,并说服诱导消费者购买企业产品的营销活动。国际促销主要有4种基本手段,即国际人员推销、国际广告、国际市场营业推广、国际公共关系。

## 【思考题】

1.简述国际产品的整体概念。

2.简述国际产品的标准化策略。

3.简述国际产品的差异化策略。

4.试述跨国公司新产品开发的过程。

5.什么是转移定价?

6.转移定价有哪些方法。

7.简述转移定价的目的。

8.简述分销渠道的宽度策略。

9.简述国际人员推销的类型和结构。

10.简述国际广告策略。

11.简述国际营业推广的形式。

12.简述国际公共关系的主要方式。

## 【课外阅读】

### 联想与戴尔的渠道之争

我国IT行业内的领导型企业——联想集团,在过去3年中遭遇了"成长的烦恼",按照联想的 3 年规划,到 2003 年,营业规模要达到 600 亿元,而实际情况是只有 200 亿元左右,营业额增长 26%,利润增长 50%。尽管这个增长速度高于行业内绝大多数企业,但却没能达成 2000 年规划制定的目标。与此同时,2003 年联想的主营业务 PC 的销量增幅只有 16.4%,而戴尔的增幅超过了 40%,增长幅度超出联想两倍多。如何抵御戴尔直销渠道的冲击,是摆在联想面前的一个大课题。

1. 联想渠道成长的 4 个层次

联想的渠道是经过十多年的持续努力,才达到目前的规模和质量的。十几年以来,联想一刻也没有停止改良渠道,几乎每年都会有一些小的改进,每 3~5 年就会有大的改进。联想渠道的成长史可以归纳为以下 4 个层次。

(1)在 1994 年以前,联想渠道处于第一层次,渠道能力只是简单的铺货和回款,对于产品的最终流向几乎没有了解,对消费者的需求特点缺乏把握,渠道处于粗放型、低功能的初级状态。

(2)1994—1998 年,联想渠道达到第二层次。在这个阶段,联想放弃直销,专注于分销。以"大联想"的理念,不断优化渠道结构,致力于渠道扁平化,密切联想与经销商之间的业务纽带和互利关系,形成"利益共同体",避免恶性渠道冲突。在这个时期,由于 PC 市场容量以平均每年 40%~50% 的速度增长,外部形势非常好,"大联想"获得了突飞猛进的发展。

(3)1998—2001 年,联想渠道达到第三层次。在这个阶段的最大特点是"渠道信息化水平"大幅提升。联想虽然不与二级代理发生直接的交易,但是也开始进行信息交换,联想开始对客户需求有了更加细分的认识;同时联想开始广泛地为各级经销商直接提供技术、培训和市场推广等方面的支持。

(4)2002 年以来,伴随联想的技术转型,联想的渠道发展进入了第四层次。为了更好地整合优化渠道,联想对传统渠道模式做了特殊变革调整,把代理分销变成集成分销模式。在这种模式中,联想和渠道结成了更为紧密的战略伙伴关系,双方看做一个整体,面向客户做一体化的设计,清晰角色定位和分工,加强互动,从而提高整体效率,以赢得更多优势。

2. 戴尔直销模式的冲击

世界上最著名的直销模式是戴尔公司的直销。据 2003 年 1 月 24 日 IDC 公布的全球 2002 年第四季度 PC 零售排行榜的数据显示,戴尔公司在台式机市场占有 15.8% 的市场份额,排名世界第一,这是戴尔首季超过竞争对手 HP,成为台式机电脑的领头羊。

戴尔公司的成功得益于其直销模式。戴尔公司的黄金三原则是"压缩库存、倾听顾客意见和直接销售"。戴尔直销模式的精华在于"按需定制",在明确客户需求后迅速作出回应,并向客户直接发货。

戴尔成本上的竞争力来自于 3 个方面。第一,没有经销商这个中间环节;第二,戴尔全球化的供应链管理;第三,戴尔的精细化管理,使得戴尔的库存保持在 4 天以内。所以,戴尔在价格上非常有竞争力,而价格这个武器一向是联想公司对付外国 PC 企业的杀手锏,但是在戴尔这里第一次失效了。

戴尔直销模式的另一个厉害之处是:戴尔直接和每个客户打交道,所以掌握了所有客户的资料,从而使戴尔能够最大限度地细化消费者需求,捕捉任何微小的变动,并把对消费者的理解体现在产品战略上,从而始终保持对市场的敏感和快速反应。

# 第七章　跨国公司人力资源管理

## 【学习目标】

1. 掌握跨国公司人力资源管理的内涵、特点。
2. 了解跨国公司人力资源管理的典型模式。
3. 掌握跨国公司招聘与配置的四种方法。
4. 掌握跨国管理人员应该具备的素质和能力。
5. 掌握对外派管理人员和对东道国管理人员的培训方法与内容。
6. 理解跨国公司人力资源的绩效管理和薪酬管理。

## 第一节　跨国公司人力资源管理概述

国际化经营战略正在引起全球人力资源的变化,为保障企业在国际化活动中有效的战略利益,需要进行最佳人力资源配置。集团公司应采取有效的、有助于发展一种灵活的全球组织能力的国际人力资源管理方法与措施。

人力资源管理是指为实现组织的战略目标,利用现代科学技术和管理理论,通过对所获得的人力资源进行整合、调控、开发给予报酬等方式而达到对人力资源有效地开发和利用。人力资源开发和管理是实现组织目标的一种手段。在管理领域中,人力资源开发与管理是指以人的价值观为中心,为了处理人与工作、人与人、人与组织的互动关系而采取一系列的开发和管理活动。当人力资源管理在国际环境中实施时,就是跨国人力资源管理。

### 一、跨国公司人力资源管理的定义

摩根曾经提出了一个关于跨国人力资源管理的模型,这一模型包含三个维度——人力资源管理活动、国家类型和员工类型。

1. 人力资源管理活动

人力资源管理活动包括人力资源的获取、分配与利用,这三大类扩展开就是人力资源管理的六项基本活动——人力资源规划、员工招募、绩效管理、培训与开发、薪酬计划与福利、劳资关系。

2. 国家类型

与跨国人力资源管理相关的两种国家类型包括:母国,是指公司总部所在的国家;东道国,是指跨国公司建立子公司或分公司的海外所在国家;其他国,即第三国,是指劳动力或者资金来源国。

3. 员工类型

与三种国家类型相对应,跨国公司有三种员工类型。母国员工是指来自跨国公司母国的员工;东道国员工是指跨国公司在所在国录用的员工;其他国员工即第三国员工,既不是东道国也不是母国的员工。

摩根将跨国人力资源管理定义为：处在人力资源活动、员工类型和企业经营所在国家类型这三个维度之中的互动组合。从广义上讲，跨国人力资源管理所从事的活动与国内人力资源管理的活动相同，但是从狭义上讲，每个活动的具体内容却有所不同。例如，"获取"是指人力资源规划与人力招募，但是国内人力资源管理只考虑一国范围内的员工问题，而跨国人力资源管理则要考虑多国员工的问题。因此，区分国内人力资源管理和跨国人力资源管理的关键变量，在于跨国人力资源管理的复杂性，即要在若干不同国家经营并招募不同国籍的员工。

随着市场竞争越来越激烈，在全球背景下展开跨国公司人力资源管理的研究也已成为当今人力资源管理研究的一个热点领域和重要的创新领域。随着经济全球化和管理国际化的发展，各国之间和各个国家企业之间彼此学习和借鉴的趋势也越来越明显，对人力资源管理理论的研究也越来越深入和细致。

约翰·科特认为，跨国人力资源管理是国际化组织中人员管理的原则和实践。而库伦（Kulun）认为，当人力资源管理的职能应用于国际环境时，就变成国际人力资源管理了。普拉哈拉德和多茨认为，跨国人力资源管理主要是从跨国公司的全球战略角度来探讨人力资源政策的有效组合。国内学者赵曙明认为，区分国际人力资源管理与国内人力资源管理的关键之处在于前者在若干不同国家经营并招募不同国籍的员工。

## 二、跨国人力资源管理的特点

国际人力资源管理相对于国内人力资源管理更为复杂，它具有以下几方面的特点。

（1）考虑更多的人力资源因素。在国际环境中，人力资源部门必须考虑许多在国内环境下无须考虑的因素，如国际税收、为适应国外环境的培训和国际工作重新安排、提供执行服务、与东道国政府的关系和翻译等。

（2）需要更广阔的视野。在国内工作的人力资源经理通常只需要面对单一国籍的员工，而在国际人力资源管理中，经理面对的是多国籍的员工，需要为他们量身定做工作计划和薪酬福利安排等，这就需要更宽广和国际化的视野。

（3）更关心员工个人生活。在国际环境中，人力资源部门必须充分了解员工的个人生活，更加关心员工的个人问题以消除员工对文化和国籍等方面的不适应。例如对驻外人员的配偶随调、子女上学甚至娱乐活动，人力资源部门都要考虑周全并妥善安排。

（4）伴随跨国经营的成熟而转变管理重点。跨国公司的各种人力资源管理活动会随着跨国经营的日益成熟而改变重点。例如，随着国际化的深入，对母国人员和其他国人员的需求会下降，对训练有素的当地员工的需求上升。因此，开始的工作重点在国外工作方面，而随着海外子公司的成熟，国际人力资源管理的工作主要是培养和开发东道国员工。

（5）面临更多的经营风险。在国际市场竞争中，失利所造成的财物和人力方面的损失，远比在国内经营要高得多。比如对跨国公司来说，驻外任职失败的成本损失远比在国内任职失败的成本要高得多。另外，还会带来诸如市场份额缩减、客户关系损害等间接损失。

（6）会受更多的外部影响。国际人力资源管理会受到更多外部因素的影响，如所在国政府类型、经济状况及东道国对人事方面的相关法律和东道国文化背景等外部因素的影响。

企业跨国经营中需要解决的人力资源方面的问题如图7-1所示。

| 企业跨国经营整体战略目标和部署 | → | 目标对象国家或区域的选择 | → | 目标市场人才层次选择(高、中、低) | → | 跨文化融合、管理措施是影响阶段 |
| 员工特殊需要管理和日常管理 | → | 母国、本地员工管理融合协同阶段 | → | 全球性理念和企业全球资源优化配置 | → | 企业管理全球化和全球新文化的形式 |

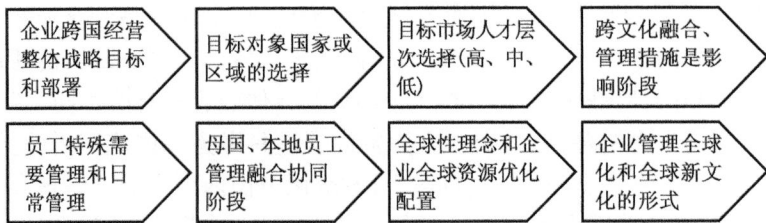

图 7 - 1　企业跨国经营中的人力资源管理问题

### 三、跨国人力资源开发与管理的典型模式

跨国人力资源开发与管理的各种模式是在各国不同的文化法律背景、价值观念、教育与培训体系的影响下,在各国企业跨国经营的具体实践中形成的,它们各有特点。下面主要从企业文化、招聘与培训、人才开发与管理、国际人才外派几方面进行分析。

#### (一)跨国公司人力资源开发与管理的美国模式

**1. 企业文化方面**

美国跨国公司的人力资源开发与管理主要体现了个人主义文化的影响。美国强调个人主义文化,注重社会范围内的公正,倡导社会合作,更注重积极的自由。这种文化体现在人力资源管理中,就是重视个性发展,强调个性的表现力、主动性、创造性、向权威挑战、追求多样性、勇于冒险等。因此,美国的跨国企业容易形成一种宽容、和谐的企业氛围,并善于在企业发展后及时改变人力资源管理的重点,因而他们的跨国经营企业成功的较多。

**2. 招聘与培训方面**

美国公司常采用各种类型的招聘战略,包括通过报纸广告、雇员自荐、内部提升、上门求职、大学、国家就业服务、私立就业服务等。美国经理认为报纸广告是所有类型工作中最有效的招聘渠道之一。在招聘的过程中公司注重个人成就(如教育、天赋、经验),个人被视为组织可以购买的各种技能的一种组合。以往的工作经验、测试成绩以及通过面试观察到的品质都有助于人事经理或雇佣经理掌握有关候选人资格的信息。美国公司非常重视对员工的培训,其培训方式主要有企业自设培训机构培训、利用专门的培训机构培训和跨国管理人员的国外任职前培训等。

**3. 人才开发与管理方面**

美国许多公司都有鉴定和开发管理人才的计划,其目的在于培养那些愿意终生为公司工作的合格的工作人员。开发管理人才主要工作是确定可以晋升的有才能的经理,并使他们与组织对管理人才的需要相匹配。在许多美国公司中,上一级经理人员有责任确定潜在的管理人才,并且管理业绩考核常包括对管理后备力量的考查。例如 IBM 公司,当年轻的管理人员被任命到海外去时,导师往往要担当特别重要的角色。一些公司采用更加直接的方式,如利用评估中心来鉴定经理人员,有些公司还为注定要进入较高管理层的下级经理设置"快车道"职业规划,在其职业生涯早期就给他们安排各种富有挑战性的工作,如果他们能够成功,就会得到迅速晋升。然而,在像美国这样的个人主义文化的国家,职业生涯管理依然是个人的责任,而这些个人目标可能与完成当前的组织任命或参与管理开发不相一致。因此,美国公司经理人员的流动是比较频繁的。

4. 国际人才外派方面

许多美国公司总部较少干预下面的人事配备工作,下属部门和单位自己招聘经理人员或后备经理人员,并按公司的规定来确定人员的职位和提升。海外子公司较多地聘用东道国国民在其下属单位的管理层中,中低级的管理人员几乎都是东道国国民,高级管理人员也有五六成来自东道国。

### (二)跨国人力资源开发与管理的日本模式

1. 企业文化方面

日本文化具有集体主义特征,日本企业以强调团队精神而在市场中取胜。强调集体主义与业绩主义相结合的献身价值和对纪律的高度重视,为企业目标的实现提供了保证。日本企业文化的主要特点是"和"的观念和终身雇佣制。"和"是指爱人、仁慈、和谐、互助、团结、合作、忍让,它是日本企业成为高效能团队的精神主导和联系纽带。终身雇佣制贯穿日本员工生活与工作纲领,迫使企业不断改善企业管理水平,以解决随技术进步而导致的人力过剩问题。此外,年功序列工资制和企业工会制度也是日本企业文化的特点。年功序列工资制是指依据职工的学龄、工龄、能力、效率等确定职工工资。

2. 招聘与培训方面

日本的一些大型跨国公司在人力资源开发上逐渐形成了独特的模式,其特点是招聘卓越人才,在工作的竞争中不断淘汰能力较差者,将最优秀的管理人员提升到高层管理岗位上。日本公司在经理的选择上与学校有着密切的联系,许多日本的大型公司把招聘对象集中在著名大学的毕业生上,而不是有经验的经理。公司认为年轻人更容易塑造,以适应特定的公司文化。

3. 人才开发与管理方面

日本公司更注重管理人员的个人品质而不是其技术能力,这意味着公司管理人员的开发必须有战略眼光。员工在进入公司后的5~8年内是业绩和发展潜力的考核期,不同技术和职能管理工作的业绩是考核的重点。员工在经过考核期后引入竞争机制,每隔4年晋升一次,没有获得晋升的管理人员可能离开公司或者被安排到不重要的岗位上。跨国公司人力资源开发与管理的日本模式如图7-2(a)所示。

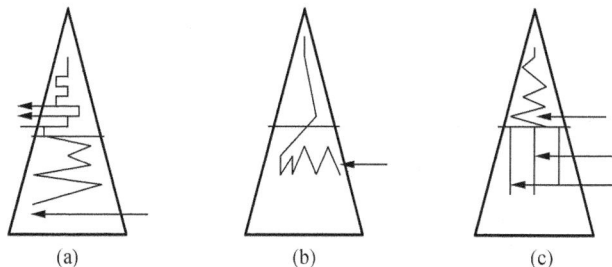

图7-2　跨国公司人力资源开发与管理不同国家的模式
(a)日本模式;(b)德国模式;(c)英-荷模式

4. 国际人才外派方面

日本跨国公司的人力资源管理制度是高度竞争的人事制度。在日本模式中,日本的跨国公司总部统一领导全公司范围的人事配备工作,海外子公司的总经理由上级直接委派,

高级管理人员中绝大部分为本国派遣,中低级管理人员只有约一半是东道国国民。但是近年来日本公司也意识到发展管理层多元背景的重要性,开始聘用一些东道国或第三国人员。

### (三)跨国人力资源开发与管理的德国模式

**1. 企业文化方面**

德国强调依法治国,其完备的法律体系为建立注重诚信、遵守法律的企业文化奠定基础。德国具有诚信、认真、规则的文化传统,其讲究信用、严谨、追求完美的行为习惯对形成独特的企业文化产生了极大影响。几乎所有的企业都把人事管理放到第一线,都有一套比较科学的人事评价标准和奖惩措施,他们非常注重工作结果。德国企业通常的人事管理为垂直和层次管理,没有越位,也很少相互交叉。

**2. 招聘与培训方面**

德国是一个拥有先进的和标准化的全国性职业教育与培训体系的国家,这为德国企业提供了主要的人力资源。德国模式的最大特点是正式学徒年限加上与技术专业密切相关的职业路径。学徒是技术雇员和蓝领工人必须经历的阶段,并取得证书。德国存在两种主要的职业教育与培训形式,一种是一般的或专业化的职业技术学校和学院;另一种称为双重体系,即把在职学徒培训和颁发熟练工人证书的业余职业学校培训相结合。双重体系是德国职业培训中最重要的一部分,其中培训和资格证书是全国标准化的,由此产生了一支训练有素的全国性劳动大军。

**3. 人才开发与管理方面**

在德国模式中,考核期是在员工进入公司后的 2 ~ 5 年。在这段时期,员工通过在职能部门之间的流动全面了解公司情况,确定适合自己的工作,然后才固定在合适的职能部门向上发展。这样便于雇员全面了解公司情况,并确定自己适合的工作或职能。在以后的 20 年中,每个人固定在合适的职能部门中向上发展,他们必须不懈地学习和掌握新的技能,才能被提升到更高职位上。跨国公司人力资源开发与管理的德国模式如图 7－2(b)所示。

**4. 国际人才外派方面**

德国企业十分重视让企业管理人员去国外工作,以便管理人员学习、了解和掌握国际经济管理的知识经验,这是德国企业在人才管理战略中的重要特点。例如,目前在德国最大的 25 家公司总经理中,有 15 人在国外工作过很长时间,对有关国际市场的竞争对手了如指掌。

### (四)跨国公司人力资源开发与管理的英－荷模式

**1. 企业文化方面**

英国与荷兰具有保持良好的文化传统特色。受此影响,英国和荷兰的企业普遍思维保守,管理制度严格,员工的福利待遇优厚并有充分的保障。

**2. 招聘与培训方面**

在英－荷模式中,他们的招聘并不刻意追求杰出人才。公司依照特定技术或职能岗位的需要录用大学毕业生。在这些新员工职业生涯的最初几年,安排他们到特定职能部门工作和发展,考核期后,有较大发展潜力的管理人员被提升到重要岗位。

### 3.人才开发与管理方面

在人力资源发展中注重培养管理人员的全面知识和技能,是英国和荷兰公司人力资源开发与管理的一个特征。英国和荷兰企业普遍采用系统考核和评估的方式,确定管理人员的发展潜力,包括两到三天的管理情景模拟测试,由经过心理学家培训的高层管理人员观察和评估被考核人员的工作能力和素质等。评估的最后结果在一定程度上取决于公司高层管理人员的集体判断。跨国公司人力资源开发与管理的英-荷模式如图7-2(c)所示。

### 4.国际人才外派方面

许多英-荷公司以国家层面和地域单位为基础来管理人员选派工作。各附属机构管理自身的人事配备工作,但总部会委派人事专家到下属机构以加强上下的协调。

# 第二节　跨国公司人员的招聘

跨国招聘是为配合国际化经营战略,考虑在国际背景下如何寻找和获得可能的岗位候选人,从而使总公司或海外子公司能挑选到最合适的人员来满足工作需要;招聘合适的人并将其安排在合适的岗位上发挥作用是任何组织用人的一大目标。为达到这一目标,跨国公司应根据国际化进程的不同阶段,对海外公司的关键岗位制定相应的人员配置政策。

## 一、跨国公司招聘与配置的方法

依据跨国公司对母国人员、东道国人员和第三国人员的使用情况,跨国公司招聘和配置人员的政策可以大致分为四种类型(Heenan,Perlmutter;1979):民族中心、多中心、地区中心和全球中心。这四种类型的划分不仅仅是对海外分支机构人员招聘和配置的分析,而且还包含了跨国公司总部人员招聘和配置的情况。在具体的跨国公司管理实践中,单个的跨国公司可能采用其中某一种方法,也可能根据经营环境和业务情况综合采用其中的几种方法,甚至可能采用不一定完全一样但类似的方法,但这四种方法的分类仍然为思考跨国公司的人力资源配置提供了一个基础。

### 1.民族中心的方法

这种方法本质上说是一种以跨国公司母国为中心的人力资源招聘和配置方法,集中表现在跨国公司总部和海外分支机构中的重要职位都是由跨国公司母国雇员来担任,他们组成了跨国公司各级管理团队的主体。在这种配置方法下,以总部为基础的人力资源管理政策、实践被认为是首要的和不可撼动的,要求在各个海外分支机构中也必须得到不折不扣的尊重和执行。其至母国雇员也被认为在公司中拥有高人一等的地位,而来源于其他国家的雇员则经常在公司中会有"二等公民"的感觉。在海外分支机构中,来自母国的雇员通常占据了关键的岗位,由他们来直接对分支机构进行管理和控制,而来自东道国的雇员则很难有机会被提升到总部或其他国家工作,甚至在东道国内部要被提升到关键岗位都是非常困难的。

以民族为中心的人力资源配置方法一般适用于跨国公司在海外刚刚开始设立机构和开展业务的阶段,主要目的是在对环境不了解的情况下通过使用来自于母国的外派人员保持海外业务和总部的高度一致性,从而保证总部对海外业务的充分有效控制。另外,如果海外业务所在国家(或地区)的人力资源管理供应质量不能满足跨国公司的经营需要,特别是管理能力达不到跨国公司要求的话,跨国公司也会采用这种人力资源配置方法,通过外

派人员来保证海外分支机构的运作效率能够与总部的要求相一致,并通过海外人员在东道国的存在和影响促进东道国雇员的开发,带动东道国雇员的成长。当前,由于跨国公司通过并购方式进入其他国家(或地区)市场的情况也越来越频繁,为了保证在并购完成后对被并购企业有充分的控制,这种方法也在被并购的企业中广泛采用。

跨国公司通过采用这种方法能够很迅速地实现业务的整合和协调,并加强对各个海外分支机构的控制。但这种方法也有很多弊病。从跨国公司总部的角度分析,这种方法首先不利于建立全球性的理念,不符合跨国公司的整体发展方向,不能提升跨国公司知识的创新和传递。其次,在操作上讲,这种方法要求大量的外派人员,要寻找、培养和说服大量的母国雇员接受海外派遣不是一件容易的工作,大量的派遣失败更是使这种方法面临着很多潜在的风险隐患。

从海外分支机构的角度来看,这种方法首先阻碍了东道国雇员的长远发展机会,从而可能引起有很高绩效表现的东道国雇员的离职或者与母国雇员的紧张关系。其次,外派人员相对东道国雇员明显的薪酬优势更可能使东道国雇员产生不平等感,进而挫伤东道国雇员的工作积极性并增加其离职的可能性。更糟糕的是,跨国公司外派人员的主要目的之一是实现对海外分支机构的控制,但实际上这种方法的采用将更有可能使东道国雇员团结起来,集体直接或间接抵制外派人员的管理,由于他们更了解和掌握业务信息,最终他们有可能将实际控制公司,把母公司派来的担任高层管理岗位的外派人员"架空",从而在事实上产生相对于总部而言的"失控"。

2. 多中心的方法

如果说民族中心的人力资源招聘和配置方法过度强调母国雇员在公司管理体系和人力资源队伍中的作用的话,那么多中心的方法则是走向了另一个极端——充分的东道国导向。在这种人力资源配置方法下,跨国公司各个海外分支机构中的重要职位都主要由东道国的雇员担任,跨国公司总部对各个分支机构在人员任命上的影响很小,各个分支机构有充分的业务和管理自主权。各个海外分支机构能够依据自己所在国的实际业务需要建立各自的人力资源管理政策和措施,以充分实现人力资源管理的当地化。东道国的绩效表现杰出的员工在这种方法下能够拥有很大的发展空间,在职位和待遇上不断得到提升,但是这仅仅局限在单个海外分支机构内部,员工要想向总部或者其他分支机构发展是非常困难的,甚至可以说是被多中心的人力资源配置方法所潜在禁止的。跨国公司采用多中心的人力资源配置方法主要适用在跨国公司的产品或服务需要高度满足海外各个市场的显著差异化需要,不能按照统一的模式经营的情况。此外,当各个海外业务单位之间不存在紧密的协作关系的情况下,这种方法也会得到采用。

站在跨国公司总部的立场,多中心的人力资源配置方法的优势众多:能够减少因为语言和文化障碍带来的公司运作效率的降低;能够降低人工成本;东道国雇员对这种方法更加接受和赞赏;雇员能够对公司有长期的组织承诺。对各个分支机构而言,多中心的人力资源配置方法所带来的东道国雇员的更多的发展机遇则是对各个分支机构非常有利的。但无论是对总部还是对各个分支机构而言,最大的问题是这种方法限制了人员和知识深层次的交流。总部的人员将缺少了解和参与经历各个市场经营的机会,各个分支机构的人员则很少能够了解到总部的营运,这种双向交流的缺乏使得知识在总部和分支机构之间不能充分交流,而且阻碍了对各个分支机构人员的社会化过程,降低了他们完全认同和融入公司文化的可能性。为了解决这个问题,一些跨国公司开始尝试在分支机构中派遣一些母国雇员,特别是在分支机构建立早期,同时挑选分支机构雇员到总部培训或工作。但这样的措施又会在一定程度上增大公司人力资源管理的难度,增加人力资源管理成本,所以如何平衡这种交流是一个重要的问题。

### 3.地区中心的方法

考虑到某些地区存在着相近的文化和市场关系,如欧洲、中东等,一些跨国公司会在这些特定地区采取以地区为中心的人力资源招聘和配置方法,依据地理位置来将某些国家合并为统一的业务区域,并在这一区域内灵活配置人力资源。以地区为中心的人力资源配置方法依据的基本原则是"地区最优",也就是说,对某个职位的选聘是依据寻找本地区内最优秀的人员来担任的原则,而不仅仅在本业务单位所属的国家范围内。采用这种人力资源配置方法,海外分支机构的主要职位都将由来自于本地区的雇员来担任,而很少依靠总部的外派人员。由于担任主要职位的人员都来自于本地区,而本地区又有相近的地理位置、文化、经济、社会等背景,因此东道国的人员不但可以在本国范围内任职,而且可以交流到本地区的其他国家任职,人员在地区范围内的流动是便利的,但是很少会超越地区范围向其他地区或总部流动。相应地,总部的母国雇员也很少会有机会深入到这些地区。在实践中,跨国公司通常会建立地区总部来协同整个地区范围内的业务活动,相应地也会建立地区性的人力资源中心来负责建立本地区的人力资源管理政策和措施并在本地区范围内推行,人力资源中心还会承担起本地区范围内人员配置的主要责任,全面评估考核本地区内的员工,并相应地决定他们在本地区范围的派遣和配置。这种人力资源配置方法的一个典型例子就是欧盟国家,由于欧盟政治上一体化的推进,促进了人员在欧盟范围内的自由流动,而且欧盟国家在地理上的接近,更加方便了跨国公司在欧盟范围内采用以地区为中心的人力资源配置方法。

与多中心的人力资源配置方法相比较,以地区为中心的人力资源配置方法明显扩大了人力资源招募和使用的范围,这一方面使应聘人员的质量得到了改善,另一方面也使人员的配置更加灵活,能够更大程度地满足公司人员配置灵活性和员工职业发展的需要。但是从严格意义上说,这种人力资源配置方法只是将人力资源配置的范围在地理位置上扩大了而已,并且这种方法仅仅适用于地理位置接近和文化背景相同的地区,所以存在着应用上的局限性。特别是文化背景相同的要求使得这种方法很难真正产生跨文化的知识创新和转移,无法促进跨国公司全球理念的形成,这对于母国雇员、东道国雇员和跨国公司整体来说都是不利的。

### 4.全球中心的方法

无论是倾向母国雇员的民族中心的人力资源配置方法,还是倾向东道国雇员的多中心和地区中心的人力资源配置方法,在配置人力资源的时候都有一个潜在的前提,即承认国别对人力资源管理的重要影响,认为雇员的国别来源将作用于雇员的行为和思维。但与这三种方法不同,全球中心的人力资源招聘和配置方法则是一种强调弱化雇员的国别来源的方法,减少因雇员国别来源而产生的国别文化背景的影响。采用全球中心的人力资源配置的跨国公司都积极强调公司文化的作用,力图以公司自身独特的企业文化取代国别文化的影响,从而在全球经营中以自身的公司文化来凝聚和影响员工的精神,从而建立真正全球性的公司经营理念。在这种思路指导下,全球中心的人力资源配置方法的基本原则就是在关键岗位配置最优秀的人员而不考虑人员的国别来源。

这种方法完全将公司的文化和价值观置于最高的地位,倡导一种效率优先的人力资源

管理政策。在这种人力资源管理政策下,无论是公司总部的员工还是海外分支机构的员工都有在公司各个业务单位任职的可能性,这不但将大大拓展他们的发展空间,更重要的是将促进知识在整个跨国公司内部的创新和流动,加快整个公司知识的积累和提升。此外,这种人力资源管理政策还将展现一种真正全球化的经营理念,对公司员工有重要的指向作用。但要完全严格实现全球化的人力资源配置还存在诸多困难,例如因为全球化配置而产生的配置成本、培训成本、家庭安置成本的增加,以及因大量全球化配置而产生的出入境、税收等法律事务上的管理困难。这些困难都将使跨国公司的人力资源管理更加复杂并且难度加大。

### 二、跨国公司人力资源的选择标准

跨国人力资源的选择,主要是对管理人员的选择,他们决定着跨国公司的成败。一般来说,从事跨国经营活动的管理人员应该具备多种基本素质和能力,见表7-1。

表7-1　跨国管理人员应该具备的素质和能力

| 基本能力 | 要求 |
|---|---|
| 必要的跨国经营知识 | 语言沟通技能<br>有关国际市场的知识<br>国际业务、惯例、法律常识 |
| 制定和实施跨国经营战略的能力 | 信息收集、分析和预测能力 |
| 能够进行跨文化管理 | 理解东道国的文化和本国文化<br>具有较强的适应能力 |
| 组织设计与组织协调能力 | 创新能力和学习能力<br>有效的组织协调能力<br>发现问题和解决问题的能力 |
| 在公司内部相互学习和转移知识的能力 | 培训开发员工的能力 |
| 不同国家管理人员配合工作的能力 | 团队协作能力 |

1. 跨国经营知识

跨国经营知识包括语言、市场知识和国际业务常识。

语言是一种传达感情、价值观和与其他成员进行交流的手段。每个民族都有自己独特的语言,要使具有不同文化、使用不同语言的人们进行交流,跨国公司的管理人员掌握跨国沟通所需要的语言就十分重要。尤其是派往国外子公司任职的人员,掌握东道国的语言和一门国际通用语言是必要的任职条件。

国际市场分为产品市场和金融市场。国际产品市场知识主要包括国际市场供需关系、价格水平、质量标准等;国际金融市场知识主要包括融资成本高低、汇率变化、外汇管理和税收政策。跨国经营管理人员需要掌握这两方面市场的知识,以提高跨国公司的竞争力。

国际业务主要包括国际贸易业务和对外直接投资业务。其中,国际贸易业务知识包括具体的外贸业务操作、工商、税务、商检、审计、海关、保险、运输、外汇结算等方面;对外直接投资业务涉及东道国的资源条件、谈判、签约等方面。熟悉这些知识有助于企业跨国经营活动的顺利进行。

2. 制定和实施经营战略

要制定跨国经营战略,就要求跨国管理人员有很强的信息收集、分析和预测能力。要想把握跨国经营环境的变化规律,必须系统全面地收集各方面的有关信息,并作出准确的分析。其中,最重要的是收集和分析有关竞争对手战略方向和东道国政府政策变化的信息。不同的跨国经营战略,对管理人员的要求也是不同的。若实施国际战略,要求管理人员在跨国经营活动中充分利用母公司的技术和产品开发能力,在产品生命周期的不同阶段,把技术有效地转移到外国子公司中;若实施多国战略,要求国外子公司经理具备企业家的开拓精神和独立决策的能力,能够在东道国尽快打开局面,建立正常的经营系统;若实施全球战略,要求母公司的管理人员具备较强的协调和控制全球经营活动的能力,保证战略方案的贯彻和执行。子公司经理则要领会母公司的战略意图,并能创造条件保证战略的实施;实施跨国战略,对管理人员的能力要求更高。管理人员既要从全球角度对跨国公司经营活动进行有效的控制,又要考虑各东道国市场的差异,对不同环境有较强的适应能力。此外,随着跨国经营环境越来越复杂,为了适应环境的变化,战略有时需要进行重大的调整。管理因为战略调整而引起的变化,也是跨国管理人员需要具备的能力。

3. 跨文化管理

所谓跨文化人力资源管理,是指以提高员工的工作生活质量、组织劳动生产效率和经营效益为目的,而对来自不同文化背景下的人力资源进行获取、保持、评价、发展和调整等一系列管理的过程。随着经济全球化和跨国经营的蓬勃发展,人力资源的跨国流动也在加强。在跨国经营企业中,各国企业的组织结构、技术方法、决策方式、控制程序已基本趋同,但员工的不同文化背景使文化差异成为影响管理效果的重要因素。有研究表明,在跨国经营中,由于技术、财务、战略方面的因素导致的失败大约占30%,而由于文化沟通和融合导致的失败大约占70%。因此,从某种程度上说,企业的跨国经营管理首先是跨文化人力资源管理,而解决跨文化企业中的多样化差异与冲突成为了企业人力资源管理的首要问题。了解东道国文化如何影响当地员工,理解母国文化如何影响母公司员工,这需要管理人员理解不同地区的文化,并尊重文化差异。适应能力对跨文化管理非常重要。工作适应能力是指从事跨文化管理的人员能在东道国子公司新环境中很快建立新的工作关系,熟练处理日常经营管理问题;社会适应能力是指适应工作环境以外的社会环境,包括社会风俗、生活习惯、社会关系、价值观念等,以及能够适应外部环境的各种人际关系和复杂的政治经济问题。

4. 组织设计与管理能力

跨国经营对组织设计和管理的要求很高。单一的组织结构不能满足跨国公司在复杂的跨国经营环境中协调和控制各种生产经营活动的需要。因此,组织结构的设计和管理能够保证跨国经营战略的有效实施,是管理人员的一项重要工作。

5. 在公司内部相互学习和转移知识的能力

在信息时代,能够有效地获取和利用信息非常重要。要使信息有效利用就需要信息流通,这就要求跨国管理人员能够把各种信息通过信息系统转移给其他国家的工作人员和管理人员。对整个跨国公司来说,把一个子公司的成功经验传授给其他子公司,或组织各个子公司相互传授跨国经营的成功经验,是母公司高层管理人员需要具备的能力。

6. 不同国家管理人员配合工作的能力

在跨国公司中,管理人员来自不同的国家。只有这些不同国籍的管理人员能够有效地配合工作,跨国经营才能取得成功。西方国家学者对30家大型跨国公司的调查表明,管理

人员的团队工作在以下三方面发挥着重要作用:第一,集体智慧普遍用于提供建议、咨询和沟通,越来越多的企业在跨同经营决策中运用团队工作方式;第二,全球性的工作团队不仅可以加强市场和技术力量,还可以产生更灵活的经营计划,以及在战略实施中更紧密地合作;第三,团队工作的含义已扩展到公司外部,如采用跨国战略联盟形式与合资伙伴、供货商及顾客之间进行合作。

### 三、外派人员的招聘管理

对跨国公司而言外派人员不但包括母国雇员,也包括第三国雇员。但由于现阶段母国雇员的派遣仍然是外派人员的主体,所以在分析和讨论的时候主要集中在母国雇员身上,然而对第三国雇员的派遣仍需要给予充分的重视。

1.跨国公司人员外派过程

跨国公司人员外派基本流程如图7-3所示,这个过程包括六个步骤。

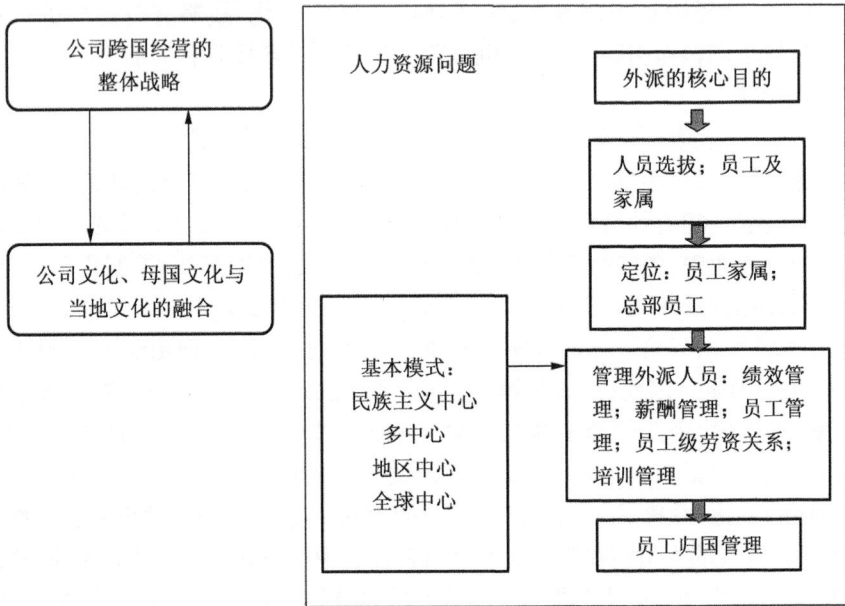

图7-3 国际人力资源派遣基本流程

(1)选拔合适的外派人员。外派是否成功和外派人员的自身素质密切相关。

(2)在外派人员离开母国之前,进行培训和开发,做好相关的思想准备,减少外派后的不适应。在这个过程中,使外派人员对东道国的文化、语言、经营环境等有一定的了解,并对可能遇到的困难找到合适的解决方案。

(3)做好对外派人员在东道国安置的问题,包括住房安排、工作安排、家属安置、子女上学等问题。

(4)对外派人员进行工作常规管理,重点是海外工作绩效评估、薪酬管理和劳动关系及劳动保护管理等。

(5)当外派人员准备回国时,做好回国前的培训工作,并安排回国后的任职问题。因为外派人员奉调回国后,国内环境可能已发生变化,同时,也存在家庭方面的变化,最糟糕的是可能会产生反方向的文化冲突。

（6）回国后的再适应管理,主要是帮助外派人员尽快熟悉和适应新的环境,克服回国后在工作中所遇到的各种困难。

2.外派人员应具备的素质

外派工作的复杂性以及外派影响因素的多重性,使预测成功因素、制定适宜的选择标准甄选跨国公司管理者,成为企业实施国际人力资源管理战略中关键的组成部分。驻外管理人员的甄选标准包括具备过硬的管理能力、具有良好的交际能力、有必需的适应性与开放性、专业技能高、有良好的语言技巧和外语水平、具有强烈的海外工作意愿、具备海外文化的专门知识、行为的灵活性、配偶的支持等。研究表明,国际著名跨国公司都将相关的专业水平、能力及其管理能力作为外派管理人员的重要选择标准。因为驻外人员的个人工作能力是一个重要因素,专业能力和管理能力是基本条件。其中另一个重要的甄选标准就是驻外人员跨文化的适应能力。

跨国公司在另一个国家能否成功,很大程度上依赖于驻外人员适应跨国文化的能力,这些能力包括文化移情能力(以当地人的思维方式思考)、适应性、外交能力、语言能力、乐观的生活态度、情绪的稳定性等。实践能力与应变能力也很重要。实践能力是指在国外成功运用管理和专业技术的能力;应变能力则是指员工能在国外舒适生活或至少能生存下来的能力。总之,外派人员的选拔标准既包括自身因素,也包括家庭因素;既包括能力因素,也包括情感、价值观、信念等因素。外派人员选拔标准如图7－4所示。

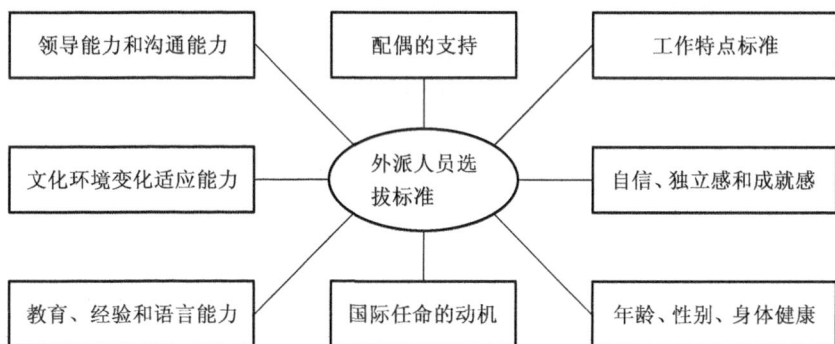

图7－4　外派人员选拔标准

# 第三节　跨国公司人员的开发与培训

## 一、全球人力资源开发

外派人员在跨国公司的人力资源管理中占有重要地位,这不可否认。但同时,我们必须认识到的是跨国公司所追求的价值创造在全球的实现,包括人力资源在全球的开发。出于对跨国公司自身存在价值的不断追求,跨国公司一定会力图实现全球性人力资源的利用,所以当地人员培训和全球人力资源开发就成了跨国培训管理中除外派人员管理之外的重要组成部分。

跨国人力资源管理追求的目标是在全球范围内自由、充分地开发和利用人力资源,而不考虑具体的国别和文化,区别性看待总部和分支机构的人力资源管理绝不是跨国人力资

源管理所追求的目标。从这个角度出发,全球人力资源开发才是跨国公司的真正追求。跨国公司对全球人力资源的开发包括三个部分:员工个体的职业和技能发展,管理者(经理人)的开发,跨国性的人力资源规划。其中员工个体的职业和技能发展一般通过各个业务部门(总部和国外)的培训和开发管理职能来完成,跨国性的人力资源规划则由跨国招聘管理职能来负责。因此,跨国公司对全球人力资源开发关注的首要部分就是经理人的开发。

跨国公司的发展经历早就证明在跨国公司的海外扩展中最缺乏的不是资金或者技术,而是合格的经理人员。合格经理人员的匮乏不但在过去制约了跨国公司的发展,直到今天也仍然是阻碍跨国公司进一步发展的最大障碍。来自母国的外派人员根本不可能满足跨国公司全球扩张的人力资源需求,跨国公司必须开发来自不同国家(地区)的经理人员,使他们成为跨国公司管理团队的成员,为跨国经营战略的实现贡献力量。经理人员的开发包括对他们的认定、培养、提升和使用。在前三个方面,为了实现对人员的全球性开发,跨国公司已经摸索出了一套系统的做法,包括:①尽早确定拥有发展潜力的人员,通过评价中心、绩效评估等方法发现那些有可能成为全球经理人的后备人员,不管他们来自哪个国家或部门;②通过各种方式近距离地观察和引导后备人员,深入地了解后备人员的情况,在引导的基础上使他们为将来成为全球经理人做好思想上和技能上的准备;③将人员正式放到候选人的岗位上,让他们通过实际的工作提升和检验他们的能力。通过这三个循序渐进的步骤,有潜力的候选者将脱颖而出,担当真正的管理重担。

在这个过程中,开发全球性的经理人员最重要的是要培养经理人员拥有全球化理念。合格的全球性经理人员应当具备以下能力。

①管理全球竞争力:掌握广泛的商业技能、展现出在各种情况下开展商业活动的能力,能够意识到各种文化的差异,并能有效地处理。

②能在多种文化背景下开展工作和有效沟通。

③管理全球性的复杂矛盾和冲突。

④管理组织的适应性:使组织能够适应各种环境的特殊性。

⑤管理多文化团队:塑造有凝聚力的多文化团队,使多文化背景成为团队建设的助力而不是桎梏。

⑥管理不确定性和混乱:能沉着应对任何随时出现的问题。

⑦管理个人和组织的全球化学习。

有效合理地使用跨国的经理人员也是开发经理人员的重要内容,很大程度上对经理人员的培养实际上是在使用的过程中完成的。对经理人员的有效使用也涉及许多具体的措施。Kopp(1994)就建议跨国公司应当建立集中式的管理系统以记录和跟踪经理人员在全球的表现,将他们作为跨国公司人力资源队伍中的特殊群体独立出来进行管理。Dowing 和Welch(2004)则建议跨国公司应当通过完善的回遣系统、职业发展系统和继任系统来全面管理经理人员在全球的使用。此外,促进经理人员在跨国公司内部的流动也是解决跨国公司内部知识拥有不对称,以及各个业务部门之间及总部和各个业务部门之间目标不一致的有效方法。将东道国的雇员和来自第三国的雇员派遣到总部任职将能使他们更切身地体会跨国公司的文化和跨国公司的整体发展规划,从而减少他们简单地对本业务单位利益的维护。这本身也是促进经理人员全球培养的重要措施。

近年来鉴于经理人员跨国调动伴随着大量费用支出,一些跨国公司开始实践"虚拟配置(Virtual Assignment)"的经理人员开发方式(Fenwick,2004)。"虚拟配置"指跨国公司不

将经理人员外派到其他国家任职,但让经理人员具体负责其他国家业务的一个部分或者通过与国外员工组成团队的方式参与到国外的业务活动中。经理人员虽然在现实中没有派遣到国外,但却可以具体地了解和实践国外的业务活动。"虚拟配置"还可以更好地让经理人员了解公司各个部分之间的内在联系,更有利于建立起全球化的理念和加强跨国公司各个部分之间的联系和知识传播。

## 二、对外派管理人员的培训

传统的培训管理立足本土的经营管理需要,目标定位在通过培训活动实现人力资源对本企业经营目标实现的支持。同样跨国的培训管理也同样需要满足这一目标需求,保证跨国公司的人力资源能够满足跨国公司的经营需求。但同时跨国的培训管理仅仅定位在这一层次是绝对不够的,跨国的培训管理需要帮助企业达成以下目标。

1. 建立全球经营理念

对跨国公司而言发展的最终目标是成为全球经营的企业,体现在经营理念上就是要在整个公司最终形成全球经营理念。全球经营理念要求跨国公司能够时时、事事从全球性的角度进行思考和行动,而不仅仅是在形式上成为跨国公司,其内在本质上还只是一个本土企业,被狭隘的国别意识所限制。跨国培训管理的首要任务就是要帮助跨国公司为真正在全球经营做好准备,通过培训和开发活动使跨国公司的所有员工特别是经理人员认可并形成全球经营的理念。

2. 成为全球学习型组织

跨国公司在全球经营面对诸多复杂的、前所未有的矛盾和冲突,如果只依靠跨国公司本身在母国所积累的知识和经验,很显然是不可能实现在各个不同国家(地区)发展的目标的。跨国公司必须成为真正的全球学习型企业,能够以任何方式,在任何时间、任何地点学习不同的文化、知识,通过不断吸收东道国的知识来实现整个跨国公司组织知识的创新和传播。跨国的培训与开发,一方面能够提升跨国公司员工学习的技能,帮助他们更快速地学习;另一方面,跨国培训本身也是实现知识传播的途径。跨国公司全球学习型组织的建设需要跨国培训与开发的内在贡献。

3. 构建全球管理系统

跨国的培训与开发还需要帮助跨国公司构建起全球一体化的管理系统,实现跨国公司作为灵活性组织对全球业务的及时掌握和调整,保证跨国公司的整个业务体系都能够服从于跨国公司的整体战略目标。跨国的培训管理将促使公司各个地区、各个部门的员工都关注整个全球系统而不是其中一个部分(职能),突破自身组织范围的局限,在更高层面上将自己与跨国公司整体联系在一起。

4. 开发全球领导力

跨国经营对跨国公司人力资源队伍的最大挑战在于获得合格的全球领导者。能够了解多种文化、掌握跨国经营管理技能、拥有丰富的业务经历的人员是跨国公司在全球经营所必需的"指挥官"。但很遗憾的是,这种"指挥官"人才往往是极度稀缺的资源,一般情况下很难通过招聘或者其他手段获得,而且即使能够得到一些人员,但研究和实践都已经表明,对跨国公司组织文化缺乏深刻认同感、对跨国公司所处行业了解不深入的候选者很难真正满足跨国公司的需要。对跨国公司而言,培养合格的领导者的唯一途径就是内部培养和提升。在对可能的潜力候选人进行内部培养的时候,跨国的培训和开发管理自然是最重

要而且也是最有效的环节。

5.促进个人和组织的自我更新

跨国培训与开发活动的最后一个功能就是促进个人和组织的自我更新。跨国培训与开发活动的开展将帮助员工了解和认识自身的发展需要,并通过培训与开发活动提升自身的价值。同样,跨国公司自身作为一个开放系统,培训与开发活动的进行也将带动跨国公司内部系统的互动,并同时推动内部员工的竞争,从而最终达到组织新陈代谢的目的。

正是由于跨国的培训与开发管理对跨国公司有着以上的特殊作用和贡献,所以跨国的培训与开发管理在跨国公司的整体管理体系中有着特殊的作用,在一定程度上超越了简单的跨国人力资源管理的范畴,关系着跨国公司的整体竞争力和长远发展核心。此外,跨国的培训与开发管理紧密联系着跨国公司的知识管理,这些都要求跨国的培训与开发管理必须作为战略推动力量发挥作用。

## (一)培训的内容

外派人员来自母国或者第三国,因此,语言培训成为对其培训的首要内容。对外派人员的语言培训一般在赴任之前,培训内容主要包括提高听说水平、短期内的强化训练等;携带的家属也被列入培训范围。因为外派人员在跨文化环境中工作,所以跨文化适应性的培训也是一个重要环节。它主要包括对外派人员出国前培训、到任后培训和归国前培训、归国后培训等。每一项培训的具体内容见表7-2。

表7-2 跨文化培训类型

| 出国前培训 | 到任后培训 | 归国前培训 | 归国后培训 |
| --- | --- | --- | --- |
| 1.未来的工作环境 | 1.正确对待文化差异 | 1.母公司的管理和技术变化 | 1.回国后如何克服文化差异 |
| 2.公司海外经营战略 | 2.正确处理文化冲突 | 2.新工作环境的特点和内容 | 2.适应人际关系的变化 |
| 3.国际企业管理能力 | 3.公司工作环境和人际关系的处理 | 3.母公司文化介绍 | 3.适应职务的变化 |
| 4.国际金融知识 | 4.工作方法和工作效率 | 4.现有工作的方法和注意事项 | 4.学习新管理技能 |
| 5.公司所在国的生活方式、习俗 | 5.企业文化 | 5.家庭成员回国前准备 | 5.学习新技术 |
| 6.家庭成员出国前准备 | 6.家庭成员适应的困难及解决方案 | | 6.家庭成员的适应性 |

总之,跨文化培训是一个系统的过程,公司人力资源部门需要和公司有关部门就跨文化培训方案达成共识,跨文化培训的四种类型同等重要,共同决定了外派人员能否成功。

## (二)培训的方式

外派人员的培训方法要根据培训内容的不同来选择,通常采取的主要方式有以下四种。

1.文化教育

即请专家以授课的方式介绍东道国的文化内涵与特征,指导他们阅读有关东道国文化的书籍和资料,为他们在新的文化环境中工作和生活提供思想准备。

2.环境模拟

即通过各种手段从不同侧面模拟东道国的文化环境。模拟培训的目的是把在不同环境中工作和生活可能面对的情况和困难展现在学员面前,让他们学会处理这些情况和困难的方法,并有意识地按照东道国的文化特点去思考和行动,提高自己的适应能力。

3. 文化研究

即通过学术研究和文化讨论的形式,组织学员探讨东道国文化的精髓对管理人员的思维过程、管理风格和决策方式的影响。这种培训方式可以促使学员积极探讨东道国的文化,提高他们解决不同文化交融中疑难问题的能力。

4. 组织各种社交活动

让学员和来自东道国的人员有更多的接触和交流机会,更快速地理解东道国的文化。以上主要是针对外派人员在了解东道国的文化方面的培训方式,对外派人员的培训还有很多方面,由于内容和要求的不同,方法也有所不同,见表7-3。

表7-3　外派人员培训方式

| 内容 | 要求 | 方法 |
|---|---|---|
| 东道国信息的一般培训 | 了解一些基本情况 | 讲座、录像、阅读教材 |
| 社会、文化状况 | 了解东道国的价值观、行为准则、语言习惯、宗教特点等 | 讲座、录像、阅读教材、讨论、角色模仿、实地体验 |
| 生活水准及方式 | 基本掌握在东道国生活的本领 | 讲座、录像、阅读教材、角色模仿、情景模拟 |
| 商务经验及技巧 | 熟练使用一些基本的商务习惯及技巧 | 专家讲座、阅读、角色模仿、实验性学习 |

## 三、对东道国管理人员的培训

### (一)培训的内容

随着跨国经营规模的扩大,跨国公司需要越来越多的东道国人员参与管理,因此,对东道国管理人员的培训变得越来越重要。跨国公司对东道国人员的培训侧重于生产技术和管理技能,虽然也有文化敏感性的培训,但一般不是培训的重点。

生产技术的培训,培训的内容侧重于母国跨国公司转移到东道国的技术,培训的对象大多数是生产部门和质量控制部门的管理人员。管理技能的培训,通常按管理的职能进行分类。对销售部门管理人员侧重于营销、分销、广告和市场调查等方面的培训,而对财务部门的管理人员侧重于母国和东道国会计准则的差异、财务报表分析、外汇风险分析等方面。

### (二)培训的途径

对东道国人员的培训途径主要有本地培训和母公司培训。

本地培训是指培训地点在东道国本地,这种途径费用低廉,而且培训数量大、内容广泛、针对性强,是跨国公司的主要培训途径。本地培训在培训内容上可结合公司的实际情况确定。针对普通员工的培训一般是相关技能和生产知识;针对管理人员的培训主要是业

务工作能力、领导力和战略管理能力的培训。

母公司培训包括在母公司的管理部门进行实习工作、参加母公司的各项经营管理会议及回母公司相关部门进行交流学习等方式。本地人员到母公司进行培训不仅可以学习到母公司的先进技术和管理方法，而且可以让本地人员通过亲身工作实践，领悟母公司的企业文化。母公司培训的费用要高于本地培训，但对公司的成长非常重要，也是一种必不可少的培训方式。选择哪一种培训方式主要从三方面考虑：一是战略角度，即公司实行母公司中心战略还是多国中心战略；二是文化差异性角度，即母公司和东道国本地的文化差异性程度；三是培训的内容和条件，因为常规性的培训内容和条件费用较为低廉，而实地考察、创新型的培训内容，则需要昂贵的培训费用。培训计划者要综合考虑这三方面的因素，作出适合东道国人员培训的途径选择。

## 第四节　跨国公司人力资源的绩效管理和薪酬管理

绩效管理是指通过管理者和员工个人的沟通，制订绩效计划、绩效监控、绩效考核、绩效反馈与改进，以促进员工业绩持续提高并最终实现企业目标的一种管理过程。薪酬管理是指一个组织针对所有员工所提供的服务来确定他们应当得到的报酬总额以及报酬结构和报酬形式的一个过程。在这个过程中，企业就薪酬水平、薪酬体系、薪酬结构、薪酬构成以及特殊员工群体的薪酬作出决策。同时，企业还要持续不断地制订薪酬计划，拟定薪酬预算，就薪酬管理问题与员工进行沟通，同时对薪酬体系的有效性作出评价而后不断予以完善。

跨国公司因为要对不同国家和地区的员工进行管理，所以绩效和薪酬管理更为复杂，更具有挑战性。

### 一、跨国人力资源绩效管理

#### (一)绩效管理的过程

绩效管理是一个受多种因素影响的复合体，有效的绩效管理过程一般包括六个步骤。

1. 设定绩效目标

绩效目标的设立，是企业目标、期望和要求的压力传递，同时是牵引员工工作的关键。在跨国公司中，绩效目标的设定，要根据总公司、国外子公司的战略进行，要根据各地不同的经营状况和市场竞争情况进行调整。

2. 制定绩效评估标准

绩效评估标准一般由管理者和员工共同制定，强调的是自我管理。跨国公司在制定绩效评估标准时，需要考虑的因素较多。例如，跨国公司采用转移定价策略，很可能会影响某一子公司的财务报表，这种情况下，子公司在财务方面的结果不能正确反映他对整个公司的贡献，因此，在对该子公司的人员进行绩效评估时，要考虑这种情景因素。

3. 选择绩效评估方法

人员的绩效考评包括上级考评、下级考评、同事考评和客户考评等。对于外派的管理人员，总公司的主管无法看到他们的具体表现，因此，子公司人员的绩效考评一般由子公司自己完成，但这种做法可能会导致子公司经理为提高绩效而作出有损公司长期目标的决

策。目前,大部分驻外人员的考评是由母公司的经理人员进行的。

### 4.绩效辅导

绩效辅导强调员工和经理人员共同参与,从而使他们形成绩效伙伴关系,共同完成绩效过程。绩效辅导阶段主要的工作是持续不断地绩效沟通、收集数据,形成考核的依据。

### 5.绩效考核

在国际人力资源管理中,绩效考评具有一定的特殊性,它一般与薪酬晋升等密切相关。但是国际人力资源管理中绩效考核的目的不仅仅是为员工薪酬调整和晋升提供依据,而且加入了许多新的因素,比如重视个人绩效、团队业务和公司目标的密切结合,将绩效考核作为把相关各方的目的相结合的一个契合点。同时在工作要求和个人能力、个人兴趣和工作重点之间发展最佳的契合点。

### 6.绩效反馈

在最终绩效评价之前,管理人员需要对被考评人员进行反馈。通过结果的反馈,使员工接受评价结果,并找出不足,改善自己的绩效。在跨国公司中,外派人员与上级主管的绩效反馈活动尤为重要。

## (二)影响绩效管理的因素

跨国公司在国际上的特殊地位决定了其绩效管理要受到诸多因素的影响,主要是文化差异、国际环境的变化、时空差异、整体与局部的关系、数据的不可比性所带来的不便以及不同成长期的绩效差异问题的困扰。

### 1.文化差异

跨国公司与国外子公司的不同主要来自民族文化的差异。跨国公司的绩效管理面对的是不同民族、不同文化类型、不同文化发展阶段的所有员工。绩效管理既要考虑到总公司的经营战略、管理理念、价值取向,又要考虑到子公司所处国家和地区的不同风俗习惯、价值观念、宗教信仰等方面的差异,从而在母国文化、东道国文化和第三国文化之间进行选择和取舍,形成一种平衡的、适宜的管理体系。

### 2.时空差异

因为公司间距离的远近、时空的差异、公司总部的负责人与公司管理层联系的多少以及报告的系统成本等因素,使对跨国公司和子公司活动一致性的判断进一步复杂化。这就需要总公司的管理人员全面了解各地分公司的情况,在设定跨国绩效管理时,考虑到子公司的特定因素。另外,由于时空的差异往往导致跨国公司绩效管理的孤立性,从而使不同分公司的绩效具有不可比性。

### 3.整体与局部的关系

跨国公司作为一个经济实体,在各个国家同时面对不同的经营环境,必须协调各种关系,综合考虑公司的整体利益。跨国公司为了整个公司的利益和必要的控制,有时会牺牲子公司的短期利益,这显然与子公司的目标不相一致。所以,从全球发展战略来看,对子公司的绩效考评不能仅通过数据得出结果,还要考虑子公司对整个公司的贡献因素。

### 4.市场发展程度的差异

世界各国的经济发展极不均衡,市场发展也存在较大的差异性。总的来说,发达国家的市场体制较为健全,而发展中国家机制还不太健全。这就给跨国公司的管理带来了很大的困难。总公司在绩效管理时要考虑子公司所在地的市场状况,评估海外人员的绩效时,

要考虑到这种限制因素。

## 二、跨国公司人力资源薪酬管理

严格薪酬管理以控制企业经营成本,调动薪酬杠杆以激励员工提升价值创造,薪酬管理对现代企业而言是一把锋利的双刃剑。跨国公司的人力资源管理部门对此更是"既爱又恨",强有力的薪酬政策是跨国公司实现整体一体化的有效控制手段,复杂的薪酬政策取向也严重加剧了跨国公司人力资源管理部门的工作负担和难度。但无论如何,跨国的薪酬管理都是跨国公司不可回避的重大管理事项,是跨国人力资源管理需要严肃对待的课题。

### (一)跨国薪酬管理的挑战

正如任何组织从一开始运作就不可避免地要给员工报酬,跨国公司自从迈出母国国门开始就面临着跨国薪酬管理的挑战。跨国薪酬管理不仅仅涉及如何给企业的员工以薪酬回报,更重要的是跨国公司如何站在整个组织的立场从宏观层面使用薪酬政策作为控制和调动整个组织运作的利器。在20世纪后期,跨国薪酬管理的挑战更是随着跨国公司在全球的兴起和影响的扩大而更加突显,并且造成这种挑战的原因更加复杂(Harvey,1993)。

#### 1. 薪酬支付的国别差异

薪酬管理的基础理论指出,薪酬体系设计的一个重要原则是要保证薪酬在组织内部和外部的公平。如果是一个只在本土范围内经营的企业,这一原则还比较容易遵守。但对全球经营的跨国公司来说,要做到这一基本原则就面临着巨大困难,核心原因就是跨国公司复杂的人员组成。除母公司外,跨国公司在国外的分支机构由三种不同来源的人员组成:外派人员、第三国雇员和当地雇员。跨国公司现行的对这三类人员支付不同薪酬的实践正在使薪酬的公平原则受到质疑和挑战。

以上三类人员在薪酬体系上的主要差别在于:①海外任职奖励(Overseas Premium);②住房津贴;③生活成本津贴(COLA,Cost-Of-Living Allowance);④税务平衡(Tax Equation);⑤回遣津贴;⑥绩效奖金。当地雇员不但总体获得的薪酬报偿最少,而且享有的薪酬计划中的要素最少。以上的6个项目,当地雇员基本上都不能享受。所以以上项目的差异主要存在于外派人员和第三国雇员之间。从任职资格的角度分析,应该说同样专业的外派人员和第三国员工应当获得同样的薪酬,但实际上第三国雇员得到的薪酬要比外派人员少。通常情况下,第三国雇员可能会得到很高的基本工资,这是出于吸引他们到国外任职的需要,但生活成本津贴、税务平衡、回遣津贴、绩效奖金这些项目第三国雇员就无法享有。对于这种安排,很多跨国公司的人力资源经理的解释是外派人员有原来在公司的地位、资历和绩效基础,要让他们接受外派到其他国家任职必须要尊重他们的这些基础,需要通过薪酬方式表示出对他们的重视。很多跨国公司的人力资源经理也提出如果第三国雇员服务的国家(地区)与他们自己国家的文化差别不大的时候,第三国雇员不需要更多的时间和精力来适应文化,而外派人员通常需要很长的时间和精力来适应新的环境,所以给予专门的薪酬报偿也是合理的。因此从薪酬总额上比较,当地雇员得到的报酬最少,第三国雇员次之,而外派雇员的薪酬最高,并且外派人员享受的福利也是最多的(Crandall,Phelps;1991)。这些薪酬差距非常明显,企业员工也很容易知晓,结果就造成三类员工之间的巨大不公平感,并进而造成情感挫伤,当地员工或者第三国员工都很可能选择消极地降低个人绩效、离职或者主动的反对来作为对这种不公平政策的反应。通过给予不同来源的人员以

不同的薪酬虽然有效地控制了人工成本,但却损害了薪酬的激励功能。

2. 家庭生命周期的影响

作为社会结构的组成部分,组织中的员工都是作为家庭成员的形式存在的,而且绝大多数是以家庭核心成员的形式存在的,也就是说他们是家庭经济收入的主要来源,需要对整个家庭的生活负责。因此,跨国公司的人力资源经理指出家庭单元的成熟和变化会使得家庭整体的财务需求更加复杂,企业给予员工的薪酬项目需要随着家庭生命周期(Family Life Cycle)而变动,以挽留和激励员工。

家庭生命周期可以分为:①单身阶段;②已婚但没有子女阶段;③已婚且有子女阶段;④空巢(Empty Nesters)阶段。但跨国公司就家庭生命周期对员工薪酬影响的处理是不同的。通常情况下,跨国公司认为家庭生命周期对当地雇员的影响很小,所以在薪酬计划中几乎没有对此有专门的考虑和设计。类似地,对第三国雇员,跨国公司也认为依据劳动力市场价格确定的薪酬已经体现了第三国雇员的价值,或者说认为对第三国雇员家庭的考虑已经基本上被包含在支付薪酬中了,所以对第三国雇员也通常没有专门的薪酬安排。

可以说,现在跨国公司中主要关注的还是外派人员家庭生命周期变化及其薪酬安排的关系(Burgert,1990)。当外派人员尚处在单身阶段的时候,跨国公司薪酬管理的主目的在于促进员工接受外派安排,保证他们的收入不低于在本土任职的水平,所以主要注意的是税务平衡和艰苦补贴。当外派人员已婚但没有子女时,其家庭开始需要支出,所以这个阶段需要注意的是外派人员的基本工资和生活成本津贴能否满足其家庭开支的需要。而当外派人员已婚且有了子女后,要让他们接受外派必须给予他们足够的补偿以弥补子女跟随外派所需要的开支,艰苦补贴和生活成本津贴就非常重要。如果子女已经长大成人离开了外派人员,外派人员处于"空巢"阶段的时候,由于外派人员通常已经进入人生的中晚年,追求有层次的生活再次成为他们的需求,工资和生活成本津贴也再次成为他们"薪酬包裹"的重点关注内容。外派人员这种由于家庭生命周期变化而形成的薪酬需求差异看似简单,但实际上由于这种需求个性化特征非常明显而且延续时间很长,使得跨国人力资源管理部门的薪酬计划设计和执行工作难度实际上非常之大。

3. 人员流动的影响

跨国公司内部人员的流动相对于只在本土经营的企业肯定是更加剧烈的,不仅仅牵涉到本土员工的外派和回遣,还涉及第三国雇员和东道国雇员在公司各个国家业务单位的流动,这种复杂的人员流动使跨国薪酬管理更加复杂化(Napier, Peterson;1991)。

外派人员被外派到其他国家,特别是欠发达国家和发展中国家时,他们通常都能享有比在本土更好的工资报酬和福利。比如他们会享有大量的各种津贴,如住房津贴、子女教育津贴等,公司可能会为他们安排高档住宅、司机、家佣等,这些都是他们在母国作为雇员所根本不能享受的。但是一旦外派任职结束回到母国,为了维持与本土员工的平等,外派人员所享有的很多福利,如生活成本津贴、税务平衡和艰苦补贴都将消失,他们可能会感觉失落,还会影响他们的家庭,从而造成员工最终的不稳定(Black,1992)。调查显示,跨国公司的人力资源经理最担忧的就是处理外派人员的外派津贴和艰苦补贴的问题。

对外派人员薪酬的专题调查还发现,被回遣的高层经理的基本薪酬通常会被提高,因为通常他们在回遣后的职位被提升了。形成鲜明对比的是,当外派的中层经理人被再次调配到其他国家时,只有部分人员的基本薪酬发生了变化,绝大多数并不能因为调职而在薪酬上受益。这种措施虽然保证了跨国公司的薪酬成本控制,"按市场价格办",但在一定程

度上打击了这些中层外派人员的外派积极性。

第三国雇员在从一个国家调配到其他国家时,他们的薪酬一般会发生变化,因为他们是按照市场来计价的。特别的是当东道国雇员在公司内部调动的时候,比如调配到母公司总部任职以提升个人能力,他们却没有得到薪酬上的显著提升。跨国公司人力资源管理部门的解释是他们是公司的内部员工,他们在成长中已经获得了跨国公司的大量投入,而且他们中的很多人还要再次回到原来的国家任职,如果提高薪酬则不利于将来的薪酬成本控制。这种人力资源开发和薪酬成本控制之间的矛盾更清晰地展现了各国薪酬管理的困难。

4."历史"问题的影响

跨国公司在国外的经营活动开展是一个动态变化的过程,其管理体系包括薪酬管理体系也很难简单地固化,而必须不断地改变。调查显示,跨国公司的人力资源经理普遍感觉企业需要对公司的薪酬体系进行变革。带来这种变革需求的主要原因包括:①薪酬体系缺乏支持,跨国公司的发展没有提供足够的资源支持薪酬体系的作用发挥;②跨国派遣的员工的人数的增加,特别对跨国经历少于5年的企业,这些企业普遍出现了外派员工需求快速增长的情况,而原来的薪酬体系没有考虑到大规模外派人员的薪酬管理;③东道国雇员和第三国雇员的增加,随着跨国公司海外经营历史的增长跨国公司所需要的员工也越来越多,大量东道国雇员和第三国雇员的增加使原有的薪酬体系不能发挥作用;④外派复杂性的增加和员工队伍多元化的组成,随着跨国公司进入更多新的市场,经济、文化、社会背景更加复杂的人力资源队伍产生了协调内部一致性的需求(Gomez-Mejia, Wilbourne;1991);⑤收购带来的问题,通过收购进入新的市场或者扩大市场规模是跨国公司经常采用的市场开拓策略,但收购后企业薪酬体系的重新梳理却是困难重重。以上这些因素还随着时间的变化而变化,如外派人员随着跨国公司的发展而减少,但当地雇员和第三国雇员却在增加,人力资源队伍呈现动态化变动的趋势。跨国公司中负责薪酬管理的专业人员总是处在"历史问题"和"时代发展"的双重困境中。

正是跨国公司企业经营范围的宽广带来了其人力资源队伍及管理的复杂化,从而使得跨国公司薪酬管理体系遇到了诸多挑战。与传统的薪酬管理相比较,跨国的薪酬管理显然更加复杂、更加繁重,跨国公司的人力资源管理部门甚至是企业的高层管理团队不得不在此上投入更多的时间、精力与金钱,以保障薪酬管理的控制和激励能力可以在全球的经营环境下同时发挥有效作用。

(二)国际薪酬管理计划

对于外籍员工的薪酬计划设计应从以下几个部分加以考虑。

1.基本工资

外籍员工的基本工资通常以在母国做同样工作所得的报酬水平为依据。基本工资一般由工作评价或能力评估计划来决定,采用国际职位评估体系评估公司全球的职位,对国际雇员进行评估,使在全球不同地方做相同工作的员工价值具有可比性。除了以母国基本工资水平做参照外,还可以根据跨国公司总部的基本工资水平或东道同的工资水平来设定跨国公司给予外籍员工的基本工资。基本工资可以是年薪制也可以是月薪制,主要取决于录用合同是如何规定的。

2.固定奖金

固定奖金是每年奖金的固定部分。固定奖金一般在年终发放,发放的数额可以是相当

于几个月的基本工资,或者是年薪的一定百分比。

3. 现金津贴

现金津贴包括生活成本津贴、驻外服务津贴、困难津贴和综合津贴。生活成本津贴,用于补贴外籍员工母国与工作所在地生活用品与服务成本上的差别。生活成本津贴一般要通过参照统计数据或使用计算工具而得出,比较常用的指数或工具包括 ORC 统计数据、AIRINC 数据、ECA 数据、汇率和通货膨胀率等。

驻外服务津贴被作为一种对员工承担外派任务的激励和到一个新商业环境承担风险的奖励。大多数公司根据基本工资的百分比来支付驻外服务津贴。此外,驻外服务津贴还用来补偿外籍员工的配偶伴随员工来东道国时可能丧失的工作收入。困难津贴用于对外籍员工去偏远艰苦的地方生活与工作的补偿,通常随着工作地点的不同而不同。该项津贴在跨国公司来中国开发的早期使用较多,现在该项津贴的使用率正逐步降低。综合津贴没有明确指明津贴的用处,是为了达到补偿外籍员工到国外生活与工作的一个综合性的目标。现金奖励或现金津贴可以每月按时在付薪日支付,也可以一次性付清。

4. 绩效奖励

绩效奖励属于浮动薪酬或可变薪酬。绩效奖励需要根据企业对于员工绩效评估的结果来确定。企业的绩效评估或关注个人业绩或关注团队业绩,也有与企业的整体业绩相关联的。这取决于企业的具体情况。

绩效奖励还可以分为短期的激励计划与长期的激励计划。两种计划都能分别参照母国的激励计划体系、全球体系、地区计划体系、所在国当地的激励计划体系,或者是某个业务单元的激励计划体系。业务单元的激励计划体系在一些大型的以多业务为经营范围的大型跨国公司中比较多见,由于在整个集团内部执行同样的激励方案不太可行,而且各个业务单元的经营目标不同,所以可以考虑分成不同的业务单元执行各自的激励计划。

短期绩效奖励一般以绩效奖金的方式发给员工,而长期的奖励计划有留用奖金计划、公司储蓄计划和公司股权激励计划等形式。常见的是股权激励计划,它分为股票期权或购买权计划、股票奖励计划和股票增值权计划。股票期权或购买权计划是指跨国公司准予员工在一定的时间以一定的较低的价格购买股票的计划;股票奖励是给予员工实际的股票作为奖励,员工在任何时候出售股权都能获取一定的收入;股票增值权计划是给予员工获取股票溢价的权利,虽然不能获得实际股票,但是员工可以获得股票增值所带来的差额收入。

5. 福利

目前各国在福利方面存在的差异较大,一般都包括养老金计划、医疗保险和社会保险。但这些福利在具体实施中十分困难,公司要考虑是否让驻外人员继续享受母国的福利计划。因为通常情况下,跨国公司为母国人员提供的福利比其他国人员的要好,如果把跨国公司雇员的福利水平提高到母国的水平,必然导致公司成本的增加。

## 【本章小结】

本章主要介绍了跨国人力资源管理的过程,包括基本概述、选拔录用、培训开发、绩效管理、薪酬管理。其中,概述包括跨国人力资源管理的定义、特点和典型模式;选拔录用包括选择标准、人员外派的过程;培训开发分为对外派人员的培训和对本国人员的培训;薪酬管理包括国际薪酬体系和对薪酬的影响因素;关于绩效管理介绍了绩效管理的过程和影响绩效管理的因素。

**【思考题】**

1. 什么跨国公司人力资源管理？
2. 跨国人力资源管理有哪些特点？
3. 简述跨国公司人力资源管理的典型模式。
4. 简述民族中心法。
5. 简述多中心法。
6. 简述地区中心法。
7. 简述全球中心法。
8. 试述跨国管理人员应该具备的素质和能力。
9. 简述跨国公司人员外派过程。
10. 简述外派人员应具备的素质。
11. 试述对外派管理人员和对东道国管理人员培训的内容和方式。
12. 简述跨国人力资源绩效管理的过程。
13. 影响跨国人力资源绩效管理的因素有哪些？
14. 跨国人力资源薪酬管理面临哪些挑战？
15. 对于外籍员工的薪酬计划设计应考虑哪些因素？

**【课外阅读】**

### 华为"知识型员工"的人力资本增值

20年来，华为在人力资本上的持续投入相当惊人，仅公司培训中心的硬件投资就近10亿元，而国际上排名前十位的人力资源管理咨询公司，华为五年内就先后请了三家。华为之所以能在人力资本上高投入，是因为它所获得的高利润足以支撑这个政策。其实，任正非早在《基本法》中就已经明确："人力资本增值的目标优先于财务资本增值的目标。"事实上，华为即使在当年盈利状况不佳的时候，也始终坚持这个原则立场。

与国内企业相比，华为在人力资源管理上最具特色的是股权激励和任职资格体系。华为员工的薪酬包括工资、奖金、股权或期权、福利四个部分。一般国内企业主要关注工资和奖金这种短期激励方式。事实上，对知识型企业的核心人才而言，股权或期权的长效激励是最不可或缺的。采取长效激励的依据之一是"利益共同体"。由于管理层及核心员工与股东的利益不完全一致，会产生高额的代理成本，如果股东拿出一部分股权使双方形成利益捆绑，看起来是减少了股东利益，但最后换来的是一起把"饼"做大之后股东收益的更大化。采取长效激励的依据之二是"知识资本化"。过去只认财务资本创造价值，现在人力资本(知识资本)与财务资本共同创造价值的观念已经得到普遍认同。华为以虚拟股权的方式，让骨干员工都成为企业的虚拟股东，在维持原始股东基本地位的同时，实现了知识的资本化，从而极大地调动了员工的积极性和创造性。

单依靠物质激励还不行，如任正非所说："我们要用物质文明来巩固精神文明，用精神文明来带动物质文明。"国内企业最常用的非物质激励手段就是举办各类丰富多彩的集体活动，或者采取尊重、信任员工等人性化的管理手段，但只有这些还远远不够。根据马斯洛的需求层次论，只有为员工提供良好的职业发展通道和成长空间，才能满足知识型员工内在的深层次的需求。在这方面，华为的任职资格体系就起到了非常关键的作用。

　　从华为的实施效果来看,任职资格体系的推行产生了重要作用。第一,它对于人才选拔,建立了明确的行为评判标准,任职资格体系成为"竞聘上岗"的主要依据;第二,它给员工开辟了多条职业发展通道,有利于员工实现"与企业共同发展"的价值追求;第三是胜任力培养,通过资格认证,将员工的能力与标准进行比较,从中发现差距,从而进行系统的、有针对性的培养;第四是为建立基于能力的薪酬体系打下了基础。另外,任职资格体系的建立,可以产生"人才竞争"的作用。"物以类聚,人以群分",通过"看得见"的能力标尺,让员工感觉到能力"不进则退"的压力,从而激发出内在强烈的自我学习的动力。

　　2008年1月1日开始实施的《劳动合同法》,其主要意图是强化对"弱势群体"员工的利益保护,但在短期内也会增加企业可见的劳动用工成本。虽然《劳动合同法》的有效实施尚需时日,但它将从法律上推动企业从"人工成本"模式向"人力资本"模式转变,其直接作用就是促进企业通过培养和有效激励等增加人力资本投入的方式,提高企业员工的人均产出,将企业成本的增加在企业效益更大的增加中去化解。这样一来,伴随着中国企业盈利压力的增大,企业对员工能力提升,即人力资本增值的要求会更加迫切。可以预言,越是重视员工能力发展的企业,就越会看到更加光明的发展前景。

# 第八章 跨国公司的跨国并购

## 【学习目标】

1. 掌握跨国并购的含义及类型。
2. 理解跨国并购理论及动因。
3. 掌握跨国并购的特点。

## 第一节 跨国并购概述

### 一、跨国并购的含义

跨国并购(Cross-border Mergers and Acquisitions)是跨国兼并和跨国收购的总称,是指一国企业(又称并购企业)为了达到某种目标,通过一定的渠道和支付手段,将另一国企业(又称目标企业)的所有资产或足以行使经营控制权的股份收买下来。其中,跨国兼并是指在当地或国外企业的资产或运营活动被融入一个新的实体或并入已经存在的企业;跨国收购是指在已经存在的当地和外国附属企业获得占有控制权的份额。跨国兼并的结果是两个或两个以上的法人合并为一个法人,而跨国收购的最终结果不是改变法人的数量,而是改变被收购企业的产权归属或经营管理权归属。不同类型的跨国并购的结构如图 8 – 1 所示。

具体来说,跨国兼并又又分为跨国合并和跨国吸收兼并两种类型。跨国合并(Cross – border Consolidation)又叫跨国平等合并,是指两个公司并为一体,并购后,双方的法律实体地位都不存在,而是以新的名称取而代之。该种方式的并购一般采用换股收购的方式进行。如1998 年,德国的戴姆勒 – 奔驰汽车公司和美国的克莱斯勒汽车公司实现平等并购后,双方的法律实体地位都不存在了,合并后的公司名称为戴姆勒 – 克莱斯勒公司。该种形式的合并多出现在双方规模大且实力相当的两家公司中。跨国吸收兼并则是兼并方公司兼并了被并方公司,从而使被并方公司实质上丧失了法律上的实体地位,而成为兼并方的一个分公司。这种兼并方式多出现在实力相差悬殊的公司之间的并购交易中,如1999 年日本烟草公司兼并雷诺国际等。

跨国收购是指在已经存在的当地和外国附属企业获得占有控制权的份额。跨国收购包括收购东道国的外国附属企业和收购东道国的本地企业。前者是指在已经存在的外国合资企业中,外方的母公司通过增加资本来缩减另一方的股权比例,从而获得更大的控制权;后者则通过购买股权的方式收购当地的私人企业,有时是一些私有化项目或已经国有化的项目。

对跨国收购来说,获得部分的控制权也可以说是获得了控制权,因此有时获得了 10% 以上的股权就被认为是跨国收购,这正符合联合国关于跨国并购的解释。

联合国贸易与发展会议(UNCTAD)关于跨国并购是这样定义的,跨国并购包括:①外国企业与境内企业合并;② 收购境内企业的股权达 10% 以上,使境内企业的资产和控制权转

移到外国企业。

跨国并购是跨国公司全球化发展的最高层次活动,是跨国公司实现企业外部经营内部化的一种基本方式,是企业国际化经营的一种有效手段。随着跨国公司的迅猛发展,跨国并购日益成为跨国公司向国外发展的重要形式,并成为全球外国直接投资的主要推动力量。

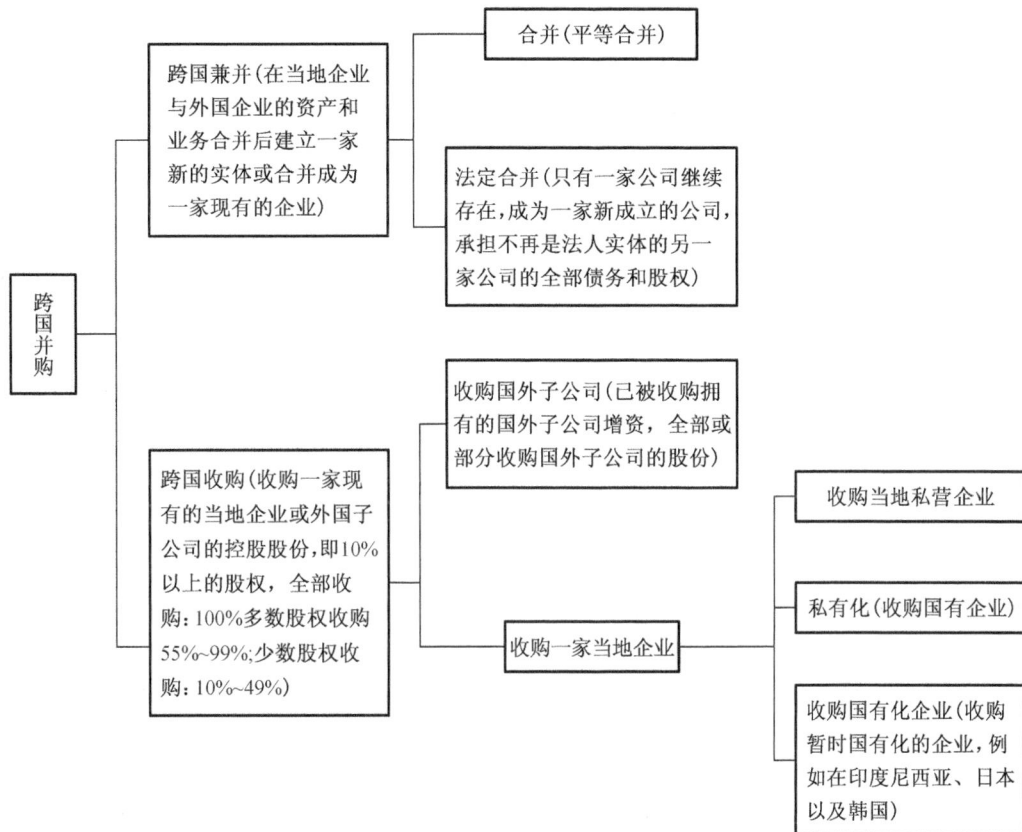

图 8-1 跨国公司并购示意图

## 二、跨国并购的历史演进

美国著名经济学家施蒂格勒(G. J. Stigler)经过研究认为:没有一个美国大公司不是通过某种程度、某种方式的兼并而成长起来的,几乎没有一家大公司是主要靠内部扩张成长起来的。从19世纪至今,世界范围内的跨国并购集中反映在美国企业的五次并购浪潮,每一次企业并购都有不同的特点。

1. 第一次企业并购浪潮

第一次并购浪潮发生在19世纪末至20世纪初,其中1897—1903年为高峰时期。18世纪,以蒸汽机和各种机器发明创造为代表的产业革命使世界进入了大机器工业时代。到19世纪下半叶,电力的发明及其广泛使用使人类进入了电气时代。先进的机器设备和社会化大生产的发展,要求集中化的大资本。单靠个别企业内部的资本积累,已无法满足当时社会化生产发展的要求。正如马克思所说,假如必须等待积累去使某些单个资本增长到能够修建铁路的程度,那么恐怕直到今天世界上还没有铁路。

1897—1903 年的 7 年间,美国共发生并购案 2 864 起。美国钢铁公司、美国美孚石油公司、美国烟草公司、美国橡胶公司等一大批企业就是在这个时期产生和发展起来的。第一次并购浪潮以横向并购为主。

2. 第二次企业并购浪潮

第二次企业并购浪潮发生于 20 世纪 20 年代,其中以经济大危机的 1929 年为高潮。1919—1930 年,美国并购企业近 12 000 家。

这一阶段的企业并购主要是产品处于两个相邻生产阶段上的企业的重组。参与纵向并购的企业数量占全部并购企业数量 75% 以上。纵向并购使得同行业多家企业都在同时进行向前向后的结合。企业并购使一些行业,特别是汽车制造业、石油工业、冶金工业和食品加工业完成了集中过程。

3. 第三次企业并购浪潮

在第二次并购浪潮后的 20 多年里,由于第二次世界大战的爆发和战后世界经济处于低谷阶段,企业并购速度放缓,直到 20 世纪 40 年代末,情况才有所改变。第三次企业并购浪潮发生于 1948—1970 年,其中以 20 世纪 60 年代后期为高潮。并购主要发生在金融、保险、食品医药、通信、服务等行业。

这次并购特点:一是并购形式以混合并购为主。通过跨部门和跨行业的混合并购,美国出现了一批多元化经营的大型企业,如美国可口可乐公司等;二是这次企业并购除了"大鱼吃小鱼",更多地出现了"大鱼吃大鱼"的情况;三是出现了跨国并购。

4. 第四次企业并购浪潮

第四次企业并购浪潮发生在 1975—1990 年,其中以 1985 年为高潮。这次并购的特点之一是并购方式多样化,方式不断创新,出现了杠杆收购(LBO)、管理层收购(MBO)等并购形式。特点之二是出现了"小鱼吃大鱼"的并购方式。如 1985 年,经营超级市场和杂货店、年销售额仅 3 亿美元的潘瑞情·普莱得公司借债 17.6 亿美元,并购了经营药品和化妆品、年销售额达 24 亿美元的雷夫隆公司。"小鱼吃大鱼"现象的出现与并购方式的创新密切相关。借债收购成为一些企业并购的重要策略。据估算,在 20 世纪 80 年代并购浪潮中,企业并购资金 90% 是借入资金。特点之三是跨国间的企业并购成为跨国公司对外直接投资的主要方向。

5. 第五次企业并购浪潮

第五次企业并购浪潮从 1994 年开始持续至今,是西方国家历史上最大的一次并购浪潮,并购主要发生在网络、生物、通信、传媒等高科技产业。2000 年,全球并购总额达到了 3.4 万亿美元,其中跨国并购额超过了 1.14 万亿美元。2001 年以来,全球跨国并购的扩张势头有所减弱。2004 年,随着世界经济的复苏,全球跨国并购出现恢复性增长的势头。

第五次企业并购的特点之一是跨国并购数量和交易额出现双高。超百亿美元、上千亿美元的并购案时有发生。1987 年,超过 10 亿美元的跨国并购仅有 14 件,并购金额占跨国并购总额的比重为 40.3%。2000 年,超过 10 亿美元的跨国并购为 113 件,并购金额占跨国并购金额的比重为 75.7%。特点之二是"强强联合",并购基本上都是各行业巨型航母之间的整合。以汽车行业的并购为例,发生了戴姆勒－奔驰并购克莱斯勒、福特并购沃尔沃、雷诺并购日产、通用并购菲亚特、戴姆勒－奔驰并购三菱、通用并购大宇等重大并购事件。这些并购带动了汽车行业的全球重组,使全球汽车行业的市场集中度大幅度提高。1999 年,世界十大汽车制造商的全球市场份额达到了 80%,比 20 世纪 80 年代提高了 20%。特点之

三是发展中国家的跨国并购增长迅速。进入新世纪,虽然跨国并购仍然主要发生在发达国家之间,但发展中国家的跨国并购额占全球跨国并购总额的比重有所增加,2004年,发展中国家跨国并购额占全球跨国并购总额的比重为10.7%,比2000年高5.8%。

### 三、跨国并购的特征

实施跨国并购,可以利用各方的互补性资源,减少研发领域的重复投资,通过管理和财务的协同效应获得战略优势,能够有效地降低进入新行业的壁垒,大幅降低企业发展中的风险和成本,并充分利用被并购企业原有的销售网络,迅速占领东道国市场。20世纪80年代中期以来,跨国并购呈现出如下一些特征。

1. 并购企业以美、欧等发达国家为主

联合国贸发会议(UNCTAD)的研究结果表明,1987—1999年的13年中,发达国家的跨国并购价值以年均20%的速度增长。在此期间,发达国家在世界跨国并购中所占比重从未低于77%,在20世纪80年代后期曾达到98%的最高值。

美国一直是全球跨国并购的主导力量,美国跨国公司的兼并与收购活动无论从数量上还是从金额上,都占世界兼并总额的半数以上。从20世纪80年代初期开始,在美国的外国子公司的并购支出占其在美投资总额中的比重就逐渐升高,1999年美国企业为收购外国企业支出了1 120亿美元;2000年,美国的跨国并购外资总额达3 244亿美元。与欧盟的跨国并购表现不同,美国企业跨国收购的超过10%涉及发展中国家企业;而且美国参与全球跨国并购的另一个显著特点是,外国企业并购美国企业的数量大于美国企业并购外国企业的数量。因此多年来,美国一直是世界上吸引并购外资最多的国家。

欧盟在跨国并购出售中所占比重增长迅速,从1987年的不足20%攀升至1992年统一大市场形成时的大约65%,并从那时起一直保持在50%左右的水平。2000年欧盟的跨国并购购买额达5 865亿美元,比1999年增长了177%,约占世界跨国并购总额的51.2%。和美国的跨国并购不同的是,欧盟的跨国并购常常以美国企业为目标,其次是欧盟内部的企业。特别是近年来,欧盟对收购美国企业表现得更加积极,其在美国跨国收购中所占的比重已由20世纪90年代中期的不足50%上升至2000年的90%。

与此同时,发展中国家却处于全球跨国并购的配角地位。在20世纪20年代中期以前,发展中国家每年在世界跨国并购价值中所占比重均不足10%。并购交易数量方面有所增长,发展中国家所占的比重从1987年的5%提高到2005年的17%左右;并购金额方面,发展中国家所占的比重由1987年的4%上升到2005年的13%。

2. 现金交易在跨国并购中仍占据主要地位,但换股方式发展迅速

现金交易一直是跨国并购交易的主要方式。1997年前,采用现金交易方式的跨国并购项目数和金额均在90%以上。此后,97%以上的跨国兼并项目虽然仍采用现金交易方式,但交易值却不断下降。据UNCTAD资料显示,1997年现金交易值占跨国并购总金额的89.4%,1998年降为73.5%,1999年却只有63.7%。出现明显下降的主要原因是:跨国并购规模的急剧扩大使得现金支付发生实际困难;另外是随着金融服务自由化的发展,使得股票互换等一些新的并购方式得以发展。

股票互换是指并购方采用增发新股的形式换取被并购企业的旧股。和现金并购方式相比,换股方式不涉及巨额现金的国际流动,可节约交易成本,并且不会对一国的国际收支造成冲击,因此日益成为大型跨国并购主要融资方式之一。据统计,1990年换股交易在全

球跨国并购总金额中占 1/4,到 1998 年已占到 2/3 以上。

3.跨国并购的部门和行业越来越集中

按行业分类,跨国并购交易的变动呈现出明显的特征,即第三产业的并购呈增长态势,第二产业的比重趋于下降,而第一产业所占比重较小。1999 年全球跨国并购交易总额中,初级产业、制造业和服务业三个部门分别占 1.3% ,38.2%和 60.5%

三大产业中各行业发展也十分不均衡。制造业中跨并购水平最高的两个行业及其比重分别是:化学和化学制品占全球跨国并购交易总额的 12%,电气与电子设备占 5.3%,石油产品业占 4.1%;在服务业领先的三个行业是电信、金融和商业服务业,分别占全球跨国并购总额的 23.3% ,15.5%和 6.6%,上述 6 个行业合计占总额的 66.8%。可以看出,跨国并购的部门和行业变得越来越集中。

4.横向并购的比重不断增加,成为跨国并购的主流

近年来,横向并购的重要性不断提高,成为跨国并购的主要形式(将在下一节介绍横向并购、纵向并购和混合并购的概念)。1999 年,跨国并购价值的 70%是横向并购,而在 1989 年这一比重仅不足 60%。纵向并购自 20 世纪 90 年代中期以来一直增长,但比重仍低于 10%。在 20 世纪 80 年代末期的并购高潮中,混合并购较为普遍,但由于企业越来越倾向于关注核心业务以应付日益激烈的国际竞争,其重要性已经降低。混合并购已从 1991 年的 42%降至 1999 年的 27%。

## 四、跨国并购的类型

企业之间的跨国并购往往出于不同的动因,有的是为了增强企业的市场势力,有的是为了降低交易成本,有的则是为了实现多样化经营。出于不同的并购动机,跨国并购的方式也有所不同。根据不同的划分方式,跨国并购有不同的类型。

### (一)按并购双方从事业务的关联程度划分

按并购方和被并购方所从事业务的关联程度来划分,跨国并购相应地分为横向并购、纵向并购和混合并购三类。

1.横向并购

横向并购(Horizontal M&A)又称水平式并购,是指处于同一行业内的企业间的并购活动。跨国公司的横向并购是指生产相同或类似产品的不同国家厂商之间的兼并收购。横向并购是最基本的并购类型,在并购案例中占有很大比重。通过资源整合,进行合并的企业旨在获得协同效果,有时是为了获得利润最大化,有时则是为了增强市场势力以最大限度地提高其长远获利能力。

横向并购多发生在汽车制造、制药、石油等行业,并发展到一些服务业。横向并购能够提高市场集中度,而市场的适度集中有利于企业发挥规模经济的作用,但是过度的集中又会产生企业垄断进而制约竞争。因此,在一些国家,横向并购被认为是削弱竞争的一种市场行为而受到关注和限制。

横向并购的目的是为了迅速扩大生产经营规模、提高规模效益和市场占有率。但从福利经济学的角度讲:一方面,横向并购扩大了企业生产规模,降低了单位产品成本,提高了效率,形成了规模经济;另一方面,横向并购形成卖方集中,增加了卖方施加市场势力的机会,造成了一定程度的垄断,导致福利损失。

2. 纵向并购

纵向并购(Vertical M&A)又称垂直式并购,是指企业与供应厂商或客户的合并,即优势企业将同本企业生产紧密相关的生产、营销企业并购过来,以形成纵向生产一体化。换句话说,跨国公司的纵向并购是两个以上国家(地区)生产同一或相似产品但又各自处于不同生产阶段企业之间的并购活动。

企业进行跨国纵向并购的主要目的是:寻求降低生产链前向和后向关联的不确定性与交易成本以及获得规模经济的收益。

一般来说,企业通过纵向并购可获得如下收益:①降低企业的交易成本;②增强企业的垄断力量;③确保投入品的稳定供应;④可将外部经济内部化从而纠正因外部性引起的市场失灵;⑤处于市场垄断势力被动位置的企业通过纵向一体化来抵消垄断势力。

当然,企业通过纵向一体化也可能承担如下成本:①并购后带来的企业规模扩大,管理的难度和成本都将增大;②企业在进行纵向一体化的过程中要花费大量的费用。

3. 混合并购

混合并购(Conglomerate M&A)又称复合式并购,是指从事不相关业务类型的企业间的并购。换言之,进行混合并购的双方企业处于不同的产业部门,且这些产业部门的产品没有密切的替代关系,并购双方企业也没有显著的投入产出关系。

混合并购的主要目的是寻求业务多元化,或分散风险,或深化规模经济。根据企业关联度的不同,混合并购分为:

(1)产品扩张型并购。产品扩张型并购是指具有相关生产的企业之间的并购,其作用是拓宽企业的生产线。

(2)市场扩张型并购。市场扩张型并购是指在不重叠的地理区域上从事经营活动的企业之间的并购。

(3)纯粹混合并购。纯粹混合并购是指所涉及的并购企业之间没有任何生产或经营上的联系。

## (二)按并购的支付方式划分

按照并购的支付方式,可将跨国并购分为现金并购、股票并购和其他方式并购。

1. 现金并购

现金并购是指以现金(包括票据)作为支付方式进行的并购。现金并购的购买方一旦支付了议定的现金后即取得目标公司的所有权,而目标公司的股东一旦得到其所持有股份的现金,就失去原公司的所有权。具体来讲,现金并购又可以分为现金购买资产(Cash for Assets)和现金购买股份(Cash for Stock)两种。

现金购买资产是指并购方以现金购买目标公司的全部或部分资产,将其并入并购方或者对目标企业实施经营管理控制权。现金购买股份是指并购方以现金的形式购买目标公司的全部或部分股份,达到控制目标公司的目的。

2. 股票并购

股票并购又称股票互换,是指以股票作为支付方式进行的并购,并购方增发新股换取被并购企业的旧股。其特点是目标公司股东并不因此失去其对原公司的所有权。较现金并购来说,股票并购可节约交易成本,达到合理避税的目的,并且不会对并购国家的国际收支产生直接影响。

股票并购可分为股票购买资产（Stock for Assets）和股票交换股票（Stock for Stock）两种。股票购买资产是指并购方以自身的股票或股权来交换目标公司的全部或者部分资产并购方式。股票交换股票又称换股并购，是指并购方用自身的股票或股权来交换目标公司的股票或股权。

3. 其他方式的并购

其他方式的并购是指除了上述现金并购和股票并购以外的并购方式，如杠杆并购、企业剥离等。

杠杆并购是指并购企业在银行贷款或在金融市场融资的情况下所进行的企业并购行为。因为它以企业少量的自有资金"撬动"企业并购，故称之为杠杆并购。据统计，2004—2006 年，全球杠杆并购交易急剧增多。仅 2006 年 1 月，全球就有 63 起杠杆资本重组案例，涉及资金达 250 亿美元。企业剥离是企业资产结构重组战略的重要组成部分，通过剥离资产，无论是并购方还是被并购方都能够增强其核心竞争力，企业剥离是潜在的被并购企业对付并购企业敌意并购的一种重要策略。

### （三）按并购方进行并购的态度划分

按照并购方进行并购的态度不同，可将跨国并购划分为善意并购和敌意并购两种。

1. 善意并购

善意并购（Friendly M&A）是指并购方开出合理的并购价格，与目标公司股东和经营者协商并购条件，在征得其理解与配合后进行的并购。协议收购多为善意并购。

2. 敌意并购

敌意并购（Hostile M&A）是指并购方在事先未取得目标公司股东或经营管理者的同意或配合的情况下，不顾被并购方的意愿而强行收购目标企业，并夺取其控制权的并购行为。

# 第二节　跨国并购的理论和动因

## 一、跨国并购的理论基础

跨国并购的理论基础由两部分组成：一部分是国际直接投资理论；另一部分是企业并购的理论，包括马克思的资本集中理论、并购效率理论以及邓宁的跨国并购的折中理论等。在此主要介绍一下资本集中理论、并购效率理论以及邓宁的跨国并购的折中理论。

### （一）资本集中理论

资本集中理论来源于马克思的《资本论》。尽管马克思在写作《资本论》时，资本主义世界还不存在大规模的并购活动。但是，马克思通过对资本主义生产方式产生和发展规律的深入分析，抓住了资本集中这一重大问题，提出了资本集中理论。随着市场经济活动的广泛开展，经济学家在马克思的资本集中理论的基础上提出了许多新的并购理论。概括地说，马克思的资本集中理论主要包括两个方面的内容，即资本集中的原因和资本集中的机制。

1. 资本集中的原因

马克思是最早对资本集中问题进行深入分析研究的理论家，他首先区分了资本积累和资本集中两个概念。他指出，资本积累是指由圆形运动变为螺旋形运动的再生产所引起的

资产的逐渐增大,同仅仅要求改变社会资本各组成部分的量的组合集中比较起来,是一个极其缓慢的过程,资本积累是剩余价值的资本化。资本集中是指个别资本通过现有资本的相互结合而引起的量的增大。资本集中的根本原因是资本对剩余价值和利润的追逐。换言之,资本为了追逐更大利润,要么扩大生产规模,要么提高劳动生产率,从而降低劳动成本,引起资本集中,这就是规模经济。

2. 资本集中的机制

资本集中的机制是指单个资本是通过什么方式形成大规模资本的。马克思认为,资本集中的机制,包括竞争机制、公司制度、信用制度和股票市场制度四个方面。马克思通过研究发现,竞争是通过使商品便宜来进行的,在其他条件不变时,商品的廉价取决于劳动生产率,而劳动生产率又取决于生产规模。马克思不仅强调了市场经济中竞争机制对劳动生产率、进而对生产规模和资本集中的决定作用,同时还强调了信用制度对实现资本集中的重要意义。即使在今天看来,马克思关于资本集中机制的理论论述也仍然是资本得以流动、重组乃至集中的最重要的理论。

## (二)并购效率理论

并购效率理论是从并购后对企业效率改进的角度来考察的,认为并购和其他形式的资产重组活动有着潜在的社会效益。这种潜在的社会效益包括管理层业绩的提高或某种形式的协同效应。并购效率理论有许多理论分支,如管理协同效应理论(又称差别效率理论)、经营协同效应理论、财务协同效应理论等,每一理论分支都可以用来解释某些特定类型的并购活动。

1. 差别效率理论

并购的最一般性的理论是差别效率理论,又称管理协同效应理论。管理协同效应即企业并购后,因管理效率的提高而带来的收益。通俗地说,如果 A 公司的管理比 B 公司的管理更有效率,在 A 公司并购 B 公司后,B 公司的管理效率便提高到 A 公司的水平,则这种并购达到了提高效率的目的,即产生了管理协同效应。一般来说,如果一个企业有一支高效率的管理队伍,这种高质量的管理通常只能通过集体协作才能发挥作用,那么当管理能力超出管理该企业的需要时,企业就可以通过收购一家管理绩效较低的公司来使其额外的管理资源得到充分利用。这样既扩大了企业规模,又利用这支管理队伍提高整体效率水平而获得更多的收益。

2. 经营协同效应理论

经营协同效应理论是指企业并购后,其生产经营活动在效率方面带来的变化及效率的提高所产生的效益。建立在经营协同效应基础上的理论假定在行业中存在着规模经济,并且在并购之前没有在规模经济的水平上运行。规模经济主要由于某种不可分性而产生,通过并购,企业原有的有形资产和无形资产可在更大的范围内共享,企业的研发费用、营销费用等要素投入也可分摊到较多的产出上,这样可降低单位投入成本,增大单位投入的收益,从而实现专业化分工与协作,提高企业整体经济效益。

3. 财务协同效应理论

财务协同效应是指并购企业在财务方面带来的收益,主要是由于税法、会计处理惯例以及证券交易等内在规律的作用而产生的一种效益。如果并购的企业之间在投资机会和内部现金流量方面存在着互补性,这种方式的并购就可以产生财务协同效应。具体地说,如果一家企业正处于衰退期,由于缺乏有吸引力的投资,企业内部闲置大量的现金流量,而此时另一家企业正处于成长阶段,由于有利的投资机会太多而恰恰缺少足够的现金流量。

那么,这两种类型的企业如果进行了较为规范的并购,就会使财务协同效应充分地发挥出来。可见,该种类型的并购能够节约大量的交易费用,降低资金运营成本,使企业从边际利润较低的生产向边际利润较高的生产转移,最大限度地提高企业资本的配置效率。财务协同效应也可表现在合理避税上。由于许多国家在税法和会计制度上存在差异,使一些具有不同纳税义务的企业仅仅通过并购便可获利。例如一家亏损企业和一家盈利企业之间的并购,就可使盈利企业的利润由两家企业共同分享,从而大大减少纳税义务。支持兼并的效率理论认为,尽管合并有时损害竞争,但一般说来却在自由企业经济中发挥了重要作用。合并可以惩罚无效的企业管理者、提高投资资本的有效流动和重新配置既有的生产资产。

### (三)跨国并购的折中理论

跨国并购的折中理论是建立在对外直接投资理论体系基础之上的一种跨国并购理论。跨国并购作为企业对外直接投资的一种新趋势,现有的投资理论难以完整地解释这一现象。英国里丁大学教授邓宁在已有研究成果的基础上提出了具有广泛影响的折中范式(Eclectic Paradigm)。该理论认为,跨国公司对外直接投资的具体形态和发展程度取决于三方面优势的整合结果。第一,进行对外直接投资的企业必须拥有某些特定的所有权优势(Ownership),而且这些优势必须足以弥补国外生产经营的附加成本;第二,企业所选择的对外直接投资区位要能够与他们的拥有优势结合为区位优势(Location);第三,企业在对其所拥有的资产优势进行跨国性转移时,必须考虑内部组织(Internalization)与外部市场两种转移途径,只有当前者带来的资产所有权收益大于后者时,对外直接投资才有可能发生。简言之,跨国公司的对外直接投资活动是由 OLI 模型中的三种优势共同决定的。该范式运用整体的观点去考察跨国公司的对外直接投资活动,成为解释对外直接投资的通用理论。同样,OLI 范式也为分析跨国并购提供了一个理论框架,只要把其中包含的三种优势要素与跨国并购的具体方式结合起来,就可以得到一个有关跨国并购的分析范式。具体内容见表 8 – 1。

**表 8 – 1    OLI 范式与跨国并购**

| 类型 | 横向并购 | 纵向并购 | 混合并购 |
|------|---------|---------|---------|
| 合并 | O:双方都拥有在规模、协同、财务或市场势力方面互补的 O 优势<br>L:在两家跨国公司合并其全球生产体系的场合,标准的区位因素是无关的<br>I:合并双方试图使共同的优势内部化,以获得规模经济。合并提供了利用对方优势的更为迅速的途径 | O:合并双方都拥有在生产链各个工序具有互补关系的 O 优势<br>L:与新建 FDI 一样,但也能看到类似于水平合并的特征<br>I:并购企业都想获得安全、信息、财务或市场势力,并降低交易成本 | O:双方在不相关的领域都拥有 O 优势,在这些领域中可能存在范围经济,但没有技术上的互补。合并可能仅仅涉及融资渠道,而不是基于通常意义上的 O 优势<br>L:主要是市场规模和增长或资本增值的前景,而不是 OLI 范式中的区位优势<br>I:合并企业寻求一种更大的资本基础或者范围经济,而不是使它们的 O 资产内部化来降低交易成本 |

表 8 −1(续)

| 类型 | 横向并购 | 纵向并购 | 混合并购 |
|---|---|---|---|
| 收购 | O:收购者通常要比被收购企业拥有更强的 O 优势,或是为了寻求特定的新 O 优势(技术、各类联系等)<br>L:如同新建 FDI 一样,不同的是许多 L 优势内含在被收购企业中<br>I:如同新建 FDI 一样,收购者通过内部化强化其竞争地位 | O:收购者拥有较强的财务或管理基础,这使得它们能够收购国外纵向关联企业<br>L:如同横向收购<br>I:如同新建 FDI,收购者通过内部化来强化其竞争地位 | O:收购者拥有较强的财务和管理资源,而不是通常意义 L 的所有权优势<br>L:主要是市场规模和增长或资本增值的前景,而不是区位优势<br>I:收购者寻求获得多样化或范围经济,而不是 OLI 范式中的内部化 |

可以看出,以 OLI 范式为核心的对外直接投资理论,基本满足了对跨国并购现象的一个较全面分析,但 OLI 范式仍然是一种静态的均衡分析,其研究的重心在于跨国并购的起因,即跨国并购为什么存在的问题,因此,在解释复杂多变的国际经营环境中,跨国公司行为的动态性方面具有一定的局限性。

### 二、跨国并购的动因

不同跨国公司之间的并购往往出于不同的动因,归结起来主要包括以下几个方面。

1. 效率动因

效率动因是从并购后企业效率改进的角度来研究跨国并购的,主要体现在并购后产生的协同效应上。这些协同效应包括管理协同效应、经营协同效应以及财务协同效应。这部分内容在前面的并购效率理论中已经作了介绍。

2. 经济动因

不同类型的企业并购常常有不同的动因。经济动因与并购企业之间所从事业务的关联程度相关。具体地说,经济动因主要是考察横向并购、纵向并购和混合并购对企业绩效产生的主要影响。经济动因认为,横向并购的主要动因是通过实现规模经济来提高行业集中度,以增强企业在同行业市场中的市场势力;纵向并购的主要动因是降低交易费用;混合并购的主要动因是为分散经营风险而实现多样化经营。

3. 其他动因

其他动因是指除了效率动因和经济动因之外的其他并购动机,包括利益驱动动因、投机动因、快速进入市场动因等。

(1)利益驱动动因

利益驱动动因是指企业管理层(经理)受利益驱动而扩张企业规模,以使自己的薪金、津贴和地位随企业规模的扩大而提高。

(2)投机动因

投机动因是 1969 年美国经济学家戈特(Gort)在其经济失调并购论中提出的。戈特认为,通过投机可以从高涨的并购市场上获得巨额的资本收益。

（3）快速进入市场动因

跨国并购的一个重要追求动机就是谋求快速地进入东道国的市场，降低进入新行业的壁垒，并可能导致时间收益。因为抢先于竞争对手，并购企业不但能够相对优先获得当地资源，而且还能够谋取在东道国的市场结构效应收益。

当然，在市场经济条件下，促使企业进行并购的动因还有许多外在因素，如产业结构变动、经济周期变化、政府的行政干预等。但无论从哪种角度来分析并购的动因，激发企业并购行为发生的内在根本原因还是企业追逐利润最大化的动机，这是企业并购的原始动力。

## 三、影响企业跨国并购的因素

### （一）企业内部因素

企业对其他企业进行并购有如下内部因素。

1. 获得协同效应

企业并购的协同效应是两家企业并购后经过整合，总体效益大于两个独立企业的效益之和，即 $1+1>2$ 的效果。企业并购的协同效应又可分为管理协同效应、经营协同效应以及财务协同效应。

（1）管理协同效应。管理协同效应是指企业并购后，因管理效率的提高而带来的收益。例如，如果 A 公司的管理效率比 B 公司高，A 公司并购 B 公司后，B 公司的管理效率便提高到 A 公司的水平，那么，这种并购便达到了提高效率的目的，即产生了管理协同效应。一般来说，当一个企业的管理能力超出管理该企业的需要时，企业通过收购一家管理效率较低的公司，就可以使其富余的管理资源得到充分利用。这样既扩大了企业规模，又利用企业高效率的管理队伍提高整体效率水平而获得更多的收益。

（2）经营协同效应。经营协同效应是指企业并购提高了其生产经营活动的效率而产生的效益。经营协同效应理论假定在行业中存在着规模经济，而且在并购之前企业没有在规模经济的水平上运行。通过并购，企业原有的有形资产和无形资产可在更大的范围共享，企业的研发费用、营销费用等要素投入也可分摊到较多的产出上，这样可降低单位投入成本，增大单位投入收益，提高企业整体经济效益。

（3）财务协同效应。财务协同效应是指并购给企业财务方面带来的收益，如投资机会和内部现金流量方面存在着互补性的两家企业之间的并购。比如，A 企业所处行业为夕阳产业，缺乏有吸引力的投资，使企业内部有大量现金流量闲置，而 B 企业所处行业为朝阳产业，企业有许多有利的投资机会但却缺乏足够的现金流量。在这种情况下，如果 A 与 B 合并，就会产生财务协同效应。

2. 快速进入国外市场

当今世界，市场竞争日益激烈，产品生命周期越来越短，企业对市场作出迅速反应的必要性日益增强。当企业进入市场的时机至关重要时，以并购方式达到预期目标是最优选择。这是因为并购后企业可以直接利用现有生产设施进行生产，即使是需要改造的项目，也具有比较明显的时间优势。经济学上有关于学习曲线之说，意思是指一个行业的工人工作时间越长，重复劳动的次数越多，那么其操作的经验就越丰富，劳动效率就越高，单位成本便越低。在并购中获得的目标企业的劳动力与机器设备由于都经过长时间的磨合，学习时间较少，能很快适应生产运营的需要。对于进入某个市场或某个技术领域较迟的企业，

并购提供了一条快速赶上的途径。例如,美国电报电话公司(AT&T)通过收购方式一举进入电子计算机行业,后又收购了英国的半导体公司,使 AT&T 获得了一种具有电脑处理、记忆、通信功能的微晶片生产技术设备及生产管理人员。

### 3. 获得战略资源

战略资源是指技术诀窍、专利、商标、分销网络等资源。这些资源对欲进入国际市场的企业来说是十分重要的,而这些资源靠企业自己开发又需要大量的时间、财力投入。例如,2002 年,世界最大拍卖网站 eBay 以 3 000 万美元的价格收购了中国最大的电子商务网站易趣美国公司 33% 的股份,2003 年 6 月,eBay 又以 1.5 亿美元的价格收购了易趣美国公司剩余的 67% 的股份。eBay 并购易趣的主要动机是获取易趣拥有的大量客户资源和有价值的商标。eBay 要迅速进入中国市场,并购易趣是最好的选择。又如,日本富士通电脑公司以收购方式,购买了美国阿姆达尔公司的大部分股权,取得了对阿姆达尔公司经营决策的控制权,充分利用了其在美国境内广泛的分销渠道,使富士通大型电子计算机在美国畅销,营业额翻了一番。再例如,美国默克制药公司,收购了日本万有和鸟居两家制药公司,成功地打入了一向以限制外资而著称的日本市场,并充分利用其分销渠道,使默克公司的产品在号称世界第二大药品市场的日本市场上占有一席之地。

### 4. 管理层利益驱动

现代企业的一个重要特点是所有权与经营权的分离,企业管理者与股东之间形成了委托—代理关系。委托—代理存在的问题是,公司管理层追求自身利益,而不是股东利益的最大化。管理层的报酬高低、津贴和社会地位与企业的规模直接相关。由此,管理者可能会一味地通过并购活动来扩大企业规模。管理者对跨国并购感兴趣可能是由于随着企业规模的扩大,管理者的威望可以随之提高,经理人员的报酬也得以增加。

## (二)外部环境因素

企业跨国并购行为很大程度上还受到外部经济环境变化的影响,这些环境因素主要有各国政策、资本市场的变化等。

### 1. 东道国 FDI 和跨国并购政策的变化

世界投资报告(2000)指出,各国 FDI 管理体制自由化步伐加快。为了吸引 FDI,许多国家不仅取消了限制,而且采取了积极的促进措施,提高了优惠待遇,加强了法律保护。在 20 世纪 90 年代期间,有 100 多个国家的 1 024 项 FDI 管理措施发生了变化,其中有 974 项用于激励 FDI 的流入。与并购相关的,包括取消强制性的合资要求、多数股权限制和审批要求等。这些政策促进了跨国并购的发展。同时,区域经济一体化也推动了跨国并购的发展。

### 2. 金融自由化和服务创新

世界投资报告(2000)指出,20 世纪 80 年代中期以来,大多数发达国家的资本账户已经完全开放,跨国信贷、外币储蓄和证券投资等不再受到限制。金融自由化程度提高、金融创新步伐加快以及相关融资规则的变动,不仅满足了跨国并购的巨额资金需求,而且还不断提供新的融资方式,从而大大降低了并购风险。例如,在第五次并购浪潮中,在金融自由化和服务创新的推动下,股权置换逐步成为跨国并购特别是大跨国公司之间并购采取的主要交易方式。此外,世界范围内的产权市场进一步扩大,可提供的目标公司,无论是上市公司还是非上市公司的数量都在日益增加,为跨国并购提供了更多的可选目标公司。

## 【本章小结】

　　跨国并购是跨国兼并和跨国收购的总称,是指一国企业(又称并购企业)为了达到某种目标,通过一定的渠道和支付手段,将另一国企业(又称目标企业)的所有资产或足以行使经营控制权的股份收买下来。跨国并购按并购方和被并购方所从事业务的关联程度来划分,跨国并购相应地分为横向并购、纵向并购和混合并购三类;按照并购的支付方式,可将跨国并购分为现金并购、股票并购和其他方式并购;按照并购的支付方式,可将跨国并购分为现金并购、股票并购和其他方式并购。关于跨国并购的理论基础,由两部分组成,一部分是国际直接投资理论;另一部分是企业并购的理论,包括马克思的资本集中理论、并购效率理论以及邓宁的跨国并购的折中理论等。不同跨国公司之间的并购往往出于不同的动因,归结起来主要包括:效率动因、经济动因和其他动因。

## 【思考题】

1.什么是跨国并购?
2.跨国并购的动因有哪些?
3.简述跨国并购的类型。
4.简述跨国并购的特点。
5.什么是 OLI 范式?

## 【课外阅读】

### "蓝色巨人"通过并购成功转型

**1.基本情况**

　　IBM 的全名是 International Business Machine Corporation,即国际商业机器公司。它成立于1914年,是世界上最大的信息工业跨国公司,在2004年度的全球财富500强排名中以1 045.07亿美元营业额名列第62位。因为 IBM 员工的上班制服是蓝色的,生产的计算机外壳也是蓝色的,还由于长期处于计算机领域龙头老大的地位,所以美国人一直亲昵地称其为"蓝色巨人"。

**2.境况岌岌可危**

　　在中小型微机普及之前,IBM 的大中型机可谓是风光无限。1985年,IBM 通用大中型机所占的市场份额高达70%。但是,到了20世纪80年代后期,小型机出尽了风头,而且潜力看好,IBM 自己亲手培养起来的 PC 兼容机厂家反而成为其主要竞争对手,微软和英特尔壮大起来。1990—1993年 IBM 连续4年亏损,股票价格狂跌,PC 机市场份额甚至被挤出前三名的位置。"蓝色巨人"境况岌岌可危。人们甚至猜想,IBM 会不会像白垩纪的恐龙一样,行将灭亡。

**3.战略调整**

　　1993年4月,郭士纳(Gerstner)受命于危难之时,担负起扭亏为盈、力挽狂澜的重任。他身兼 IBM 董事长和 CEO,开始大刀阔斧地改革。不到5年,IBM 即扭亏为盈,而且业务发展蒸蒸日上。这次奇迹般的新生被传为佳话。

　　郭士纳最为高明的地方在于他完成了 IBM 历史性的战略调整。IT 行业是一个日新月异的行业,企业赶不上时代的步伐就会灭亡。历史上,IBM 是个以生产硬件为主的公司,虽

然公司也拥有一流的软件系统,但软件一直是为硬件的销售服务的,从来没有得到足够重视。郭士纳敏锐地觉察到在新一轮的电脑浪潮中,网络和通信的作用将取代原来的运算功能,变得越来越重要。尽管英特尔和微软已抢占了技术上的领先优势,康柏和其他的电脑制造商也抢走了一些市场份额,IBM已雄风不再,但郭士纳向IBM的所有员工一再强调:放眼未来。他的经营战略核心是使IBM的软件和服务部门扮演更为重要的角色,同硬件部门一起成为IBM的三大支柱。这是因为硬件销售下滑,利润空间相对减少,而软件和服务逐渐成为利润的主要来源。虽然软件在IBM总体营业收入中仅占14%,但却占总体利润的32%,而基于软件的服务收入更占到公司总收入的四成多。

### 4. 收购

计算机行业在经历了集中计算、分散计算之后,正在进入网络世纪。网络世纪的来临如此迅速,IBM没有时间、也没有必要从头自主开发全新的网络群组软件系统。在软件部门的发展上,IBM主要采取移花接木的方式——收购。

IBM最引人注目的一次收购是在1995年,IBM以35亿美元收购莲花公司(Lotus)。这起收购案成为当时软件领域最大的一次收购行动。同年,IBM把软件部门单独划出,组建成一个独立的子公司。1996年,IBM花7.43亿美元收购了Tlvoli公司;1998年又收购了Mercury Storage System公司;2001年,花10亿美元收购了Informix数据库软件公司后,IBM在数据库领域跃居首位;2002年,更是一举买下了Cross Worlds,Metamerge,Trelli Soft等多家公司;同年年底,IBM斥巨资收购了工具软件公司Rational;2003年5月,收购了IT资源供应领域的领先供应商加拿大的Think Dynamics公司;2004年4月,IBM与印度第三大企业外包服务公司Daksh公司签订了收购协议,Daksh成为IBM全资持有的子公司。通过这一系列的成功收购,IBM成功转型为软件厂商,迅速提升了其在软件业的市场地位。这些收购活动可谓是一箭双雕——既遏制了软件领域的竞争对手,又确立了自己软件新霸的形象。这些收购活动,客观上将加速软件市场的整合。

2002年6月,英国伦敦证券交易所开始将IBM列在了软件股之列,IBM在软件全球业务上的目标是"保二争一",这一下子就打乱了软件帝国原有的座次,ORACLE,CA,SAP等国际巨头不得不面对这个获得新生的"蓝色巨人"。作为领头羊的微软和IBM,开始了面对面的较量。

2002年,IBM还有一次在咨询服务业收购的大举动——斥资35亿美元收购普华永道的全球商务咨询和技术服务部门,即普华永道咨询公司(2003年7月份又为收购而增加投资3.97亿美元),普华永道咨询部门将与IBM全球服务部的商业创新服务部门合并,形成一个新的全球性服务部门,这是"蓝色巨人"有史以来最大金额的并购行动。事实上,在此之前,IBM在人们的印象中早已不是一个单纯的硬件提供商了,而是一个集硬件、软件和服务于一体的综合IT服务巨头。2001年,IT服务的利润已占到公司全年109.5亿美元税前利润的47%。可以说,收购普华永道咨询公司是一个使IBM服务更为广泛的明智之举。因为这样一来,IBM的服务就囊括了高端商业策略分析、技术咨询及低端的技术支持。

此次收购普华永道咨询部门也是新CEO帕米萨诺上任以来的第一次出手。他在收购之后说:"客户是促使我们收购普华永道咨询部门的动力。"的确,客户需要的是全方位的服务,IBM深谙此道,正是基于此,它才会提出应对需求的新战略。

# 第九章　跨国公司的技术转让

## 【学习目标】

1. 掌握跨国公司国际技术转让的概念。
2. 掌握跨国公司国际技术转让的特点。
3. 掌握跨国公司技术转让的方式。
4. 掌握跨国公司技术转让的定价。
5. 掌握跨国公司技术转让的支付方式。
6. 掌握跨国公司的技术转让策略。

技术的创新与进步是世界经济增长的重要源泉,先进技术在生产中的应用常常会带来巨大的经济效益,并日益成为国际竞争的主要动力,技术优势成为跨国公司保持垄断优势的重要部分。由于跨国公司强大的经济实力及其在研究与开发上的大量投资,跨国公司对世界技术的进步和发展具有举足轻重的推动作用。跨国公司不但是先进技术的主要发源地,而且在高精尖技术上占有垄断地位。世界上先进的生产技术绝大多数都是由跨国公司开发、拥有和控制的;世界最大 500 家跨国公司垄断和控制了世界技术贸易的 90%;美国目前的技术转让收入中有逾八成来自本国跨国公司向海外子公司的技术转让。因此,跨国公司被称为是国际技术转让的"重量级选手"。

## 第一节　技术转让概述

### 一、技术的含义、分类及特点

#### (一)技术的含义

从自然科学的角度看,技术(Technology)是指运用电和机械的力量来扩大人类与自然界较量的能力。经济学意义上的技术,即加工制造某种商品、运用某种工艺或提供某项服务的系统知识面。其表现形态有两种:一种是有形形态(Tangible Forms),如语言、文字、数据、公式、图表、配方等;另一种是专门技术、实际经验、操作手艺和思维观念等无形形态(Intangible Forms)。技术知识可以转化到交易中的商品和服务业中,并创造价值。

世界知识产权组织(World Intellectual Property Organization,简称 WIPO)根据技术内容的特征,集思广益,对技术一词的定义是:"技术是指制造一种产品或提供一项服务的系统的知识。这种知识可能是一项产品或工艺的发明、一项外型设计、一种实用新型、一种动植物品种,也可能是一种设计、布局、维修和管理的专门技能。"该组织负责促进创新性的知识交流活动,并向发展中国家提供技术转让的便利。

技术不是独立的有形物体,它既不能储存在仓库里,也不能像包裹那样由供方运往需方。技术是一种通过学习过程来转让的知识体。当技术由一国转让到另一国时,情况可能

更复杂,费时间,价格昂贵,甚至在一个跨国公司内部的技术转让也会出现类似情况。

技术已成为现代经济增长的主要动力。在新技术不断涌现、技术进步和技术更新速度不断加快的知识经济时代,谁首先拥有和应用新技术,谁就拥有强大的竞争力并占据主动。

## (二)技术的分类

经济学将技术分门别类划分的目的是加强技术的开发和管理。技术可以按照不同的标准进行划分,通常可按五种标准即技术的功能、技术的表现形式、技术要素、技术产权和技术的发展阶段进行划分。

### 1.技术的功能

按照功能划分,技术又可细分为三种:产品技术、生产技术、管理技术。产品技术是指用技术改变某项产品的特性,可能是新产品的发明,也可能是产品设计的局部改进,其结果或是增加部分功能,或是提高产品的实用性,或改进产品质量、降低成本等。生产技术是指在产品制造过程中,通过采用新的工艺、新的流程、新的加工方法等,达到提高生产效率和改进质量的目的。管理技术是指在生产全过程中,改进研发、生产、销售和售后服务的组织技术,从而提高企业的竞争力和经济效益。

### 2.技术的表现形式

按照技术的表现形式划分,技术又可细分为三种:增加技术硬件、改进技术软件、采用技术诀窍(又称专有技术)。

### 3.技术要素

按照技术的生产要素特征划分,技术可分为劳动密集型技术和资本密集型技术。在生产过程中投入的资本和技术两大类基本要素,技术水平的不同,含有的资本和劳动结合的比例也不同。若投入的资本比例大于劳动比例,即为资本密集型技术;反之,即为劳动密集型技术。技术要素的划分法,表明了发达国家的跨国公司以输出技术为主。

### 4.技术产权

按照技术产权划分,技术可分为公有技术和私有技术。公有技术也称公开技术,是指人类社会的公共财富,人们可以不受限制地使用。私有技术分为专利技术和专有技术。专利技术是指一种专利化的技术,专利技术的使用受国家专利法的保护。专有技术不通过专利程序,而采用严格的合同条款来保护,专有技术受合同法、民法等法律的保护。

### 5.技术的发展阶段

按照技术的发展阶段划分,技术可分为技术研发初试阶段、技术成熟阶段和技术衰退阶段。技术进入衰退阶段,即另一项先进技术替代落后技术,这就是技术的生命周期。研究技术的生命周期便于把握技术的开发和引进的时机。

## (三)技术的特点

技术商品具有三个特点。

### 1.知识性

技术转让中的标志——技术,一般是指知识形态的技术。例如,一项生产技术、一种制造工艺或一项经营管理技术,只能表现为图纸、技术资料或示范操作,在技术贸易中称为"软件"。

**2.继承性**

科学技术是人类在生产斗争和科学实验的长期实践中积累的经验总结。继承是创新的基础和前提。有些新技术,虽然是在崭新的科学理论指导下研究开发出来的,其原理虽有不同,但总体上仍然含有继承老技术的部分因素。

**3.时间性**

技术有它的生命周期:一种是技术的自然生命周期,即指一项技术,从产生、发展,一直到衰亡、被淘汰为止的全过程;另一种是技术的经济生命周期,系指一项技术从开始使用,经过不断改进而日益成熟,应用范围逐步扩大,从开始时的只有少数几家企业使用,后来迅速扩大、普及,直至出现另一种新技术取而代之。技术的经济生命周期一般包括:投入使用(导入期)、趋向普及(成长期)、广泛应用(成熟期)、逐步淘汰(衰退期)四个阶段。某项新技术,在刚开发时可能很先进,但由于技术变革的日新月异,技术时效周期缩短,随着时间的推移,出现了更新的技术,原来的技术就会被淘汰。

## 二、技术转让的含义

技术转让(Technology Transfer)是指技术供应方通过某种方式将其拥有的技术及有关的权利转让给技术接受方的行为。联合国《国际技术转让行动守则草案》对技术转让的定义是:技术转让是指关于产品制造、生产工艺或提供服务系统的知识转移,不包括货物的单纯买卖或租赁。

国际技术转让(International Technology Transfer)指的是将三种技术要素即技能、工艺和知识,从一国转移到另一国,或从一个企业转移到另一个企业。这种转移可以通过技术援助、技术贸易以及技术人员的流动与共同研究开发等途径进行。技术转让的行为,从技术供应方角度来看,是技术的输出;从技术接受方角度讲,是技术的引进。国际技术转让主要以两种形式进行:一种是非商业性的国际技术转让,是指不同国家的政府机构之间以技术援助方式进行无偿的技术转让;另一种是商业性的国际技术转让,是指政府机构或企业之间按照商业条件签订技术协议或合同而进行有偿的技术转让,这种方式通常是以经济利益为动机,而且其转让通常是有偿的,也被称为国际技术贸易。国际技术贸易的加速发展表明,技术的有偿转让在当今世界的技术传播中起着越来越重要的作用。

随着科学技术的迅速发展,科研费用日益昂贵,而技术创新难度也越来越大,这就决定了任何一个企业、一个部门、一个国家,都不可能发明和创造出经济发展需要的全部技术,因此,客观上需要通过技术转让来获得新技术。与此同时,在技术本身存在生命周期的情况下,技术的发明和拥有者也可以通过技术转让将产品转让出去以获得更多的利润;同时,世界及各国知识产权制度的确立和专利制度的实施,又为技术转让提供了法律保证,这些都大大促进了国际技术转让的速度。

技术的国际流动不是完全自由的,各国政府均设有政策限制。一是技术转让要受母国政策的影响。任何国家为了保证自己的某些技术在世界上的领先地位,总是对先进技术的输出制定种种限制性规定;二是技术转让也要受东道国政策的约束。任何国家都会根据自己的国情,制定对技术引进的引导或限制政策。

## 三、跨国公司国际技术转让的特点

跨国公司有着强大的经济实力和雄厚的技术基础。跨国公司在向外扩大商品输出的

同时,利用其资金和技术优势,大力开展对外直接投资和技术转让。其技术转让有四个特点。

1. 技术转让的先进程度与股权投资成正比,技术使用的限制性条款与股权投资成反比

跨国公司拥有的先进或垄断性技术的对外传播,主要是通过直接投资方式实现的。对外投资规模越大,在企业中占有股权份额越多,跨国公司提供的技术就越先进。跨国公司主要考虑的是向当地转让的技术是否符合国际专业化分工和能否带来最大的或长远的利润机会。因此,提供技术的先进程度是以公司的利益为标准,而不是以当地经济的需求为标准。跨国公司可以利用诸如技术分割转让、技术专利、超经济的限制性使用条款、甚至技术欺骗等手段,把技术进口国置于从属地位。当跨国公司国外投资占有的股权比例较小,甚至在非股权参与形式下,公司利用其技术垄断地位,用超经济的力量,严格限制关键技术的使用和防止技术的扩散。这种技术限制性条款主要包括限制技术使用的保密条款、单方面的技术反馈条款、束缚性的购买与搭销条款以及限制出口的条款等。

2. 采用特殊的技术战略以加强企业内部技术转让的控制

跨国公司的技术转让战略是指在全球范围比较生产成本,选择最佳生产基地以确保高额利润。公司的绝大部分技术转让活动在公司内部进行,实行公司内部纵向技术转让形式。首先在母公司研制新技术和新工艺,并将其专利成果应用于母国的国内生产;若干年后,再将新技术转让给设在其他发达国家里的子公司;又过若干年后,再向发展中国家的子公司转让技术。到那时母公司又有了新一代的技术。在这种纵向转让形式下,母公司是唯一的技术供应者,子公司的研究工作主要是使技术适应当地市场条件,并且必须将使用技术的信息反馈于母公司,形成一套技术传输、消化、应用和反馈机制。跨国公司这种分期分批的技术转让战略,无疑可以延长技术独占时间。同时,子公司多次间接转让,便可获得多次技术转让费。

3. 严格控制技术转让条件

跨国公司对外技术转让条件包括:技术的使用范围、技术的管理与扩散、技术的改进以及产品的销售方向等。跨国公司作为技术的卖方,对技术高度垄断。它们控制着技术转让的主动权,关键技术只发生空间上的转移,而不能成为当地经济的有机构成要素,并推动当地经济技术迅速地"起飞"。东道国对先进技术的需求并没有削弱跨国公司的垄断优势,反而为其延伸和维持垄断提供了市场。

参与这种国际技术转让的政府与私人团体、受国内专利法和国际公约与条约支持的国家级专利机构及国际标准化组织,都受到转让程序的严格控制。

4. 各种技术保护主义的因素成为技术转让的制约条件

跨国公司以技术作为商品向外传播,技术转让的层次以考虑自身利益为主,但是也会受到各种技术保护主义因素的制约。技术保护主义因素主要来自母国政府的制约、大公司之间的相互技术封锁以及对社会主义国家的非经济因素的限制。另外,跨国公司之间由于竞争利益冲突,相互大搞技术封锁,唯恐技术的传播产生"飞镖效应",给自己树立竞争对手。目前技术保护主义结构严谨,已形成完整体系,技术保护主义影响着国际技术转让在更大规模和更高层次上的展开。

## 四、影响跨国公司技术转让的因素

跨国公司是国际技术转让最重要的主体。跨国公司技术转让中的技术可分为三大类:

第一类是工业产权的技术。工业产权亦称之为产业产权,是一种无形的财产权,也是一种商品。工业产权的持有人,有权自行使用它,也有权把它出售给他人或转让给他人使用,从中取得利益和报酬。工业产权包括发明专利、实用新型专利、外观设计专利和商标专利权等;第二类是非工业产权的技术。非工业产权主要是技术诀窍,亦称之为专有技术。其内容包括设计方案、设计图纸、技术说明书、技术示范和具体指导等;第三类是提供技术服务。

跨国公司在进行国际技术转让中,更偏好技术的公司内部转让,而把技术的对外转让作为次要选择。

影响跨国公司技术转让的主要因素有以下几个方面。

1.被转让技术所处的竞争地位和其成熟程度对跨国公司技术转让形式的选择起着决定性影响

(1)从技术所处的地位考察,不同技术所处的竞争地位可分为五类:支配地位、优势地位、有利地位、维持地位以及微弱地位。处于前两类地位的技术,跨国公司不愿意以技术许可形式对外转让。

(2)从技术生命周期看,当技术处于创新阶段时,公司基本上不愿对外转让新技术;当技术处于发展阶段时,那些不会影响公司竞争力的外围技术可以适度对外转让。

2.企业规模大小影响着技术转让形式的选择

大型跨国公司比中小企业选择余地大,中小企业选择对外直接投资能力差,有时只能选择技术许可形式,而大型跨国公司把技术交叉许可贸易作为分割销售市场和进行产品竞争的一种寡头合作战略。

3.技术转让已成为跨国公司对外拓展的重要形式

这是因为:首先,跨国公司需要转让那些不能被公司直接使用的新技术;其次,对外技术转让可能帮助跨国公司获取潜在的销售市场;再次,借助技术促进跨国公司与竞争者之间可以建立良好的合作关系;最后,东道国限制建立子公司时,跨国公司可以以技术转让形式进入对方市场。

# 第二节　跨国公司的技术转让方式

跨国公司根据各国的技术、经济条件和社会环境的不同,采用不同的方式进行技术转让,通常是遵循技术梯度的规律,将技术进行逐级传递,以延长技术的生命周期。跨国公司首先选择那些拥有技术比较先进、市场比较大和独占利润最多的国家和地区,待所转让的技术在这些国家获得极大利益,技术生命走向成熟或终结时,再将该技术向次一级国家和地区转让,以获得技术的独占利益。依照技术梯级次序,跨国公司再向其他国家和地区转移,或将技术转让给东道国的企业。如此,经过各分公司像接力赛一样的传播技术,跨国公司可获得双周期、多周期的技术生命来延长技术的经济生命,从而给该企业带来巨大的经济利益。从当前世界技术梯级次序和世界技术转让的实际情况来分析,首先接受技术来源国(如日本、美国)转让技术的国家,一般是西欧发达国家;其次是一些比较发达的新兴的工业化国家;再次是发展中国家。

以上从总体上讲述了跨国公司的技术转让方式,下面介绍目前国际上流行的技术转让方式。

## 一、许可证贸易

许可证贸易是跨国公司从事技术转让活动的最主要也是最常用的方式,是技术转让的主要形式。"许可"一词源于工业产权,因为工业产权受法律保护,所以其他人只有在工业产权所有者的许可下,才能获得其使用权。长期以来,人们将这一名词用于技术使用权的交易,许可证贸易便成为此类交易的专有名词。

许可证贸易是由跨国公司通过签订技术许可协议的形式而进行的一种技术转让行为,把专利技术、专有技术、商标使用权、产品制造权或销售权出售给其在海外的子公司或者是无关的海外企业,并允许对方从法律上获得从事使用上述技术进行商品生产制造和销售的合法权利。为此,技术引进方必须支付技术费用及其他报酬,并须承担保守技术秘密及其他有关的义务。

在跨国公司的技术转让中,许可证贸易的标的有 3 种,即专利技术、专有技术和商标。从而产生出 3 种与之对应的许可方式,即专利许可、专有技术许可和商标许可。

1. 专利许可

当前,专利已成为最重要的工业产权之一,因此,专利许可是技术转让的主要方式。专利许可是专利拥有人将其已在某些国家申请获准的专利使用权授予受权人。在专利许可合同中必须详细列出专利的申请日期、申请国家、有效期限以及发明名称,并明确说明在协议有效期内,在规定的地区范围内,受权人享有对该项专利的使用权、产品制造权和销售权。

2. 专有技术许可

技术的持有人,除了通过申请专利以获得对该项技术的专利权外,更多地是要把他的核心技术严加保密,以保持对该项技术的垄断控制。所以,专有技术许可在国际技术贸易中相当流行,其重要性日益增长。专有技术许可是指由许可方提供所有有关专有技术的技术资料,并协助引进方掌握该专有技术的使用方法。由于专有技术是依靠其特有的保密性存在的,因而在专有技术中,最主要的条款就是保密条款,因此,引进方一般都要承担为专有技术保密的义务,并以此为转让的基本条件。

3. 商标许可

商标许可是指跨国公司许可引进方在一定期限内使用其名牌商品的商标生产和销售产品。商标许可的一个重要问题是保持商标的声誉,不让其受到损害。因此,在合同中许可方要对受许可方给以一定条件的约束。一般规定,许可方对受许可方使用其商标所制造的产品质量有着严格的要求,并对使用该商标的质量有核准和监督权。

另外,跨国公司在许可合同中,还可以采用不同的许可程度来转让技术,从而形成不同的授权范围内的许可合同,主要有以下几种。

1. 独占许可

独占许可是指在一定地区和授权期限内,技术引进方对所引进的技术拥有独占的使用权。在合同有效期内,许可方不得在合同规定的区域内,再制造和销售同样的产品,也不得再向该地域的任何第三方许可同一技术,引进方可在该区域内享有制造权和垄断销售市场。这种许可合同实际上就是许可方和引进方双方划分该技术或商标在国际市场上的势力范围的协议。独占许可的使用费比较高。

2. 排他许可

技术引进方在一定地区和合同有效期内享有对所受技术的独占使用权,第三方无权使

用该技术进行生产和销售活动,但是技术转让方仍保留在该地区生产、销售该技术的产品和应用该技术的权利。

### 3. 普通许可

普通许可又称非独占许可,是指技术引进方有权于合同有效期内在规定地区使用该项技术制造和销售该技术的产品,但同时,在此交易中,许可方所给予的权利不具有独占性,即许可方仍保留在该地区内使用该项技术或者把使用权再转让给任何第三方的权利。普通许可是许可方授予引进方权限最小的一种许可,因此这种许可的使用费比较低。

### 4. 交叉许可

这是一种双方相互授予价值相当的、互惠的技术授予权,双方的权利可以是独立的,也可以是非独立的。它一般在合作生产、合作设计、共同研究开发等特定条件下使用,因此,它所体现的关系一般不是单纯的买卖关系,更准确地说应该是合作关系。这种技术许可一般不收取报酬。

## 二、技术协助

技术协助大多是企业间进行的。根据转让技术的复杂程度及转让的目标、要求的不同,技术协助的具体形式分为以下两种。

### 1. 技术咨询服务

技术咨询服务所转让的技术服务,可以是简单的,如对某个设备性能的研究和改进或对一个项目的技术设计和可行性研究;也可以是复杂的,如对整个大型工程项目的全部技术咨询服务,甚至对一个行业或地区的发展提出咨询、规划等。技术引进方委托外国技术咨询公司承担技术服务,以此吸取国外的科学知识和技术经验,提高工程效率。

### 2. 人员培训

人员培训是转让专有技术和技能的手段之一。它是由技术提供方(简称"供方")负责,为技术引进方(简称"受方")培训专业技术人员或管理人员。

## 三、合作生产

合作生产是指一国的公司企业与另一国的公司企业根据签订的合作生产合同,合作制造某些商品。它之所以是一种常见的方式,主要是因为在生产行业的工程项目中,技术引进方为了尽快地掌握所引进的技术,在更短的时间内生产出产品,往往必须要和技术的许可方建立合作生产关系。合作生产所使用的技术由许可方提供,合作双方按照同意的技术标准进行生产,这样,技术的引进方即可在合作生产过程中获得先进的技术,这种合作生产方式经常和许可证贸易结合在一起而采用。

## 四、合作研究与开发

合作研究与开发是跨国公司的母公司和子公司,或他国公司之间共同研究开发技术项目的合同,研究与开发成果常为合作双方共同享受。合作研究与开发后,双方可以分开进行产品生产和销售,也可以进行进一步的合作生产。跨国公司选用这种方式进行国际技术转让主要考虑的因素是技术使用的特点、生产加工要求和条件、生产成本因素、市场销售方式等方面的情况。

## 五、交钥匙工程

交钥匙工程是跨国公司提供包括技术、设备、厂房在内的全部工程设计、安装、调试甚至包括产品打开市场的一揽子转让。这种方式经常发生在发达国家的跨国公司和发展中国家的企业之间在大型的生产设施,如钢铁、石化等部门的技术转让中。采取这种形式进行的技术转让项目大都含有较为复杂的劳动过程形式的技术,其特点是转让的技术规模大,各环节之间配合要求严密,专有技术成分高,其赖以进行的市场是外部市场。对于技术转让方的跨国公司而言,往往对这种形式的技术转让特别热衷,因为这种一揽子转让不仅可以获得比单纯出售技术产品更多的收益,而且能保证生产技术完整无缺地掌握在自己的手中。因此世界上从事化工,冶金等行业生产经营的跨国公司,绝大多数的国际技术转让都采用这种形式。但是对于技术引进方来说,这种形式虽然能够很快投产并形成生产能力,改变国内某一行业短缺的状况,但是花费巨大,同时,还必须冒引进技术可能存在的先进性和适应性方面的风险,并在引进后仍然受到转让方的技术辖制。

## 六、补偿贸易

在补偿贸易中,跨国公司向国外独立企业提供机器设备、生产技术、原材料和劳务,后者以进口设备和技术所生产的产品,或以双方确定的其他商品或劳务来清偿其贷款。补偿贸易通常是发展中国家从发达国家引进先进技术,解决资金短缺的有效途径。在补偿贸易的方式下,设备技术的出口方向进口方提供信贷,这十分有利于解决急需设备、技术的发展中国家的资金短缺问题。

## 七、管理合同

企业为提高自己的经营管理水平,在对本企业的所有权和控制权得到保证的前提下,通过签订管理合同,由技术供方(通常是外国的跨国公司)向本企业提供管理技术并参与管理。管理通常分为两种:一种是全面经营管理,即由技术供方派员出任企业总经理和其他部门经理,负责技术、商业与行政管理;另一种主要是承担技术管理,也就是由技术供方派出技术人员对企业协助管理。近年来,某些发展中国家的采矿、石油、制造业以及旅游部门,采用这种管理合同方式,获取了先进的管理技术。

## 八、对外直接投资

对外直接投资的目的是为了获得最大的利润。一国企业进行对外直接投资,在与当地企业的竞争中能否处于优势,主要看它拥有哪些有利条件、哪些先进的技术、哪些市场竞争能力,以及大规模企业组织的优势等。其中,技术(包括制造技术和管理技术)越来越成为对外直接投资的最为重要的因素。所以,对外投资一般都是与技术转让相结合进行的,对外直接投资也就成为技术转让的一种方式。

对外直接投资的做法主要有以下两种。

1. 国际合作经营

国际合作经营是一种直接投资与技术转让相结合的合作方式。它可以在产品制造、销售、资源开发、工程建设或科学研究等各种领域进行合作。国际合作经营一般是由两个或两个以上不同国籍的投资者在选定的国家或地区(通常在投资者中的一方所在国)投资,按

东道国的政策、法令组织起来的,以合同为基础的"法人式"或"非法人式"的经济联合体。外国合营者在合作经营方式下提供技术和设备,实际上实现了国际间的技术转让。

2.国际合资经营

国际合资经营也是一种直接投资与技术转让相结合的合作方式。它是由两个或两个以上不同国籍的投资者,在选定的国家或地区(通常在投资者中的一方所在国)联合投资,并按东道国的有关法令组织起来的企业。合资经营各方可以以各种形式投资,包括现金、实物和各种产权。西方跨国公司在国外投资建立合资经营企业,往往是以机器设备、技术和资金入股;有时,仅以设备、资金入股,而将技术按许可交易方式转让给合资企业。

# 第三节　跨国公司技术转让的定价和支付

技术价格和支付方式的确定是技术转让的核心问题,同时又是技术贸易、技术转让谈判的焦点,因为它们关系到出让方和受让方经济利润的分配。

## 一、跨国公司技术转让定价

技术是一种特殊的商品,技术转让的定价原则与一般商品的定价原则不同,其定价一方面受价格成本、需求和利润的影响,另一方面还受到技术这种特殊商品的特殊性能的影响。

### (一)技术转让中的成本和费用

跨国公司常常把技术转让作为获取利润的一个基本途径,从而谋求技术转让价格高于所转让中的技术的成本。必须考虑的技术转让中的成本与费用有以下5种。

1.研究与开发成本

研究与开发(R&D)是技术的生产过程。跨国公司在技术的研发中,需投入人力、物力和财力进行科学试验、调查研究、理论论证、设计与优选、试制与鉴定等必要工作,于是形成了一项技术的研究与开发成本。

在技术转让价格的制定过程中对研究与开发成本的计算,严格地说,必须考虑技术转让的可能次数。次数多,每次分摊的研究与开发成本就可少些。然而,一项技术究竟可能被转让多少次是一个不确定的因素,它增加了在技术转让价格制定中准确计算研究与开发成本的难度。

2.技术转让税

跨国公司技术转让通常是要纳税的。一般地,东道国政府对跨国公司取得的技术转让费要征收一定的所得税,而跨国公司母公司在收到这笔收入时也可能需要向母国政府缴纳所得税,如法国的母公司就是这样。在这种情况下,跨国公司通常会把这部分税负转嫁到技术受让方身上。

3.交易费用

技术转让过程本身也是要付出代价的,这大体包括联络沟通、项目设计和准备技术资料等方面的费用。一部分交易费用是由技术出让方支付的,随着技术出让方责任的增加,这部分交易费用也会增加。

4.产权保护费

技术转让中最大的风险就是产权失去保护,例如专利技术被盗用、商标被假冒、专有技

术被泄密,这些都会削弱跨国公司的技术优势。为此,跨国公司要设法进行产权保护,例如在多个国家申请专利和注册商标,并且广泛收集信息,检查是否存在侵权现象,在技术转让过程中强调保密条款等,为此需付出一定的产权保护费。

5.市场机会成本

技术转让大多在同一行业内进行。跨国公司向东道国企业转让技术,实际上要让出部分市场给对方,并把对方培养成强劲的竞争对手。因此,跨国公司要计算出让市场的机会成本。

## (二)影响技术转让定价的因素

影响技术使用费高低的因素是多种多样的,就一项具体技术转让交易而言,影响使用费高低的因素从技术的转让方和受让方不同的角度来看,有以下几方面。

1.从转让方角度来看影响技术定价的因素

(1)直接费用的多少

直接费用指的是转让方为了达成技术转让交易和完成技术转让过程所实际支出的费用,其内容包括合同签订前进行各项准备工作所需要的花费、准备资料和派遣谈判人员的费用等。直接费用越多,技术使用权的价格就越高;反之就越低。

(2)技术所处生命周期

技术价格的高低受技术生命周期和技术所处生命周期阶段的影响。各种不同的技术有其不同的生命周期。对于专利技术来说,其生命周期从获得专利权时起至专利有效期届满为止。对生命周期短的技术,技术转让方索取的使用费用高,反之索取的使用费低。在技术的生命周期内,技术所处的阶段可分为投入阶段、发展阶段、成熟阶段和衰老阶段。一项技术在生命周期的不同阶段,其价格也不同。通常说来,当技术处于实验室阶段,未进入商业化生产时,其价格就低些;当技术已经研究开发,进入商业化生产,其经济效益日益明显时,价格就高;而当技术已进入衰老阶段,即将被淘汰,其价格必然要低。除此之外,首创的先进技术,需要相当高的科技能力才能开发利用;难于仿制的新技术、新工艺新产品,它们的价格亦高;而那些易于仿制和利用的技术,其价格就低些。

(3)技术适用目的和范围的广泛性

技术转让方对仅将技术用于某一种特定目的,或拟将技术用于一切目的的两种不同要求,索取不同的使用费。一般来说,后者的技术使用费将高于前者。

(4)技术的垄断程度

在技术市场上,如果某些技术尤其是一些尖端技术没有或很少有可替代技术出现,就形 成了技术供方对技术的垄断,甚至成为技术的唯一供方。技术使用的垄断程度越高,技术转让的费用就越高。如果可以研制某种技术的企业和科研机构较多,市场上可替代的技术也较多,则技术供方的垄断就较弱,技术转让就会出现激烈的竞争,势必降低技术价格。

2.从受让方角度来看影响技术定价的因素

(1)技术的经济效益大小

技术价格即技术的使用费是以技术接受方所能得到的经济效益作为函数变量计算的。受让方使用技术获得的经济效益高,技术价值也大;反之,其获得的经济效益低,技术的价值也随之降低。

(2)需要技术转让方提供技术协助数量

技术受让方需要技术转让方提供的技术协助数量越多,其所应支付的转让价格就越

高;反之则越低。

（3）技术受让方对使用技术的独占性的要求程度

如果要求独占使用，即排除第三者及技术转让方本身对该技术使用和销售产品的权利，技术转让方要求的使用费高;如仅排除第三者，仍允许技术转让方利用该技术制造和销售产品，使用费亦相应低一些;如允许技术转让方把该技术同时转让给第三者，且其自身仍保留制造和销售的权利，使用费最低。

（4）受让方国家的政治和法律状况

如果技术受让方国家的政局不稳定，政府管理不健全，社会生产效率低，则转让方担心技术转让合同不能如期履行，不能获得预期的利润或投资不能收回，因而风险较大。为了防止可能发生的损失，转让方除在转让合同中采用种种限制性条款外，还会要求较高的技术使用费。如果技术受让方国家关于技术转让方面的法律不健全，对引进技术缺少应有的法律保护，则转让方担心技术会无偿地扩散，为了弥补可能发生的损失，通常较大幅度地增加技术使用费。

另外，还有共同影响技术受让方和转让方对于技术使用费的估值的因素:技术转让方承担的担保责任与技术受让方对技术的吸引能力。

## （三）技术转让价格的作价原则

技术转让价格实质上是技术受让方从应用技术而获得的新增利润中分配给技术转让方的份额，技术受让方在购买时准备付多高的价格，取决于预期新增利润的高低。引进后应用技术获得的新增利润越高，意味着技术的适用性和先进性越高，技术受让方愿支付的价格也越高。当然，技术受让方与转让方要围绕价格展开竞争，结果只能是两者对新增利润的分配。

由于信息的不完全性，准确评估技术的价值是困难的。因此，跨国公司国际技术转让的作价原则是:技术受让方将使用引进技术所增值的部分利润分给技术转让方。技术定价的上限按技术的价值或按东道国政府规定的界线确定，技术定价的下限由转让的成本确定。同时，技术定价的高低主要取决于"技术受让方准备支付多少"，而不是"技术转让方提供的技术值多少"。只有当技术转让方得到适度的报酬，而技术受让方愿意支付时，双方才会成交。

国际技术转让的作价原则为利润分成率（Licenser's Share on Licensee's Profit，简称LSLP）原则，即技术价格是技术受让方使用技术后所得利润的一定份额，用公式表示为

利润分成率 =（转让方得到的费用/受让方得到的增值利润）×100%

技术价格 = 受让方的利润总额 × 利润分成率

发展中国家从发达国家引进技术，其技术定价可参照上述公式，先算出总利润，然后确定一个双方都能接受的利润分成率，一般不超过30%，就可得出一个合理的参考价格，再加上一些特殊的因素，得出实际成交价格。

引进技术定价过程中，应考虑以下三个主要因素。

第一，生产制造成本。按照引进技术进行生产，其制造成本是决定引进技术能否收益和利润多少的关键因素。技术使用费和其他的项目投资费用是一次性投资，而生产经营成本是投资项目中长期起作用的因素，它直接影响投资利润。

第二，营销目标。技术受让方使用引进技术进行生产，其产品能否达到营销目标，与投

资项目、预测利润、确定价格直接相关。同时,营销目标也是技术供应方评估转移技术可能产生的影响程度的依据。

第三,技术收益率。技术收益率直接影响技术受让方的经济效益,技术收益率越高,经济效益就越大。技术收益率是衡量引进技术的费用是否合理和投资效果好坏的重要指标。用公式表示为

$$技术收益率 = 引进方的净利润/技术总费用$$

上述公式说明,引进技术价格高,则技术收益率低。联合国工业发展组织(UNIDO)的报告认为,最佳技术收益率为 3 ~ 5,即花费 1 元钱能收益 3 ~ 5 元。

## 二、跨国公司技术转让的支付方式

按照国际惯例,对专利和专有技术的使用费,目前主要采用一次总付、提成支付、入门费加提成三种支付方式。

### (一)一次总付

一次总付(Lump-sum)是指在许可协议中规定技术转让的一切费用,在签订合同时一次算清,然后一次支付或分期支付。采取这种方式支付的转让费,除了注明总金额外,还要写明各种费用所包括的细目。该办法对于技术供求双方各有利弊。对于转让方,在规定的时间内获得全部收益,不承担日后风险,但将来受让方无论获得多大利益,均不能再分享额外收益。一次总付法对于受让方弊多利少,转让费支付一般发生在技术产生效果之前,转让方不关心转让技术的日后收益,受让方承担的技术风险和市场风险较大。但在这种支付方式下支付的转让费绝对值要低于其他方式,同时,转让费不会随产品销售量增加和价格上涨而增加。一般来讲,技术受让方如有能力吸收、利用全部技术,不需要出让方提供技术协助和服务,且有资金实力,采用一次总付方式比较好。

### (二)提成支付

提成支付(Royalty)是指技术供需双方,通过技术转让合同规定在一定时期内以转让技术实现的经济效益为基础,按照一定的比例提成,分期支付技术转让费用的方式。这种方式的特点是双方在签订技术贸易合同时,只规定提成的比例和基础,不固定合同期间受让方需向转让方支付的技术使用费总额。当受让方利用转让方技术取得实际经济效果时,才根据合同规定计算提成费,向转让方支付技术使用费。提成支付金额的计算主要涉及提成基价和提成率两个因素。

1. 提成基价

提成基价指的是以什么为基础计算提成费。国际上普遍采取按销售价格提成的做法,也有按产品数量或利润提成的。

(1)按销售价格提成

按销售价格提成又称为从价提成,是按应用所引进技术生产的产品销售收入的一定百分比计算提成费。这是一种滑动计价法,提成费会随着销售量和市场价格而上下波动,包含了可能的通货膨胀因素,同时又忽略了产品成本因素。这种计价法既可以保障技术转让方的利益,又能鼓励受让方多销售产品,尽可能降低成本,因而比较公平合理。

（2）按产品数量提成

按产品数量提成属于固定提成，提成额不随成本、价格和币值的变化而变化，只要技术受让方生产产品，就可按产量提成。

（3）按利润提成

按利润提成即按技术受让方应用所引进技术获得的新增利润分成。由于计算新增利润的资料多且难于收集，技术出让方一般不愿采用这种提成方式。

2. 提成率

提成率即按提成基价的多大比率来计算提成费。提成率的计算公式如下：

$$提成率 = 技术许可利润（提成费）/ 产品销售价（提成基价）\times 100\%$$

国际上使用的提成率有两种：一种是固定提成率，即在整个合同期间，每期都按照一个不变量进行提成，一般不超过净销售价的 5%；另一种是滑动提成率（又称递减提成率），即在合同的执行期间内，每期提成支付的比率随着生产数量或销售额的变动而变动，滑动提成率随着生产或销售额的增加而逐步降低。

提成支付的最大好处是技术引进风险较小。因为提成费是按技术使用后产生的实际经济效益来计算的，技术使用无效就没有提成可言。整个协议执行期间，转让双方的利益和风险都捆在一起，因而可约束技术转让方尽心尽责地传授技术，帮助受让方迅速进入正常生产阶段。

## （三）入门费加提成

在实际的技术转让中，人们在一次总付和提成支付两种方式基础上派生出一种折中的方式，即入门费加提成。

入门费（Initial Payment）是指转让方为约束受让方严格履行合同而收取的订金，也是对转让方提供资料、披露技术机密、传授技术的报酬。

入门费加提成支付方式是指受让方在所签订的技术转让合同正式生效以后，或确认转让方已开始执行合同后，先向转让方支付一笔入门费，待项目投产后再按商定的办法逐年支付提成费。该方式实际上是前两种方式的折中。入门费实为总提成费中的初付部分，支付入门费，提成费应相应减少。通常入门费一般为技术转让价格的 15% 左右。入门费在技术合同经双方政府批准生效后才能支付。

# 第四节　跨国公司的技术转让策略

跨国公司技术转让策略包括技术转让内容的策略、技术转让方式的策略以及技术转让时间的策略。

## 一、跨国公司技术转让内容的策略选择

跨国公司向海外子公司或其他企业转让的技术，从与母公司所使用技术的关系来看，可大体分为四类：尚未使用但准备使用的技术、尚未使用亦不准备使用的技术、正在使用且会继续使用的技术、正在使用但即将放弃使用的技术。

1. 转让尚未使用但准备使用的技术

一种新技术都是由若干子技术构成的系统，跨国公司要想独立完成全套的子技术会面

临两大难题:一是研究与开发成本很高,风险很大;二是研究与开发周期长。这意味着短期内跨国公司自己研发几项子技术是可能的,但若想完成全套技术的研发,仅靠自身力量是有困难的,也是有风险的。为了分摊研发成本与风险,加快研发过程,以便早日投入商业化生产,一些跨国公司联合起来共同进行技术研发。通常的做法是将整套新技术进行分解,各公司研发其中一项或几项子技术,然后通过交叉许可,互相转让技术,使每个公司能够运用整套新技术。

**2.转让尚未使用亦不准备使用的技术**

一家企业在技术研发过程中通常会取得各种性质的成果,其中有一些是企业所追求并有能力应用的;也有一些是企业不想要的,或者无条件应用的。这些成果就可以作为技术商品转让给其他企业。

常常看到跨国公司专门为其他企业进行产品设计或技术开发的情况,这些成果并没有打算在该公司中应用。一种原因是这种研究是受其他企业的委托进行的,另一种原因是跨国公司要利用这些技术成果去巩固原料供应渠道,或者利用这些技术去扩展中间产品购买市场。通过提供这些技术,跨国公司的生产经营就有了稳定的原料供应或稳定的产品销路,从而能进一步发挥其优势,扩大业务规模,获得来自比较优势增长的好处。

**3.转让正在使用且会继续使用的技术**

跨国公司向海外其他企业转让的大多为正在使用的技术。因为正在使用的技术,其应用效果已经有实践资料证明,技术受让方容易接受;技术转让方因已取得该技术的收益,技术水平也已得到提高,转让该技术的机会成本和风险较小,因此只要能更多地获得来自该技术的收益,也愿意转让。

有些国家出于国防安全的考虑,或为了扶植民族工业,在某些部门和领域只愿引进技术而不欢迎外商投资。跨国公司为了跨越政治障碍而进入该国市场,往往采取转让技术的方式,而这些技术基本上都是跨国公司正在使用并且会继续使用的技术。

**4.转让正在使用但即将放弃使用的技术**

跨国公司向其他企业转让的大多数技术是它们正在使用但即将放弃使用的技术。对于这一点,雷蒙德·维农的产品生命周期理论已做过解释。按照这一理论,跨国公司转让其正在使用但即将放弃的技术,是伴随产品生命周期临近终点阶段的国际生产行为的一部分。随着产品生命周期过程接近终点,产品就要冲破国内市场的限制向全球扩散,并引进生产地点和技术使用权的国际转移和重新配置。雷蒙德·维农提出产品生命周期理论的实践基础,是美国跨国公司对外直接投资与技术转让的传统做法。

一国对某种产品市场的限制因素是不断变动的,消费者偏好或需求结构的变化导致市场的变动,而市场的变动往往是引起产业结构调整的主要原因,包括引起该产品生产的国际化和国际分工格局的调整。在此过程中,跨国公司向海外企业转让其正在使用但即将放弃使用的技术,是一种理智的必然选择。

## 二、跨国公司技术转让方式的策略选择

跨国公司进行国际技术转让的主要目的是尽快收回技术开发中的投资,并以技术换市场,赚取更多的超额利润。因此,在进行技术转让策略问题上,跨国公司根据实际情况,通常采用以下三种策略方式。

1. 技术转让的优先方案是技术投资和建立子公司

对于已有的技术优势,跨国公司既要设法最充分地加以利用,使之为公司带来更多的超额利润,也要尽力加以保护。因此,跨国公司的技术转让,相当一部分是以对外直接投资形式来进行的。通过直接投资,跨国公司可绕过对方关税等贸易壁垒进入该国市场,也可实现技术转让内部化,即只向子公司转移其优势技术。

跨国公司的内部技术转让大量采用纵向垂直形式,即母公司投入大量资金从事研究与开发,发明新技术,除自己使用外,也转让给子公司。子公司只是技术的接受方,其薄弱的科研活动仅仅是为了将引进的技术吸收、消化,适用于当地的市场环境。这样就形成了具有技术产生、传递、应用、反馈、调整等多重机制的一体化内部技术转移系统,并且使资金运动、技术运动和管理运动三者高度一体化。

在不同类型的直接投资中,跨国公司转让技术的方式是有区别的。对于拥有全部股权的子公司,实行无偿或低价提供系统性技术,以提高其利润率;对于与东道国合营的企业,所提供的技术往往折算成股权投资,或索取较高的使用费。一般情况下,母公司拥有合资企业的股份越多,就越愿意转让其先进的、系统的技术。

2. 技术转让的区位选择

跨国公司对发达国家主要采取互换许可策略转让先进技术。随着当今世界范围内高技术的迅速发展和高技术产业的兴起,工业发达国家为保持自己在高技术方面的优势,对一些尖端技术和高新技术实行保护性措施。一国的跨国公司为从某个发达国家获得先进技术,就采取交叉许可策略,以先进技术换先进技术,由此可使发达国家继续保持技术领先地位。

对于发展中国家,跨国公司则着重转让其成熟的技术或过剩技术。这种策略所利用的是各国经济、技术发展不平衡等条件。一种技术在发达国家进入到成熟期时,它在发展中国家可能还处于创新期。这一技术生命周期差异现象及由此形成的技术梯度,可使跨国公司获得"双周期""多周期"的技术生命,为跨国公司延长其技术寿命、继续从中谋利创造了机会。

3. 技术资本密集产业中的技术转让主要采取成套设备转让形式

成套设备的交易不但包括巨额产品的出口,而且包括数额颇丰的技术转让费。目前,跨国公司40%以上的销售额集中在化学工业、机器制造、电子工业和运输设备等四大资本技术密集部门。业务集中度这样高的原因之一是这些部门中成套设备交易量大。在许多新兴的工业部门,资本技术密集化程度都很高,大多采用"整个工厂"或"整个实验室"的技术转让方式,除了成套设备外,还包括人员培训、试生产等许多项目,即所谓的"交钥匙项目"。

### 三、跨国公司技术转让时间的策略选择

一项技术的产生和发展,有其自身的规律性。雷蒙德·维农的产品生命周期理论把产品分为创新、发展、成熟和衰退四个阶段,跨国公司应按照技术产品生命周期的不同阶段,结合企业在竞争过程中所处的支配、优势、有利、维持、微弱的五种地位,在时间上作出技术转让选择。

跨国公司的五种竞争地位:支配地位,即企业在经营中能左右其他竞争者活动,在同行业中处于支配地位;优势地位,即企业不受竞争对手行为的影响,可以长期保持稳定地位;有利地位,即有较多的机会来改进本企业所处的地位,在个别环节上还具有一些优势;维持地位,即有足够满意的经营业绩,有一定的机会来改进自己所处的地位;微弱地位,即目前

经营业绩不够满意,但也还存在改进机会。

处于不同竞争地位的跨国公司在产品生命周期的不同阶段,所采取的技术转让策略是有所不同的。当技术处在创新阶段时,无论是处于支配地位还是处于微弱地位的企业,一般都不转让技术;对于处在发展阶段的技术,处于支配地位和优势地位的企业原则上不转让,而处于有利地位的企业则考虑适当转让,处于维持地位和微弱地位的企业则考虑转让;对于成熟阶段的技术,居支配地位的企业考虑有选择的转让,但转让条件苛刻,而居优势地位的企业比较愿意转让,居维持地位和微弱地位的企业则主动寻找转让机会;对于衰退阶段的产品,居支配地位和优势地位的企业分别采取有选择转让和愿意转让的态度,处于有利地位的企业则主动寻找机会转让,处于维持地位和微弱地位的企业则急于寻找机会转让。

尽管多数企业按照上述时间选择策略转让技术,但也有少数企业的技术转让不尽相同。形成这种情况的因素有:一是少数技术开发能力较强的大企业,由于其技术研制面广,成果多,且不能都在本企业形成新产品,也转让创新和发展阶段的新技术;二是一些依靠专利和专有技术获得收益的中小企业,由于资本实力薄弱,生产能力受限制,市场开发不足,也会在产品技术早期转让该技术;三是少数人组织的风险企业,尽管拥有先进的技术专利,但无力进行投资和市场开发,往往倾向于通过签订许可证合同来获得较多的利益。

## 【本章小结】

跨国公司是当今国际经济活动的重要主体,也是技术创新的主要载体。技术创新和保持技术优势是跨国公司成功的秘诀。在国际技术市场上,跨国公司既是新技术开发的主体,又是国际技术转让的主体。

跨国公司的技术转让有其自身的特点,在技术转让的过程中,跨国公司主要根据所转让技术及东道国的具体情况,采取不同的技术转让策略和方式,并对不同类型的技术转让采用不同的定价,其目的主要是为了降低生产和运营成本,寻求更大的利润。

## 【思考题】

1. 什么是技术转让?
2. 跨国公司国际技术转让的特点是什么?
3. 跨国公司技术转让有哪些方式?
4. 影响跨国公司技术转让的因素有哪些?
5. 技术许可贸易的含义是什么,技术许可有哪些形式?
6. 跨国公司技术转让中的成本和费用包括哪些内容?
7. 影响技术转让定价的因素的有哪些?
8. 简述技术转让价格的作价原则。
9. 简述跨国公司技术转让的支付方式。
10. 试述跨国公司的技术转让策略。

## 【课外阅读】

### 康明斯公司的技术优势

康明斯公司创建于1919年,总部位于美国印第安纳州哥伦布市,是全球领先的动力设备制造商。康明斯设计、制造、分销和服务的领域覆盖发电系统、发动机及相关技术,包括

燃油系统、控制系统、进气处理、滤清器和排放解决方案。康明斯公司在全球 137 个国家和地区拥有 680 多家分销商,5 000 多个代理商,网点遍布世界各地。在全世界范围内,康明斯拥有 40 多家工厂,年产发动机十万多台,雇员 2.4 万名,2003 年的全球销售额达 63 亿美元,是美国《财富》500 强企业之一,也是《财富》杂志评选的 2004 年度美国最受敬仰的公司之一。

1975 年,康明斯当时的董事长埃尔文·米勒先生首次访问中国,和中国机械进出口总公司及有关部门就中国东北鞍钢下属铁矿进口康明斯重型矿用发动机的售后服务事宜进行了研讨,这是中美两国 20 世纪 70 年代恢复接触之后最早的经贸往来之一。

1979 年,中国刚刚向世界敞开大门,康明斯第一家驻华办事处同年在北京成立。

1981 年,康明斯与当时的中国重汽集团签订了第一个许可证合作协议,成为最早进入中国重型工业领域的外国企业之一。重汽集团重庆发动机厂许可证生产的康明斯 M,N 和 K 系列重型柴油机,大幅度地提升了中国大马力柴油机的技术水平;而 1986 年东风公司引进的康明斯 B 系列 4 L 和 6 L 发动机更是康明斯中马力柴油机的旗舰产品,全球保有量愈 300 多万台。本地生产的康明斯 B 系列柴油机以动力强劲、可靠性高和性价比高等著称,被很多东风卡车用户誉为"发财机"。

1992 年邓小平南巡之后,中国经济开始了新一轮的高速增长。这期间,康明斯多次派遣高层人员来华进行市场调研,研究新的市场战略,确定了加快进行合资生产的方针,1994 年到 1996 年的短短三年时间里,重庆康明斯、东风康明斯等 5 家合资企业先后成立,并引进了新一代康明斯产品和技术。

康明斯公司对中国内地的经济发展充满了信心,因此与 1997 年年东亚地区的总部设在北京,统筹康明斯公司在中国的业务发展,跨入了本地管理这一跨国经营的新阶段。康明斯也是最早在京设立总部的跨国公司之一。

伴随着本地化生产的推进,1997 年康明斯高层在长江三峡的一艘油轮上召开了有"三峡回忆"之称的战略研讨会,会上形成的思路就是要加快建设本地服务网络。三年之后的 2000 年,康明斯在中国内地的服务体系已经拥有 10 家地区服务机构和 100 多家授权代理商,再一次超越了其国际竞争对手。

2002 年初布什总统访华期间,专程参观了康明斯和北京公交合作的天然气公交车项目。

进入 21 世纪,行业专家认为引领中国柴油机市场的关键"动力"之一将是不断严格的尾气排放标准。为了迎接新的排放法规的挑战,加强本地化生产的竞争力,2003 年 2 月 23 日,康明斯与东风汽车股份公司共同宣布对双方的合资企业——东风康明斯发动机有限公司进行增资扩股。扩大合作后的东风康明斯发动机有限公司注册资本愈 1 亿美元,充分利用现有的厂房和生产设备,实现资源整合和优化,全面引进康明斯最先进的电控发动机技术平台,大幅度提升产品技术含量和竞争力。新的合资公司生产康明斯 B,C 和 L 系列 4～9 L 机械式和全电控柴油机,功率范围 73.6～331 kW,能够满足欧洲三号和四号汽车排放标准以及欧美非公路用机动设备第二阶段和第三阶段排放标准,在技术上实现与欧美市场同步。此举标志着中国中重型柴油机领域规模最大、技术最先进的生产基地从此诞生。

# 第十章 跨国公司财务管理

## 【学习目标】

1. 掌握跨国公司财务管理的内容、目标和特点。
2. 理解跨国公司财务管理体制的类型。
3. 掌握跨国公司融资经营的放大效应、资金的来源以及融资方式。
4. 掌握跨国公司外汇风险的类型、预测和管理技术。

## 第一节 跨国公司财务管理概述

### 一、跨国公司财务管理的内容

跨国公司财务管理也称跨国公司理财,是指公司在跨国经营后,对公司跨越国境的投资、融资及内部资金的管理,按照国际惯例和国际经济法的有关条款,根据跨国公司财务收支的特点,组织跨国公司财务活动,处理跨国公司财务等相关的经济管理工作。跨国公司财务管理主要包括以下四大内容。

1. 国际融资管理

跨国公司通常要根据其生产经营对资金的需求量,通过一定的金融机构或金融市场,以及国际筹资风险和成本组合的管理,以低成本、低风险获取所需的资金,建立合理的全球范围内的最佳资本结构。国际融资管理是跨国公司管理的一项重要内容。

2. 国际投资管理

跨国公司在进行国际直接投资时,往往面临着较大的投资风险和复杂的政治、经济等环境因素,因此需要运用国际资本预算方法来评估投资项目,对投资项目进行财务可行性分析,选择合理的投资方式。

3. 国际营运资金管理

经营全球化给跨国公司带来的好处需要通过资金在具有不同资源优势、税率、政治经济环境的国家和地区之间的转移来实现。营运资本管理既包括流动资产的管理,也包括流动负债的管理。

4. 国际税收管理

国际税收管理的重点就是利用各国间税收制度的差异,以及利用各国签订的税收协定,在国际企业的筹资、投资、营运资金流动及利润分配的各个财务环节制定减少双重纳税的措施,利用税收优惠实现税收减免或利用国际避税减少所得税支付,增加企业税后收益。与国内财务管理相比,跨国公司的国际财务管理还有一些特殊的内容,如汇率预测和外汇风险的管理、国家风险管理、转移价格的制定、投入子公司资本及分红的管理、冻结资金的管理等。

## 二、跨国公司财务管理的目标

跨国公司的资金流动不是单一的本币,而是涉及国内、国外的资金市场,而且涉及的国家和地区可能存在较大的文化、经济制度、法律甚至道德标准的差异,跨国公司在实现其财务管理目标时,如果只是单纯地追求"股东价值最大化"的目标,而不考虑其他因素,就不可避免地会与东道国的期望以及当地经营标准发生冲突。因此,跨国公司应该设定一个合理的财务管理目标体系。

1. 股东财富最大化

股东财富最大化强调的是在给定风险水平条件下,股东的收益最高,即用股东的资本收益和股利收益来度量股东收益是否最大化。由于股东财富是由其拥有的股票数量和股票市场价格计量的,因此股东财富最大化目标比较容易量化,便于财务业绩的合理评价。

2. 公司价值最大化

公司价值最大化,即通过跨国公司财务上的合理经营,采用最优的财务政策,充分考虑资金时间价值及风险与报酬的关系,在保证跨国公司长期稳定发展的基础上使公司总价值达到最大。公司价值不仅体现在金融财富方面(现金、有价证券等),还体现在市场、人力资源、技术等方面,跨国公司不仅包括股东,而且是一个融合了债权人、一般员工、多个国家政府等多个利益群体的集团。因此公司价值最大化的财务管理目标能够克服跨国公司片面追求近期利润的行为,而关注于在公司的发展成长过程中各方利益的关系,保证公司长期稳定地发展。

跨国公司财务管理的目标是需要适应多因素变化的综合目标群,是一个多元的有机整体。要结合母公司和子公司的具体情况,设定一系列辅助目标,在实现"公司价值最大化"主导目标的同时,还应该同时履行社会责任、加速公司成长、提高公司偿债能力等一系列辅助目标,从而增强跨国公司在全球的竞争力。

3. 企业价值最大化

企业价值最大化是指跨国公司的财务管理采用最佳的财务政策,使企业的资金时间价值及风险与企业的报酬相匹配,努力实现年度总价值和公司长期发展目标。跨国公司通常采取合理、有效的财务政策与措施,以实现企业价值最大化。

(1)保持公司销售额长期稳定的增长。客户利益至上,扩大营销和不断推出新产品。

(2)保障股东的利益。使投资者对企业经营持有信心,愿做长期战略性投资。

(3)控制风险。企业财务经营严防不顾风险大小,盲目追求利润。

(4)培养可靠的资金供应者。公司的财务工作要加强与债务人的联系,重大资金运作必须听取债权人的意见。

(5)关心员工的利益。公司要为员工创造安全、舒适和谐的工作环境,使工的利益与企业效益挂钩,员工的培训和升迁与企业的发展同步。

(6)重视社会效益。企业讲信誉,履行企业的社会责任,当好"好公民"。

(7)严格遵守东道国国家的法律。

(8)加强与政府主管部门的联系。

### 三、跨国公司财务管理的特点

#### （一）跨国公司财务管理目标的多元化

大型跨国公司管理目标是多种因素构成的综合目标，其中有起主导作用的主导目标，它体现公司的全球战略目标的要求。其他目标称之为辅助目标，处于被支配的地位。上述"企业价值最大化"，就是主导目标。此外，公司财务管理努力实现企业持续、稳定的增长，保持企业融资和偿债能力，控制风险等一系列的辅助目标。

#### （二）跨国公司财务管理目标的层次性

跨国公司财务管理目标是一个有机的系统，其目标体系通常是由整体目标、分部目标和具体目标三个层次组成。

1. 整体目标

整体目标即跨国公司财务管理的基本目标。它直接关系到企业的效益和企业的增长，它决定着分部目标和具体目标。

2. 分部目标受制于整体目标，服从于整体目标

分部目标中的国际筹资目标、项目资金运作目标、外汇风险控制目标等是实现公司整体目标的保障。

3. 具体目标

它在整体目标和分部目标的制约下，经营某项特定财务活动所要达到的目标。如一项投资项目的决策、一次股票发行所要达到的目标等。公司财务管理目标是由众多的具体目标的兑现而实现的。

#### （三）跨国公司财务管理目标的复杂性

全球化经营的跨国公司，其财务管理面临各国复杂的财务环境，受制于各种财务管理的影响，使得跨国公司财务管理必须"一把钥匙开一把锁"。既要兼顾局部利益，又要顾及整体利益，造成财务管理的复杂性。

### 四、跨国公司财务管理体制

#### （一）跨国公司财务管理体制的形成

跨国公司的财务管理体制自成一个组织体系，承担着不同的财务职责，并影响着整个公司的分工和运营。跨国公司的财务管理体系大多与公司业务活动的规模相适应。当公司处于规模小、国际化程度低下的情况时，财务管理大多由理财的专职经理和少数专职会计负责，公司实行分权管理体制。当公司业务规模不断扩大，特别是国际业务猛增时，财务管理过渡到总部集权体制，也就是公司总部主营重大的国际财务决策和执行，以保证有限的资金集中使用，高效化运营。当整个公司业务进入全球化运营时，财务管理趋向"大权集中，小权分散"的财务管理体制。总部主营公司全部资金的部署和增量回收，由海外子公司和分支机构负责管理具体项目资金的运作，总部一般较少干预。

### （二）当代跨国公司财务管理体制的类型

跨国公司财务管理的类型，按公司的规模和国际化的程度不同而异，可分成三种类型：分权型、集权型以及部分集权与部分分权型。

1. 分权型财务管理体制

分权型财务管理是以海外子公司和地区业务中心作为财务管理的决策单位，享有财务管理决策自主权。这样便于抓住商机，独立运作。分权型财务管理的特点是：各个战略业务单元（Strategy Business Unit，简称 SBU）按照统一的会计准则制成财务报表，便于公司总部对经营业绩进行对比分析。

（1）分权型财务管理的优点

第一，有利于调动各个 SBU 管理人员的主观能动性。

第二，有利于信息专门化。各个 SBU 是提供信息、选用信息、加工信息和储存信息的单位。

第三，有利于各个 SBU 的财务人员自主决策，以提高制定和实施决策的速度，克服集中管理所产生的规模不经济。

第四，有利于基层管理人员的培训和决策实践，便于积累经验和才干，也有助于总部考察具有潜质的管理人员，进行适时的提升。

（2）分权型财务管理的缺点

分权型财务管理难以保证部门的目标与公司的整体目标的一致性。各个 SBU 决策者可能会以最好的方式制定和实施本部门的目标，但很难顾及其他单元和总部的目标。

2. 集权型财务管理体制

集权型财务管理是将财务管理大权的决策和实施集中于公司总部，采取集中管理的形式。这样有利于全盘财务的调度。集权型财务管理的特点是：整个公司的战略决策权和经营权都集中于母公司总部，海外各子公司和地区业务中心起辅助和配角的作用。

（1）集权型财务管理的优点

第一，有利于发挥总部财务专家的作用，提高公司财务管理水平。

第二，有利于提高资金的使用效益，集中财力办大事。

第三，有利于总公司运用资金，加强对下属企业的控制与协调，体现母公司作为控股公司的作用。

第四，有利于提升公司抵御国际市场上的外汇风险能力。

（2）集权型财务管理体制的缺点

第一，在一定程度上削弱了子公司经理的生产经营自主权，容易挫伤他们的积极性。

第二，当母公司从全球性生产经营出发，以实现公司整体利益最大化为根本目的来进行集中财务决策时，子公司的具体情况和直接利益就会放在次要位置，这容易损害公司外部利益主体即当地居民和当地持股人的利益，招致他们的反对。

第三，集中决策与管理使公司总部能更加方便地采用转移价格等手段抽调子公司的生产要素、产品和利润，逃避有关东道国的关税和所得税，规避当地政府政策法规的限制，会造成东道国政府与本公司甚至本国的摩擦。

第四，扭曲各子公司的经营实绩，给子公司经营绩效考核增加了困难。这是由于在财务集中调度之下，一些子公司不得不放弃本可捕捉的机遇和利益，另一些子公司又获得了

本不属于他们的额外好处。

### 五、当代跨国公司的财务控制

跨国经营企业为实现财务管理目标,必须实行一定的财务管理形态和财务控制手段。所谓财务管理形态,是指跨国公司对财务管理权的安排。所谓财务控制,是指跨国公司内部的业务评估制度、财务报告制度以及管理和考核财务业绩的标准。

#### (一)公司内部业务评估制度

公司内部业务的评估,以财务评估指标体系对各个经营实体的实际业绩进行考核,视其完成任务的情况,合理使用公司财源的状况及各项财务指标实现的情况等,用"公司货币"换算计量公司业绩对其工作进行评价。

1. 业务评估以"公司货币"标准

公司业务经营中通常采用三种货币:跨国公司母国货币,子公司所在国货币,第三国货币。无论使用哪一种货币记账,但考核时,最终都必须以"公司货币"(Corporate Currency),也就是母公司所在国货币来编制综合财务报表,使得整个公司按统一的换算标准和衡量业绩的标准进行评估。在业务评估中,不同货币的换算会受到汇率变动的影响,这是财务工作中最难处理的问题。

2. 汇率换算常用的方法

(1)当期与非当期区分法(Current and Non - current Method),即公司资产负债表中的当期项目按制表日汇率换算,非当期项目按项目发生时汇率换算。

(2)货币与实物区分法(Monetary and Non - monetary Method),即公司资产负债表中以货币形态表示的价值按制表日汇率换算,以实物形态表示的价值按其发生时的汇率换算。在换算中,一般要求按职能货币进行换算。所谓职能货币,是指公司日常处理经营活动中应收、应付款项的流通货币及实现利润的货币。

3. 职能货币及其汇率换算万法

(1)母国货币。在母公司与附属公司业务往来中,通常采用母国货币为职能货币,以避免汇率波动波及母公司现金流动。

(2)子公司所在国货币。拿子公司所在国货币作为职能货币。以它来记账,那么汇率换算为:资产负债表按制表日汇率换算;损益表按平均汇率换算。如果出现差额按"由换算引起的资本调整额"入账。

(3)第三国货币。子公司设在第三国的控股公司,以第三国货币作为职能货币。汇率换算时,先将资产负债表和损益换算为第三国货币(职能货币),然后再换算成母国货币,记入财务报表。

#### (二)公司财务报告制度

根据母公司决策和对附属公司考核、监督的需要,公司设立 3 种类型的财务报告。

(1)综合财务报告,主要供母国政府使用。

(2)子公司财务报告,按东道国家的要求对企业经营状况作出财务分析,以供东道国审核。

(3)公司实际业绩财务报告,专供母公司决策者参考。

1. 业绩财务报告内容

各种报告使用的目的和要求不同,内容亦不尽相同,主要应列明以下内容:资产负债表、损益表、资金分析表、营销分析表、库存分析表、借款细目表、应收账款分析表、通货膨胀影响分析报告、工资成本分析报告、订单积压报告、汇损益报告、汇风险暴露报告等。

2. 公司业务考核内容

子公司在业务上具有很大的自主权,与母公司财务往来关系不甚密切,母公司管理和考核子公司经营状况显得格外重要,通常从以下几方面进行考核:业务实绩与预算分析比较、投资收益率、销售报酬率、资产报酬率、资产与负债管理、股份红利增长率、现金流量增益额、战略规划完成情况、经通货膨胀调整后业务实绩、新技术开发和应用情况、公司产品市场占有率及产品质量情况、公司营销战略分析等。

跨国公司总部通过建立公司内部的预算控制和业绩评估制度对国外子公司进行合理有效的管理,而子公司的财务业绩分别由三个报告制度反映出来,即财务预算制度、财务报告制度和财务分析制度。

总之,公司财务管理不仅对企业合理地筹措和应用资金起决定性作用,而且对企业各项经营活动的规划、风险的分析、资源的配置等方面起着指导、监督和促进的作用。

# 第二节  跨国公司的融资管理

资产经营作为产品经营发展到一定阶段后的一种创新经营形式,也是企业超常规发展的主要手段。一般说来企业要发展,不外乎有两种主要途径:一种是内部扩张,通过内部资本积累,不断投资新的项目和业务,走内涵式发展道路;一种是外部扩张,通过兼并、收购、联合、重组等手段,把已有的企业或业务并进来,以迅速扩大经营规模。企业如果单纯依靠产品经营手段,只能按常规速度发展。国际级大企业在发展过程中往往坚持两种方式并重,尤其当企业发展到一定阶段,并且外部经济环境比较有利时,通常更多借助于资产经营进行外部扩张使企业获得超常规发展。企业进行资产经营,把产业资本和金融资本很好地结合起来,企业规模就可呈几何级数增长。

## 一、公司融资经营的放大效应

跨国公司通过资产经营实现迅速壮大的机理,呈现出六个放大效应,即结构放大效应、交易放大效应、市场放大效应、融资放大效应、时间放大效应和效益放大效应。上述各个方面的效应使得企业可以突破一定的传统经营条件的约束,拓展企业的发展空间。

1. 结构放大效应

资产经营跳出了传统的、只对产品进行生产经营或提供劳务的模式,对经营对象作了极大调整扩展。它把整个企业的一切资源,如厂房、设备、产品、货币、债券等有形资产,以及商标、专利、技术、人才、商誉、管理、营销网络等无形资产全部利用起来,通过在资本市场的运作,实现资源的优化配置和资产的快速增值。而且,经营对象由单一产品或劳务的简单平面结构,扩大到了创造经济效益的所有生产环节和生产要素,从而形成利润的立体结构,推动企业的高速增长。

2. 交易放大效应

随着经营对象的扩大和完善,资产经营的交易规模也相应急剧扩大,交易量与产品经营相比往往呈几何级数增长,这是产品经营所无法比拟的。

3. 市场放大效应

产品经营的市场是狭小的,往往局限于一个国家、一个地区或一个行业。由于资产经营是通过价值形态、资本形态的交易方式进行的,这样在当前资本市场日趋国际化的条件下,企业可以利用资本市场流动性强的特点和优势,综合运用资本市场的各种投资工具,不受空间、时间限制地与世界上任何地方的投资者进行交易,从而使市场容量无限扩大。资产经营不仅使企业面对的资本市场得到扩大,而且可利用资本市场的筹资、企业重组、购并实现商品市场的放大。日本经济中的一些支柱工业部门通过庞大的资本市场实行兼并活动,形成了庞大的垄断公司,成为世界上各行业的巨人。

4. 融资放大效应

资产经营把产业资本与金融资本结合起来进行融资,与一般融资方式相比,具有非常明显的特点:一是直接融资,它依托资本市场进行,资金来源广;二是融资工具多元化,可根据条件和时机,灵活运用配股、注资、分拆、可转换债券、股份出售等各种融资工具;三是资金量大,以中国香港证券市场为例,筹资量小的一般有几亿港元,多的达到几十、上百亿港元;四是股本型筹资无负债,可增强企业财务基础;五是融资无次数限制,只要企业经营得好,在资本市场进行扩股和配售,基本上不受时间约束;六是具有兼容性,它不排斥一般融资方式,而且成功的资产经营还可以提高企业知名度和资信状况,更有利于企业进行其他方式的融资。资产经营的融资放大效应还表现在一些企业可通过充裕的资本市场,发行便利的融资工具,运用杠杆收购原理以小吞大。

5. 时间放大效应

产品经营从筹建、生产到销售直至回收,投资周期一般都比较长,需要几年甚至十几年的时间,而且也受到产品寿命周期的制约。而资产经营的对象往往是已进入销售阶段且有一定盈利业绩的成熟资产,因此投入和产出的周期大为缩短,而且通过资产经营可以对企业各类产品的生命周期进行有效匹配,从而使企业得以持续发展。企业还可以将有关业务或项目通过上市或出让等资产经营活动在特定市场交易中,如在证券市场上释放出来,从而大大提高资金循环、周转的速度。

一般而言,企业收购其他资产,半年后就可包装上市,从而使资金循环周转速度成倍提高。事实证明,一个国家骨干大企业成长速度加快可以带动整个国民经济增长速度的加快。东亚的日本和韩国能够在战后较短时间内完成工业化进程,跻身于世界经济强国行列,与两国大企业的迅速崛起是分不开的。日韩大企业在政府的扶持和鼓励下,大力进行资产经营,使时间放大效应得以足量释放,从而在短时期内走完了欧美大公司几十年甚至上百年的发展历程。

6. 效益放大效应

资产经营通过对资产存量和增量进行管理、重组和交易,可在短期内使资产获得最大限度的增值,为企业带来巨大的效益。如跨行业的产、供、销的全方位的资产运作可使企业的资源得以最优配置,从而带动企业资产运作的高成功率和高回报率。

资产经营的交易有另一个特点,就是其交易不是以资产的当时实际价值进行,而是以溢价方式进行,不仅包括了当时价值,还包括了未来价值,即资产的未来盈利能力,使资产的未来价值和利润能提前获得,这就使资产经营的投入产出比大大提高。

一般来讲,资产溢价交易的卖方可以提前套现资产,获得更多的流动资本,有利于全面拓展新的业务;而资产的买方之所以愿以高于现在价值的价格接受某项资产,一方面可能认为此项资产与公司原有业务整合后未来价值会高于溢价。另一方面也可能是偏重于长期投资的投资者,追求的是稳定、持久、适中的投资回报,而非短期利益。

发达国家溢价发行股票时,认购者中,机构投资者如养老基金、保险公司占了较大比重便是很好证明。

## 二、跨国公司经营资金的来源

### (一)来自公司集团内部的资金

1.跨国公司需要资金融通的业务范围

跨国公司从事国际经济活动,筹集资金是一项重要的业务活动。跨国公司需要的资金不仅数量庞大,而且涉及众多国家和多种货币。一般说来,跨国公司有六项主要的业务活动经常需要国际资金融通。它们是:借入短期资金融通国际贸易;借入短期资金以敷日常业务开支;借入中长期资本购买固定资产;借入中长期资本用以兼并其他公司;在全球范围内借贷资本,以使资本收益最大化;在外汇市场买卖外汇,以谋取汇率差异收益。

2.跨国公司集团内部的资金来源

公司集团内部的资金融通是指母公司与子公司,或子公司与子公司之间相互提供的资金。母公司通常为其国外子公司提供大量所需的资金,尤其是投入足够的股份资本以保持对企业的所有权和控制权。其主要形式有:

(1)公司内部资金积累。内部资金积累主要由未分配的利润和折旧提成组成。折旧提成是企业资金的重要来源,一般约占40%的比例。一些国家实行加速折旧政策,企业依法提高折旧费,这样既可以获得所得税减少的好处,又可以提前回收投资。

(2)母公司对子公司的股权投资。母公司除了向海外子公司主动投入一定的股权投资外,还可以在子公司存续运转期间进行追加投资,以提高对子公司股权的控制程度。

3.母公司向国外子公司提供贷款

贷款可以是货币形态,也可以采用实物形态,诸如提供机器设备、原材料、最终产品以及资本化了的专利、工艺和管理等。采用这种形式的贷款目的在于减少纳税,并避免减少对股息汇回的限制。因为大多数国家课税时,将股息算作利润,而利息则不算作利润,从而可以减少纳税。此外,当东道国外汇紧缺并实施外汇管制时,偿付利息较比汇回利润享有优惠。

4.母公司大量投资购买子公司的有价证券

母公司大量投资购买子公司的有价证券,以保证对子公司的所有权和控制权。这种投资资金来源于母公司的未分配利润和折旧基金,可以在公司母国资本市场上发行债券,也可以到国际金融市场借款,或者由其他子公司调拨资金。跨国公司集团内部的资金,已成为西方公司重要的资金来源,其比重约占四个方面资金来源的50%。其重要性随着国际金融市场利率的提高,跨国公司就更加依赖于外国盈利的再投资。

### (二)来自公司母国的资金

跨国公司吸收外部资金是筹集资金的又一项重要措施。母公司可以利用其与母国经

济发展的密切联系,从母国银行、金融机构和有关政府组织等获取资金。具体途径有三条。

（1）母公司或子公司从银行和金融机构获取贷款,这是公司外部资金的主要来源。特别是在世界经济不景气的时候,银行和金融机构对工业与公司的贷款的重要性增强。

（2）母公司或子公司在母国资本市场上发行债券,这是公司传统的集资方式。传统的证券集资往往通过专门金融机构进行,如美国投资银行和投资信托公司,英国商业银行等都具体经办这类业务。

（3）母公司或子公司由母国有关政府机构或组织获取贸易信贷,以及鼓励对外直接投资等专款资金。这一资金来源随着经济贸易保护主义的增加而与日俱增。子公司从母公司母国采购机器、设备、原材料和零部件等,可以获得银行提供的出口信贷。另外,母国政府为了鼓励公司国外投资设立专门机构,并拨给专款,支持在发展中国家的子公司。如美国海外私人投资公司,其主要任务是向设在发展中国家的美国子公司发放贷款。通常这类金融机构所提供的专款资金的利率低于商业贷款的平均利率。

### （三）来自东道国的资金

当公司集团内部,公司母国资金来源不能满足子公司的资金需求时,子公司东道国资金是补充的来源。它们包括银行和金融机构的贷款、发行股票、出售债券等。由于跨国公司子公司遍布全球,各东道国经济状况差别甚大。有的国家金融环境好些,有的国家差一些,有的国家根本难以在当地集资。因此,跨国公司利用当地资金的情况不尽相同。

在发达国家,跨国公司因各国金融环境的差异而采取不同的集资方式。在美国和加拿大,证券市场是最重要的资金来源。在德国和英国,银行业是提供信贷和借款的主要机构。在日本,银行业和证券业的职能分离,银行是主要参与对公司的短期和长期贷款及贸易信贷的机构。

子公司在发展中国家集资往往都比较困难,因为那里没有资本市场,或者资本市场很不发达,银行通常只提供短期贷款,证券市场很不健全。

### （四）来自国际社会的资金

当上述资金来源仍不能满足跨国公司的集资需要时,公司还可以利用国际资金来源。除公司集团内部、总公司母国、子公司东道国以外的任何第三国或第三方提供的资金都可称之为国际资金。国际资金主要来源有三方面。

1. 向第三国银行借款或在第三国资本市场出售证券或债券

向第三国银行借款往往只限于在跨国公司子公司从第三国购买商品时,设法获取出口信贷。大多数发达国家都有类似于美国进出口银行为出口融资的机构。一些发展中国家也开始为它们产品的出口提供融资业务。

向第三国资本市场筹集资金主要采取出售"外国债券"的办法,但是采用这种方法集资的公司需要承担外汇风险。

2. 向国际资本市场借款

跨国银行是国际资本市场的大贷主。跨国公司借款的主要形式是以债券筹集中长期资金。其主要特点是公司发行多种形式的债券。有传统的固定利率债券,也有浮动利率债券。在各种债券市场中,欧洲债券市场愈来愈显示出它的重要性。

3. 跨国公司从国际金融机构获取贷款

在发展中国家进行投资活动的外国子公司,国际金融公司是另一个资金来源地。国际金融公司(International Finance Corporation,简称 IFC)是世界银行集团的一个成员,由 124 个国家政府参加的国际组织,其宗旨是向成员国,尤其是向在经济落后国家或地区重点建设项目投资的私人公司提供无需政府担保的贷款和投资,以促进国际和私人资本流向发展中国家。鼓励私人公司投资的方式有 3 种:①直接向当地企业投资,分享利润;②向这些私人公司贷款,期限 7 ~ 15 年,利率略高于世界银行贷款;③是以上两种方法兼而有之的投资。国际金融公司最多承担项目总成本的 25% ~ 30%,而且不介入项目的管理,以便调动私人公司的投资积极性。

### 三、跨国公司的融资决策

#### (一)跨国公司融资决策的依据

跨国公司从多方面筹措资金,扩大国外经营业务。公司可以从各方面资金来源中,选择较佳机会取得资本,享受比较利益,从而使公司资本成本降到最低限度。

公司选择最佳的融资来源目标是:经外汇风险调整后,使外部资金的成本降低到最低限度;在选择公司集团内部资金时,使公司的全球性税负及政治风险降至最低;公司各个经营单位都应以谋求整个公司全球性综合资本成本最优化为其经营的宗旨。跨国公司在制定融资决策时,必须考虑以下几个方面的问题。

(1)国际资本市场瞬息万变,资本的成本变化快,公司应密切注意世界金融市场及东道国的市场变化,扩大资金来源。资金来源的选择是一种连续性的活动。一般说来,在市场诱人时,经理应在市场寻找资金,而不是等到公司需要资金时才去市场。手中剩余的资金可以设法获取利润,一旦公司需要时,又可以将其投入获利更大的项目。

(2)公司对国外的投资只想使自己的股本义务最小化,以便减少承担股本风险,但是那些新建的国外项目、扩建的重点项目和有示范作用的项目,股本资金必须来自跨国公司。使用公司自有资金和使用长期借贷资本是筹集固定资产的通用方法。流动资金的筹集,要尽可能地利用当地信贷。当地筹资和国外筹资的比例,取决于当地资本的可用性、成本水平以及政府对高债务比例的限制。

(3)各国融资情况差别甚大,但有些国家,银行透支甚为流行;在另一些国家,政府融资机构可能就是当地融资的主要来源;而美国和加拿大,有价证券是集资的主要途径。因此,公司在作融资决策时,应当注意研究各国商业银行的形态,证券市场的规则,以及政府对资金的管理政策等,并采取相应的对策。

(4)不同的国家,其税收制度、融资机构、融资习惯,以及资本流动管理措施各不相同。同时,不同的资本市场既给融资收益提供了机会,但也潜伏着增加资本成本的风险。

(5)融资过程中两个变动性较大的因素是通货膨胀和汇率变化,应予以特别注意。各国不同的通货膨胀率可能影响子公司的竞争力和利润率。汇率变化会影响子公司的竞争地位及母子公司之间现金流量价值。

#### (二)跨国公司的融资方式

在国际市场上,跨国公司作为市场主体,必然是投资主体。多种方式、多种渠道筹集公司生产经营和发展的资金,谋求公司的生存和发展,是公司经营者的重要经营举措。

根据融资期限不同,融资方式可分为长期融资、中期融资和短期融资三种。

1. 长期融资

公司长期融资主要方式有:发行股票、发行公司债券和长期借款。

(1)发行股票集资。股票是拥有公司股份,即公司部分所有权的书面凭证。它是有价证券的一种基本形式。公司是依法定程序向社会公众发行股票筹集资本,通常分普通股和优先股。普通股,其股本构成股份公司资金的基础部分,是股票最普通的一种形式,其股息随公司利润的变动而相应变化。普通股集资是股份公司最为稳定的资金来源,也是吸收其他方式投资的重要保证,公司可按盈利状况和现金运用情况灵活安排股息和红利的发放,有利于公司顺利发展。优先股是指此种股票持有者比普通股股东享有优先权。它是一种介于普通股集资和举债集资之间的筹资方式。优先股的股息率固定不变,可优先领取股息,并且在公司解散时,可拥有优先分享公司净资产的权利。公司往往在创业阶段和扩展时期发行股票集资,使用这种方式集资的优点在于:通过发行股票能够在短时期内,把分散在社会上的大量货币资金聚集到一起,以满足大规模生产所必需的资本额,同时,扩大公司营业不再受公司自身积累能力的限制。

(2)发行公司债券。公司债券是指公司按照法定程序约定在一定期限内按票面额还本付息的一种有价证券。证券持有人可定期获得利息并在期满时收回本金。而发行证券的公司以此获取长期资金。两者之间是债权与债务的借贷关系,并非是股权关系。因此,债权人不参与公司管理、不承担经济责任。公司债券在筹集长期资金方面具有下列优点:债券面额小、流动性强、筹集范围广、规模灵活;债券利率略低于银行贷款利率,又高于存款利率,债权债务双方都能接受;债权人不过问公司的经营,使债务人能较好行使自主经营权。

(3)长期借款。公司经营大型投资项目或其他工程建设,需要在国际金融市场上筹集巨额长期贷款。公司通常从以下几个渠道获取借贷资金:一是银团贷款,即由一家跨国银行牵头,由若干国家的银行参加,专门组成一个贷款银团共同发放贷款。这种贷款的特点是费用比较高,但灵活性较大;二是在会员国政府担保下,私人公司可以取得世界银行的长期低息贷款,而世界银行下属的国际金融公司也向会员国公司发放不需政府担保的贷款。

2. 中期融资

国际金融市场上通常将7年期限的融资叫作中期融资。其主要形式有:中期贷款、出口信贷和国际租赁融资。

(1)中期贷款。跨国公司需要不断增添固定资产,也需要补充长期营运资金的不足,各国商业银行、金融公司和人寿保险公司可以提供这种中期贷款。

(2)出口信贷。出口信贷是由出口国银行对本国出口商或外国进口商或进口国银行发放的贷款。由于大型机械、成套设备贸易成交额巨大、周转期限很长,因而需要较长期限和较大金额的信贷支持。这种一年以上的贸易信贷,可分为卖方信贷和买方信贷。

卖方信贷即出口国银行提供给出口商的信贷。卖方信贷实质上是出口商以银行信用为凭借,再向进口商提供的分期付款的商业信用。各国卖方信贷的具体做法尚有差别,一般做法是进口商在签订买卖合同后先支付相当于货款10%～15%的金额作定金,在分批交货、验收和保证期满时,再分期支付10%～15%的货款,余下的70%～80%货款在全部交货后的若干年内分期偿付,且一并偿还延期付款期间的利息;出口商与其所在地银行签订贷款协议取得银行贷款,再向进口商提供延期付款的商业信用,然后从进口商偿还的货款中把借款和利息等费用偿还贷款银行。采用卖方信贷有利于进口商资金融通,其代价是进口

成本和费用较高,一般比现汇进口价高 3%~4%。

买方信贷,即出口国银行直接向进口商或进口国银行提供贷款,并要求此项贷款只能用于购买债权国的商品。进口商利用买方信贷及时向出口商支付货款,出口商能迅速收回资金,加速资金周转。买方信贷的具体做法是进出口商签订合同后,进口商支付相当于贷款 15% 的现汇定金,并以贸易合同为基础,在进口国银行担保下与出口商所在地银行签订贷款协议;出口国银行根据贷款协议规定,凭出口商提交的发货单据,代进口商付货款给出口商,同时将款项记入进口商借款账户内;按贷款协议的条件,进口商向出口国银行分期偿还本金并支付利息和其他费用。

此外,中长期贸易信贷还有福费廷,即在延期付款的大型机械设备交易中,出口商经进口商承兑、进口商往来银行担保的半年至 5~6 年的远期汇票,无追索权地售给出口商所在地银行或金融机构办理贴现,提前取得现款的一种资金融通方式。

(3)国际租赁融资。租赁是指出租人把某种物品出租给承租人在一定时期内使用,并按合同规定收取租金。国际租赁是指不同国籍当事人之间的租赁。对承租人来说,国际租赁是一种筹措外资的方式,其优点是灵活性大,受通货膨胀的影响小,且有利于更新机器设备,使用很普遍。

国际租赁融资的具体操作程序是:在不同国籍公司之间,先由租赁公司出资把机器设备购入或租进,然后出租给承租公司,并按合同规定收取租赁费。国际融资租赁一般合同期限较长,签约后不能随意解约,租赁物的修理、保养等均由承租公司负责。租赁合同期满后,承租人可按合同规定把设备退还给租赁公司或继续租赁,也可以按合同规定以象征性价格把租赁物购买下来,并办理产权转移手续。租赁业务种类繁多,主要有经营性租赁和融资性租赁,还有维修租赁、杠杆性租赁、售后回租性租赁和综合性租赁等。

3.短期融资

通常是指期限在一年内的融资方式,其具体形式可分为:短期贷款、商业信用融资、无担保银行贷款和有担保银行贷款。

(三)跨国公司的国际资金运用

国际资金运用是指跨国公司在国际经营活动中对所持资金的管理。国际资金运用职能是:从整个公司立场谋求最佳财务效果,减少公司的全面性资金成本及公司资产的全面性风险。其内容包括:长期投资、证券投资、长期放款、流动资金的经营等。

1.长期投资

长期投资指的是长期投资财务决策分析及比较不同投资计划的预期报酬。制定长期投资财务决策,一般分三个步骤:第一步,评估投资计划所涉及的各项交易的预期汇率,确定融资计划和预期投资风险;第二步,预测投资计划利润汇回金额、汇率及纳税问题;第三步,比较各种不同投资计划的效益。通常采用的标准是"净现值",即指投资方案在使用年限内的总收益现值与总费用现值之差,也可表示为使用期内逐年收益现值之总和。其方法如下。

(1)单一目标贴现率,即公司的资金来源和运用从全球观点出发,哪里借款最有利即从哪里借款,哪里最需要资金即向哪里投资。

(2)按不同的国家或不同的计划,采用"各管各"的资本成本及贴现率。

2.证券投资

证券投资是长期战略的一个组成部分。公司采用证券投资形式向外提供贷款,同时,以该形式作为重要资金来源。这种投资形式可能会增加投资项目的盈利性。通常规模大的投资项目要求在它们的金融结构中有大量的证券资本。但是,能否获得大量证券资本的前提条件是:保证贷款者即使在价格下降时或其他不利情况下,所有借款能够得到如数偿还。因此,在世界经济出现回升势头后,各国资本市场上的股票及有价证券交易相继活跃。

一般说来,一项大的投资项目,例如筹建一个大的采矿项目,可能需要 5~10 亿美元总投资,其中 40%~60% 为证券投资。这样大笔金额很难指望一家公司单独承担,需要形成一个贷款集团。但是,将抱有不同目标和期望的证券投资者组合在一起,为一个项目提供证券资金时,其中的管理工作将是十分复杂和困难的。

长期放款是跨国企业国际资金运用的又一项内容。跨国公司将闲置资金投放市场进行长期放款生利。但是各公司往往都有意识地隐瞒这方面的活动,利用跨国银行转手贷款,公司事先将资金存入此类银行,再由银行出面贷款。若贷款给国外子公司,还会起到避免或减少风险的好处。因为东道国政府为顾及本身形象,并不限制当地的外国子公司向国际性银行支付贷款利息。反之,东道国政府可以以种种借口限制此类子公司支付贷款本息给母公司。

# 第三节　跨国公司外汇风险管理

## 一、跨国公司外汇风险概述

外汇风险有广义和狭义之分,广义的外汇风险是指由于汇率、利率变化以及交易者到期违约或外国政府实行外汇管制给外汇交易者可能带来的经济损失或经济收益;狭义的外汇风险仅指因两国货币汇率的变动给交易双方中任何一方可能带来的损失或收益。本节所讨论的外汇风险主要是指狭义的外汇风险。

通常将承受外汇风险的外汇金额称为"受险部分"或"暴露部分",也就是说,如果作定量分析的话,可通过分析外汇的暴露程度来判断外汇风险的大小。例如,如果某跨国公司资金部的一位负责人称他们在欧元方面有 100 万美元的正暴露,那就是说,欧元若升值10%,该公司将受益 10 万美元;欧元若贬值 10%,该公司将会损失 10 万美元,因此,暴露的这部分外汇,就处于风险状态。外汇交易之所以会产生风险是因为有一部分外汇可能会处于暴露状态,即因为有外汇暴露才导致了外汇风险。外汇暴露度是确定的,而外汇风险程度是不确定的。

如果从风险的主体发生损失的可能性来进行分析和研究,外汇风险主要是指在一定时期内,在持有或运用外汇的场合,因汇率变动而给有关主体带来损失的可能性。外汇风险主要由三种要素构成:一是本币,因为本币是衡量一笔国际经济交易效果的共同指标,外币的收付均以本币进行结算,并考核期间经营成果;二是外币,因为任何一笔国际经济交易必然涉及外币的收付;三是时间,因为国际经济交易中,应收款的实际收进,应付款的实际付出,借贷本息的最后偿付,都有期限,即时间因素。在确定的期限内,外币与本币的折算汇率可能会发生变化,从而产生外汇风险。

## 二、跨国公司外汇风险的类型

外汇风险基本上可以分成四大类:经济风险、交易风险、会计风险和储备风险。

### 1. 经济风险

经济风险也称营运风险,是指由于预料之外的汇率变动影响企业的产品成本、价格和销售量等企业价值的变化,使企业在未来一定时期内可能发生收益减少的潜在性风险。

经济风险强调的是企业预期中长期的现金流量或汇率变动的局限性。风险的大小取决于汇率变化对企业产品的未来价格、销售量以及成本的影响程度。企业未来的纯收益由未来税后现金流量的现值来衡量,这样,经济风险的受险部分就是长期现金流量,而实际上经济风险受汇率变动的影响具有不确定性。例如,当本国货币贬值时,会因出口商品的外币价格下降而刺激出口,从而使出口收益额增加,而如果出口商在生产中所使用的主要原材料是进口品,本国货币贬值会提高以本币表示的进口品的价格,出口品的生产成本又会增加,其结果有可能使出口商在将来的纯收益下降,这种未来纯收益受损的潜在风险即属于经济风险。

经济风险的分析是一种概率分析,它是企业从整体上进行预测、规划和进行经济分析的一个具体过程,其中必然带有主观成分。因此,经济风险是来源于经济分析,而不是出自会计程序;潜在的经济风险直接关系到海外企业经营的效果或银行在海外的投资收益,因此对于一个企业来说,经济风险较之其他外汇风险更为重要。分析经济风险主要取决于预测能力,预测是否准确直接影响生产、销售和融资等方面的战略决策。

### 2. 交易风险

交易风险是指在合同规定运用外币进行计价收付的交易中,经济主体因外汇汇率变动而引起损失的可能性。这种风险的存在必须是现金流量以外币计算,并且发生在未来日期。交易风险包括以下 3 种情况。

(1)外币结算风险,又称交易结算风险,是指一般企业以外币计价进行贸易和非贸易交易时,由于外币与本币的比值发生变化而引起亏损的风险。在国际经济贸易中,贸易商无论是以即期支付还是延期支付都要经历一段时间,在此期间,如果汇率的变化给交易者带来损失,就产生了交易结算风险。例如,以美元结算时,中国出口价值为 1 万美元的商品,在签订合同时汇率为 1 美元 = 6.30 元人民币,出口商可收 1 万美元(6.3 万元人民币)的货款。若延期付款,付款时汇率为 1 美元 = 6.20 元人民币,则中国出口商结汇时的 1 万美元只能换回 6.2 万元人民币,出口商因美元下跌损失了 0.1 万元人民币。相反,结汇时若以人民币计价,则进口商支付 6.3 万元人民币,兑换为 1.016 万美元,即进口商因汇率变动要多支付 0.016 万美元。

(2)外汇借贷风险,是指经济实体以外币计价进行外汇投资和外汇借贷过程中所产生的风险。

(3)外汇买卖风险,是指从事外汇买卖的外汇银行、有外汇收付的企业或个人在外汇买卖过程中有外汇敞口,因汇率变动而蒙受损失的可能性。这种风险是以买进或卖出外汇,将来又必须卖出或买进外汇为前提而存在的。比如说,把以 1 欧元 = 1.208 2 美元的汇率买进的欧元以 1 欧元 = 1.207 1 美元的汇率卖出,1 个欧元的交易就会发生 0.001 1 美元的买卖亏损,蒙受这种损失的可能性在当初进行外汇交易时就产生了,这就是外汇买卖风险。

### 3. 会计风险

会计风险又称外汇评价风险或折算风险,它是指企业进行外币债券、债务结算和财务报表的会计处理时,对于必须换算成本币的各种外汇计价项目进行评议所产生的风险。这一风险来源于企业合并一切国际业务的财务报表时的法定要求。企业会计通常是以本国货币表示一定时期的营业状况和财务内容,这样,企业的外币资产、负债、收益和支出,都需按一定的会计准则换算成本国货币来表示,在换算过程中会因所涉及的汇率水平不同、资产负债的评价各异、损益状况不一样而产生风险。例如,我国一家跨国公司在美国的子公司于年初购得一笔价值为1万美元的资产,按当时汇率1美元 = 6.3 元人民币计算,这笔美元价值为6.3万元人民币,到年底,汇率变化为1美元 = 6.2 元人民币,于是在年底给跨国公司的财务报表上,这笔美元资产的价值仅为6.2万元人民币,比开始时资产价值减少了0.1万元。可见,折算风险的产生是由于折算时使用的汇率与当初入账时使用的汇率不同,而导致外界评价过大或过小。

### 4. 储备风险

所有外汇业务活动交易者不论是国家政府、外汇银行还是企业,为了弥补国际收支和应付国际支付的需要,都需要有一定的储备,其中相当大的部分是外汇储备。在外汇储备持有期间,若储备货币汇率变动引起外汇储备价值发生损失就称为储备风险。为了防止外汇储备风险,可以在外汇储备中使货币品种适当分散,保持多元化,根据汇率变动和支付需要,随时调整结构,是风险减小到最低限度。

## 三、跨国公司外汇风险的预测

外汇风险的预测主要是对汇率的预测。能够准确地预测货币汇率变化趋势是避免外汇风险或进行外汇投机的首要前提。在浮动汇率制度下,汇率变化基本上取决于外汇市场上对各种货币的供求。影响供求的因素是多种多样的,不但涉及一个国家的货币购买力、经济发展趋势、经济政策的变化、国际上的突发事件、某个国家对外国货币的供求,还涉及另一个国家,甚至全世界经济、贸易、金融及政治形势的变化。因此,预测汇率的变化需要系统地掌握以下各方面情况。

### (一)汇率理论

目前,国际上普遍认定的汇率理论主要有以下两种。

#### 1. 传统的汇率理论

在20世纪70年代以前实行金本位制和固定汇率制的时期,为解释汇率变动的原因及汇率变化对国际贸易的影响,西方经济学家进行了长期深入的研究,提出了国际借贷理论(又称国际收支理论)、汇兑心理理论、购买力平价理论等几种典型的汇率理论,此外还提出了多种学说,从不同角度阐述汇率的决定因素及其波动。特别是购买力平价理论。至今仍有许多汇率专家对它进行新的评价和探讨,并在原论著的基础上取得了重大的进展。

#### 2. 现代汇率理论

自从实行浮动汇率制以来,现代汇率理论得到了迅速的发展,西方经济学家作了最大的理论分析和统计验证,出现了各种学派,其中,利率平价理论、资产组合平衡理论的影响最大。汇率的决定是一个十分复杂的问题,在经济活动中,影响汇率变动的因素是多方面的。其中,一国经济实力的变化与宏观经济政策的选择,是决定汇率长期发展趋势的根本

原因。在外汇市场中,市场人士都十分关注各国的各种经济数据,如国民经济总产值、消费者物价指数、利率变化等。只有清楚地认识和了解各种数据、指标与汇率变动的关系和影响,才能进一步找寻汇率变动的规律,主动地在外汇市场寻找投资时机和防范外汇风险。因此,汇率理论为外汇风险的预测提供了理论基础。

### (二)影响汇率的因素

在经济活动中有许多因素影响汇率的波动,归纳起来主要有以下几个方面。

**1. 国际收支状况**

国际收支状况是决定汇率趋势的主导因素。国际收支是一国对外经济活动中的各种收支的总和。一般情况下,国际收支逆差表明外汇供不应求。在浮动汇率制下,市场供求决定汇率的变动,因此国际收支逆差将引起本币贬值、外币升值即外汇汇率上升。反之,国际收支顺差则引起外汇汇率下降。国际收支变动决定汇率的中长期走势。但现在美国的巨额贸易逆差(赤字)不断增加,美元却保持了较长期的强势。这是很特殊的情况,也因此是经济学家和市场人经常讨论和研究的课题。

**2. 国民收入**

一般来说,国民收入增加,促使消费水平提高,对本币的需求也相应增加,如果货币供给不变对本币的额外需求将提高本币价值,造成外汇贬值。当然,国民收入的变动引起汇率贬值还是升值,要取决于国民收入变动的原因。如果国民收入是因增加商品供给而提高,则在一个较长时间内该国货币的购买力得以加强,外汇汇率就会下跌。如果国民收入因扩大政府开支或扩大总需求而提高,在供给不变的情况下,超额的需求必然要通过扩大进口来满足,这就使外汇需求增加,外汇汇率就会上涨。

**3. 通货膨胀率的高低**

通货膨胀的高低是影响汇率变化的基础。如果一国的货币发行过多,流通中的货币量超过了商品流通过程中的实际需求,就会造成通货膨胀。通货膨胀使一国的货币在国内购买力下降,使货币对内贬值。在其他条件不变的情况下,货币对内贬值必然引起对外贬值。因为汇率是两国币值的对比,发行货币过多的国家,其单位货币所代表的价值量减少,在该国货币折算成外国货币时,就要付出比原来多的该国货币。

通货膨胀率的变动,将改变人们对货币的交易需求量以及对债券收益、外币价值的预期。通货膨胀造成国内物价上涨,在汇率不变的情况下,出口亏损,进口有利。在外汇市场上。外国货币需求增加,本国货币需求减少,从而引起外汇汇率上升,本国货币对外贬值。相反,如果一国通货膨胀率降低,外汇汇率一般会下跌。

**4. 货币供给**

货币供给是决定货币价值、货币购买力的首要因素。如果本国货币供给减少,则本币由于稀少而更有价值。通常货币供给减少与银根紧缩、信贷紧缩相伴而行,从而造成总需求、产量和就业下降,商品价格也下降,本币价值提高,外汇汇率将相应地下跌。如果货币供给增加,超额货币则以通货膨胀形式表现出来,本国商品价格上涨,购买力下降,这将会促进相对低廉的外国商品大量进口,外汇汇率将上涨。

**5. 财政收支**

一国的财政收支状况对国际收支有很大影响。财政赤字扩大,将增加总需求,导致国际收支逆差及通货膨胀加剧,结果是本币购买力下降,外汇需求增加,进而推动汇率上涨。

当然,如果在财政赤字扩大时,在货币政策方面辅之以严格控制货币量、提高利率的举措,反而会吸引外资流入,使本币升值,外汇汇率下跌。

总之,影响汇率的因素是多种多样的,当然除了以上几种义务外,还包括如利率、各国汇率政策以及政治因素等。这些因素的关系错综复杂,有时这些因素同时起作用,有时个别因素起作用,有时甚至起到互相抵消的作用;有时这个因素起主要作用,另一个因素起次要作用。国际收支的状况和通货膨胀是决定汇率变化的基本因素,利率因素和汇率政策只能起从属作用,即助长或削弱基本因素所起的作用。一国的财政货币政策对汇率的变动起着决定性作用。在各国的货币政策中,将汇率确定在一个适当的水平已成为政策目标之一。通常,中央银行运用三大政策工具——存款准备金政策、贴现政策和公开市场政策来执行货币政策,而投机活动只是在其他因素所决定的汇价基本趋势的基础上起推波助澜的作用。

## 四、跨国公司外汇风险管理技术

为了减少外汇风险,财务经理应选择和运用一些行之有效的套头保值技术或方法。

### 1. 远期市场套头保值

套头保值,就是指在外汇市场上经由期货合同,先行买进或卖出未来外汇期货,以备到期时有确定数额的外汇或能够收到有确定数额的本国货币,以支付对方或经由外汇现货市场先行借进外币,将其换成本国货币加以运用或生息。当本身所预期的外汇收入到期时,即以其归还此笔外币借款。在期货或现货外币交易中,两种不同合约必须吻合,才能免去汇兑损失风险。它用抵消性安排来避免或减少风险,使某一外汇合同所失去的,能由另一种抵消性合同所收回,所以也称之为"对冲"。在远期市场上的套头保值。是最典型的套头保值。例如,某跨国公司以现行汇率购进美元的同时签订合同,于3个月后在远期市场卖出同样数量的美元。如果美元贬值,公司持有的美元会遭到损失,但在远期销售时,可以把这笔损失赚回来;如果美元升值,则公司在远期交割时亏损,但手中持有的美元却得益。总之,不论哪一种情况,公司都不会遭到损失。

### 2. 货币互换

跨国公司在许多国家设有分支机构,可以利用货币互换作为套头保值的一种形式。货币互换的典型做法是两种货币相互交换,并在一定时期后再重新换回。初期的货币互换,根据现时即期汇率进行;随后的货币再互换也依据同样的货币比价,而不考虑其间外汇汇率的变动。其优点是完全消除了外汇风险。这种安排可能涉及一些边际成本,主要是反映差别利率的差别费用。交易双方以确定的本金交换,并按议定的利率,以未偿还的资本金额为基础进行利息支付,由此会产生成本、货币互换的简单过程。

### 3. 外汇储备

跨国公司保留合理的外汇储备,然后再利用这种储备去抵消外汇市场上无法预料的影响。与一般套头保值不同,外汇储备不是在市场上套头保值,而是利用本公司的资金,进行自我套头保值,以平缓外汇波动的不利影响。外汇储备在某些国家不失为好方法。有些国家资本市场不发达,没有外汇远期市场,且通货膨胀较严重,货币易贬值,因此,调节外汇储备就成为保护收益的主要手段。

### 4. 提前和延迟

在预测汇率将要变动时,加速或推迟应收款和应付款的收付,可以减少风险,增加收

益。例如,母公司预期某国货币将贬值,就要求在该地的子公司增加当地借款,并提前偿付母公司或其他硬货币地区的子公司的应付款;同时,母公司和其他子公司,对货币可能贬值的子公司的应付款则推迟。这样,跨国公司可以减少在弱货币国家的外汇风险。

当然,外汇风险管理技术还有许多,如转移价格、平行贷款、资金经营活动多样化等。资金经营多样化包括资金来源、筹资、投资方式和方向等方面的多样化。多样化能使总体风险减到最低程度,因而在动荡的国际经济环境中常被跨国公司所采用。

## 【本章小结】

跨国公司财务管理是财务管理的一个新的领域,更加突出公司整体的资金使用效率,旨在通过全球化资本配置,追求更高的投资收益和更低的融资资本。跨国公司的财务管理因涉及多种货币及资本市场,相比国内财务管理呈现出内涵更加复杂、目标更加多元化、风险性更低的特点。

## 【思考题】

1. 跨国公司在全球经营的过程中面临哪些外汇风险?
2. 跨国公司外汇管理技术有哪些?
3. 跨国公司财务管理包括哪些内容?
4. 跨国公司的融资方式有哪几种?
5. 如何预测跨国公司外汇风险?
6. 简述跨国公司融资经营的放大效应。
7. 试述跨国公司财务管理体制各种类型的优缺点。

## 【课外阅读】

### 斯沃琪集团转移价格案例分析

斯沃琪集团总部位于瑞士伯尔尼,是世界上最大的手表生产商和分销商,零售额占到全球份额的25%。2001年,它生产了1.14亿块手表、计数器,年销售额达到41.82亿瑞士法郎。斯沃琪总部在全球拥有160个产品制造中心,主要分布在瑞士、法国、德国、意大利、美国、维尔京群岛、泰国、马来西亚和中国。

一场空前的信任危机忽然降临斯沃琪。2004年9月份,两名斯沃琪前雇员向媒体透露:斯沃琪集团亚洲分部多年来通过转让定价策略在全球避税1.8亿美元。受此影响,斯沃琪的股票(UHRN)当天曾一度暴跌11.4%。创下今年以来股价最低点。他们声称,注册地在英属维尔京岛,办公地在中国香港的斯沃琪集团亚洲分部将销往海外其他关联公司的所有产品的价格都人为地进行了大幅度抬高。据二人透露,斯沃琪旗下的欧米茄(OMEGA)牌手表在从亚洲分部销往新加坡关联企业和日本关联企业时,价格分别被抬高了40%和50%。此外,在销往美国和澳大利亚关联企业时,其价格也均有大幅度提高。报告人说,斯沃琪此举的原因在于,亚洲分部的办公地和注册地都是低税区,比起其他关联企业所在地的税负要低得多。从低税区将产品提高价格销往高税区,即可人为地将利润的大部分留在低税地,通过转让定价降低集团的整体税负。

据称,斯沃琪在过去的近6年中利用这种转让定价的手段从美国转移出去大笔利润,逃避了总计100多万美元的美国税收。与此同时,它在澳大利亚和亚洲等地逃避的各国国内

税收和关税的总额超过了 1.8 亿美元、透露人还向媒体提供了斯沃琪集团内部往来的一些电子邮件，其内容显示，斯沃琪集团的高层管理人员曾经力图掩盖非法避税的事实，某财务部官员在电子邮件中建议相关人员删除亚洲分部有关转让定价活动的文件，以免在税务部门进行税收审计时留下什么蛛丝马迹。

斯沃琪当天就予以了反击。8 月 13 日，斯沃琪在其官方网站发表公开声明称，《华尔街日报》和《金融时报》的相关报道"实际上纯粹是公司与两名前雇员之间在雇佣问题上所产生的纠纷"，其原因是"其中一名员工希望得到比合同内约定数额更多的解雇费"。声明中说，这两名前雇员曾是"斯沃琪亚洲地区的区域负责人，分别在中国香港和新加坡工作"，并用括号着重指出，此二人"并非高层执行者"。

针对两名前雇员所披露的通过转让定价避税一事，斯沃琪给出的初步调查结果显示，斯沃琪没有触犯法律。斯沃琪称自己历来严格遵守包括税法在内的各国法律及国际法。另一方面，斯沃琪也在声明中写道："在不违反现有法律、法规的情况下，寻求税收结构的最佳化对所有企业而言已是一种惯例。"转让定价是一个相当复杂的问题，斯沃琪集团在关联企业间使用的任何转让定价策略都并非仅以减少税收为目的，而是为消费者来协调国际间的价格结构，以防止出现有害的平行市场，这种平行市场将引起巨大损失，并需要远比销售高得多的成本。由于转让定价是集团在关联企业间根据整体利益和经营意图人为确定的，而并非在自由竞争市场中由交易双方共同确定，因此随意性很大，这就为关联企业任意操作转让定价、非法逃避税收提供了巨大空间。专家指出，在国际上寻求税收结构最佳化的做法必须要在合理的范围内进行，至于斯沃琪的做法是否在此范围之内，尚有待进一步调查。

转移定价与选择避税地避税，使得跨国公司在不同国家境内的各个子公司的真实经营状况被歪曲，造成各个实体的纳税额与实际盈利水平不符，也为跨国公司逃避高额税负提供了可能。根据税收的"公共产品"性和税收的公平性原则，凡从政府获得利益者就应当负担税收。如果获得利益相同者，应负担相同的税收；获得利益不同者，应负担不同的税收。同时，凡具有相同纳税能力者，应负担相等的税收；不同纳税能力者应负担不同的税收。如果关联企业利用转移定价对利润进行了转移，即使主观上是为企业经营所需，但客观上却逃避了本应缴纳的税收。这不仅有违税收公平原则，而且损害了政府的税收利益。运用转移定价避税成为了跨国公司及关联企业追求利润最大化的一个重要手段，需要对此行为进行法律控制，这是维护国家利益的内在要求，也是各国税收立法的重要组成部分。

# 附　录

## 考　试　大　纲

### 第一部分　课程性质与设置目的

跨国公司概论课程是黑龙江省高等教学自学考试投资管理专业(独立本科段)的必修课,该课程是一门理论联系实际、应用性较强的课程。本课程以跨国公司作为研究对象,对跨国公司经营的理论进行深入探讨,既有一定的理论性,又有较强的实用性。

随着我国改革开放事业的推进与发展,特别是在加入 WTO 之后,我国的对外经济交往和跨国公司与对外直接投资日趋扩大,与各国在贸易、投资、金融、生产、科技、服务等领域交往不断深化,跨国公司对我国的直接投资已成为我国改革开放事业的重要组成部分,跨国公司学校也已成为我国经济学界的一门新兴的重要学科。跨国公司概论这门课程主要包括跨国公司概述、跨国公司经营环境、跨国公司的市场进入模式、跨国公司的组织管理、跨国公司的全球战略及战略联盟、跨国公司的营销管理、跨国公司的人力资源管理、跨国公司并购、跨国公司的技术转让、跨国公司财务管理等内容。

学习跨国公司概论课程的目的在于通过系统学习跨国公司运作与管理的专门知识和典型案例,使学生掌握跨国公司的基本概念和基本原理,掌握跨国公司运作与管理中的一般规律、基本原理和相关技能,初步具备参与跨国公司的实际运作与相关决策,解决跨国经营实际问题的能力。

### 第二部分　课程内容与考核目标

#### 第一章　跨国公司概述

(一)学习目的和要求

通过本章的学习,要掌握跨国公司的定义与划分标准,掌握跨国公司的特征,理解跨国公司的类型,理解跨国公司的作用,了解跨国公司形成与发展的历史。

(二)课程内容

第一节　跨国公司的含义与特征

本节阐述了跨国公司的定义与划分标准,跨国公司的类型、特征以及跨国公司的作用。

第二节　跨国公司的产生与发展

本节介绍了跨国公司产生及发展的各个阶段,阐述"二战"后跨国公司迅速发展的原因。

（三）考核知识点

1.跨国公司的定义。

2.跨国公司的划分标准。

3.跨国公司的类型。

4.跨国公司的特征。

5.跨国公司的作用。

6.跨国公司产生及发展的各个阶段。

（四）考核要求

1.跨国公司的定义

识记：跨国公司的概念。

领会：跨国公司名称的由来。

2.跨国公司的划分标准

领会：跨国公司的三种划分标准。

3.跨国公司的类型

识记：按照经营决策取向、经营项目、按照经营项目划分跨国公司。

领会：各种类型的跨国公司的含义和关系。

4.跨国公司的特征

识记：跨国公司的特征。

5.跨国公司的作用

领会：跨国公司的作用。

6.跨国公司产生及发展的各个阶段

领会：跨国公司的各个阶段。

## 第二章　跨国公司经营环境

（一）学习目的和要求

通过本章的学习,了解国际经济环境对跨国公司的影响,理解国际政治与法律环境对跨国公司的影响,掌握金融环境、国际文化环境对跨国公司的影响。

（二）课程内容

第一节　国际经济环境

本节主要阐述了跨国经营与经济环境,介绍了经济制度及经济发展水平对跨国公司的影响。

第二节　跨国公司金融环境

本节主要介绍外汇与汇率的含义,汇率变动的影响因素,国际货币体系,国际金融市场。

第三节　国际政治与法律环境

本节主要介绍影响跨国公司的政治因素和法律环境。

第四节　国际社会文化环境

本节主要介绍文化的含义及社会文化对跨国公司的影响。

## (三)考核知识点

1. 经济因素。
2. 外汇与汇率。
3. 国际货币体系。
4. 国际金融市场。
5. 政治环境。
6. 文化环境。

## (四)考核要求

1. 经济因素

识记:经济因素的含义。

领会:经济因素的内容。

2. 外汇与汇率

识记:外汇与汇率的含义。

领会:影响汇率变动的因素。

3. 国际货币体系

识记:国际货币体系的含义。

4. 国际金融市场

识记:国际货币市场的类型、国际资本市场的类型。

5. 政治环境

识记:政治环境的特点。

6. 文化环境

识记:文化的定义。

领会:影响跨国公司的社会文化环境因素。

# 第三章　跨国公司的市场进入模式

## (一)学习目的和要求

通过本章的学习,掌握跨国公司进入国外市场的主要方式,掌握影响跨国公司选择跨国进入方式的因素。

## (二)课程内容

第一节　跨国公司市场进入模式的类型

本节主要阐述贸易型市场进入模式、契约型市场进入模式和投资型市场进入模式。

第二节　跨国公司国际市场进入模式的选择

本节阐不同进入模式的内在特征以及影响国际市场进入模式选择的主要因素

## （三）考核知识点

1. 贸易型市场进入模式。

2. 契约型市场进入模式。

3. 投资型市场进入模式。

4. 不同进入模式的内在特征。

5. 影响国际市场进入模式选择的主要因素。

## （四）考核要求

1. 贸易型市场进入模式

识记：直接出口、间接出口的含义。

领会：间接出口的操作方法。

2. 契约型市场进入模式

识记：许可协议、特许经营、OEM、交钥匙工程的含义。

领会：许可协议、特许经营、OEM 的优缺点。

3. 投资型市场进入模式

识记：直接投资进入模式的类型。

领会：合资进入模式和独资进入模式的优缺点和条件。

4. 不同进入模式的内在特征

领会：不同进入模式的内在特征。

5. 影响国际市场进入模式选择的主要因素

领会：影响国际市场进入模式选择的主要因素。

## 第四章  跨国公司的组织管理

## （一）学习目的和要求

通过本章的学习，要掌握跨国公司的法律组织形式，掌握跨国公司组织结构演变的进程中各种形式的内涵和应用条件，理解跨国公司组织结构选择的原则，掌握影响跨国公司组织结构选择的因素，掌握跨国公司管理体制的选择。

## （二）课程内容

第一节  跨国公司的法律组织形式与选择

本节介绍跨国公司的法律组织形式以及跨国公司在国外投资设置生产经营机构时的两种选择。

第二节  跨国公司组织结构的基本形式及选择

本节主要介绍了跨国公司组织结构的演变的各个阶段，跨国公司组织结构的选择原则以及影响跨国公司组织结构选择的因素。

第三节  跨国公司的管理体制

本节主要介绍跨国公司的管理体制类型以及影响跨国公司管理体制的选择的因素。

## （三）考核知识点

1. 股份有限公司形式。
2. 跨国公司组织结构的演变。
3. 跨国公司组织结构的选择原则。
4. 影响跨国公司组织结构选择的因素。
5. 跨国公司的管理体制类型。
6. 跨国公司管理体制的选择。

## （四）考核要求

1. 股份有限公司形式
领会：母公司、分公司、子公司三种组织形式。
2. 跨国公司组织结构的演变
领会：出口部结构、母子公司结构、国际部、全球性的组织结构。
3. 跨国公司组织结构的选择原则
领会：跨国公司组织结构的选择原则。
4. 影响跨国公司组织结构选择的因素
领会：影响跨国公司组织结构选择的因素。
5. 跨国公司的管理体制类型
识记：集权模式、分权模式、混合模式。
6. 跨国公司管理体制的选择
领会：影响跨国公司管理体制的选择的因素。

# 第五章　跨国公司的全球战略及战略联盟

## （一）学习目的和要求

通过本章的学习，要掌握跨国公司全球战略的定义、特征及目标，理解跨国公司采用全球战略的意义，掌握跨国战略联盟的定义、特点，掌握跨国战略联盟的类型，理解组建跨国战略联盟的动因，了解跨国战略联盟的发展趋势。

## （二）课程内容

第一节　跨国公司的全球战略
本节介绍跨国公司全球战略的定义、特征及目标，阐述了跨国公司采用全球战略的意义。
第二节　跨国公司战略联盟
本节主要介绍跨国战略联盟的定义、特点，跨国战略联盟的类型，组建跨国战略联盟的动因以及跨国战略联盟的发展趋势。

## （三）考核知识点

1. 跨国公司全球战略的内涵、特征及目标。

2.跨国公司全球战略的意义。

3.跨国战略联盟的定义、特点。

4.跨国战略联盟的类型。

5.组建跨国战略联盟的动因。

6.跨国战略联盟的发展趋势。

（四）考核要求

1.跨国公司全球战略的内涵、特征及目标

识记：跨国公司全球战略的内涵、特征。

领会：跨国公司全球战略的目标。

2.跨国公司全球战略的意义

识记：跨国公司全球战略的意义。

3.跨国战略联盟的定义、特点

识记：跨国战略联盟的定义、特点。

4.跨国战略联盟的类型

领会：跨国战略联盟类型的七种划分标准。

5.组建跨国战略联盟的动因

领会：组建跨国战略联盟的动因。

6.跨国战略联盟的发展趋势

领会：跨国战略联盟的发展趋势。

# 第六章　跨国公司的营销管理

（一）学习目的和要求

通过本章的学习,要掌握跨国公司的国际产品策略,掌握转移定价的概念、方法及目的,理解分销渠道策略,掌握跨国公司的国际市场促销组合。

（二）课程内容

第一节　跨国公司国际产品策略

本节主要介绍了国际产品的整体概念,阐述了国际产品标准化与差异化策略以及跨国公司新产品开发的定义和过程。

第二节　跨国公司的定价策略

本节重点介绍跨国公司的转移定价的基本概念及方法,阐述了转移定价的目的、手段。

第三节　跨国公司国际分销渠道策略

本节主要介绍跨国公司国际分销渠道模式,阐述了跨国公司国际分销渠道策略和国际分销渠道管理。

第四节　跨国公司国际促销

本节主要阐述了跨国公司的促销组合,包括人员推销、广告、营业推广和公共关系等形式。

## （三）考核知识点

1. 国际产品的整体概念。

2. 现有产品策略。

3. 新产品开发策略。

4. 跨国公司的转移定价的基本概念。

5. 转移定价的方法。

6. 转移定价的目的、手段。

7. 跨国公司国际分销渠道策略。

8. 国际分销渠道的控制与管理。

9. 国际人员推销的概念、类型、结构。

10. 国际广告的含义、策略。

11. 国际市场营业推广的含义及形式。

12. 国际公共关系的含义、主要方式。

## （四）考核要求

1. 国际产品的整体概念

识记：国际产品的整体概念。

2. 现有产品策略

领会：国际产品标准化与差异化策略。

3. 新产品开发策略

领会：跨国公司新产品开发的过程。

4. 跨国公司的转移定价的概念

识记：跨国公司的转移定价的概念。

5. 转移定价的方法

应用：利用以成本为基数的转移定价、以协商加价的转移定价、以市价为基数的转移定价方法为跨国公司的产品定价。

6. 转移定价的目的、手段

领会：转移定价的目的、手段。

7. 跨国公司国际分销渠道策略

领会：分销渠道长度策略和宽度策略。

8. 国际分销渠道的控制与管理

领会：渠道成员的激励、渠道结构的调整、消除渠道冲突。

9. 国际人员推销的概念、类型、结构

识记：国际人员推销的概念、类型、结构。

10. 国际广告的含义、策略

识记：国际广告的含义。

领会：国际广告的策略。

11. 国际市场营业推广的含义及形式

识记：国际市场营业推广的含义。

领会:国际市场营业推广的形式。

12. 国际公共关系的含义、主要方式

识记:国际公共关系的含义。

领会:国际公共关系的主要方式。

# 第七章　跨国公司人力资源管理

## (一)学习目的和要求

通过本章的学习,要掌握跨国公司人力资源管理的内涵、特点,了解跨国公司人力资源管理的典型模式,掌握跨国公司招聘与配置的四种方法,掌握跨国管理人员应该具备的素质和能力,掌握对外派管理人员和对东道国管理人员的培训方法与内容,理解跨国公司人力资源的绩效管理和薪酬管理。

## (二)课程内容

第一节　跨国公司人力资源管理概述

本节介绍了跨国公司人力资源管理的特点、典型模式。

第二节　跨国公司人员的招聘

本节重点介绍跨国公司招聘与配置的方法,跨国公司人力资源的选择标准

第三节　跨国公司人员的开发与培训

本节阐述了对外派管理人员的培训,对东道国管理人员的培训。

第四节　跨国公司人力资源的绩效管理和薪酬管理

本节主要介绍了跨国人力资源绩效管理以及跨国公司人力资源薪酬管理。

## (三)考核知识点

1. 跨国公司人力资源管理的内涵、特点。

2. 跨国公司人力资源管理的典型模式。

3. 跨国公司招聘与配置的方法。

4. 跨国公司人力资源的选择标准。

5. 对外派管理人员和对东道国管理人员的培训。

6. 跨国公司人力资源的绩效管理和薪酬管理。

## (四)考核要求

1. 跨国公司人力资源管理的内涵、特点

识记:跨国公司人力资源管理的内涵、特点。

2. 跨国公司人力资源管理的典型模式

领会:跨国公司人力资源开发与管理的美国模式、日本模式、德国模式、英－荷模式。

3. 跨国公司招聘与配置的方法

领会:民族中心法、多中心法、地区中心法、全球中心法。

4. 跨国公司人力资源的选择标准

领会:跨国管理人员应该具备的素质和能力。

5.对外派管理人员和对东道国管理人员的培训

领会:对外派管理人员和对东道国管理人员的培训方法与内容。

6.跨国公司人力资源的绩效管理和薪酬管理

领会:跨国人力资源绩效管理的过程、影响跨国人力资源绩效管理的因素、跨国人力资源薪酬管理面临的挑战、对于外籍员工的薪酬计划设计应考虑的因素。

# 第八章　跨国公司并购

## (一)学习目的和要求

通过本章的学习,掌握跨国并购的含义及类型,理解跨国并购理论及动因,掌握跨国并购的特点。

## (二)课程内容

第一节　跨国并购概述

本节重点介绍了跨国并购的含义、特点、类型,并阐述了跨国并购的历史演进。

第二节　跨国并购的理论和动因

本节介绍了跨国并购的理论基础、跨国并购的动因以及影响企业跨国并购的因素。

## (三)考核知识点

1.跨国并购的含义及类型。

2.跨国并购的特点。

3.跨国并购理论。

4.跨国并购的动因。

5.影响企业跨国并购的因素。

## (四)考核要求

1.跨国并购的含义及类型

识记:跨国并购的含义。

领会:根据不同的划分方式跨国并购的不同的类型。

2.跨国并购的特点

识记:跨国并购的特点。

3.跨国并购理论

领会:跨国并购理论。

4.跨国并购的动因

领会:跨国并购的动因。

5.影响企业跨国并购的因素

领会:影响企业跨国并购的因素。

## 第九章　跨国公司的技术转让

### (一)学习目的和要求

通过本章的学习,掌握跨国公司国际技术转让的概念、特点,掌握跨国公司技术转让的方式,掌握跨国公司技术转让的定价,掌握跨国公司技术转让的支付方式,掌握跨国公司的技术转让策略。

### (二)课程内容

第一节　技术转让概述

本节主要介绍了技术的含义、分类及特点,阐述了技术转让的含义,跨国公司国际技术转让的特点,影响跨国公司技术转让的因素。

第二节　跨国公司的技术转让方式

本节主要介绍了跨国公司的技术转让方式,包括许可证贸易、技术协助、合作生产、合作研究与开发、交钥匙工程、补偿贸易、管理合同、对外直接投资。

第三节　跨国公司技术转让的定价和支付

本节主要介绍技术转让中的成本和费用,影响技术转让定价的因素,技术转让价格的作价原则,同时重点阐述了跨国公司技术转让的支付方式。

第四节　跨国公司的技术转让策略

本节主要介绍跨国公司技术转让内容的策略选择,跨国公司技术转让方式的策略选择以及跨国公司技术转让时间的策略选择。

### (三)考核知识点

1. 技术的含义、分类及特点。

2. 跨国公司国际技术转让的概念、特点。

3. 影响跨国公司技术转让的因素。

4. 跨国公司技术转让的方式。

5. 跨国公司技术转让中的成本和费用。

6. 影响技术转让定价的因素。

7. 技术转让价格的作价原则。

8. 跨国公司技术转让的支付方式。

9. 跨国公司的技术转让策略。

### (四)考核要求

1. 技术的含义、分类及特点

识记:技术的含义及特点。

领会:技术的分类。

2. 跨国公司国际技术转让的概念、特点

识记:跨国公司国际技术转让的概念、特点。

3. 影响跨国公司技术转让的因素

领会:影响跨国公司技术转让的因素。

4.跨国公司技术转让的方式

领会:许可证贸易、技术协助、合作生产、合作研究与开发、交钥匙工程、补偿贸易、管理合同、对外直接投资。

5.跨国公司技术转让中的成本和费用

领会:跨国公司技术转让中的成本和费用包含的内容。

6.影响技术转让定价的因素

领会:影响技术转让定价的因素。

7.技术转让价格的作价原则

领会:技术转让价格的作价原则。

8.跨国公司技术转让的支付方式

应用:一次总付的原理及应用,提成支付的原理及应用,入门费加提成的原理及应用。

9.跨国公司的技术转让策略

领会:跨国公司技术转让内容的策略选择,跨国公司技术转让方式的策略选择以及跨国公司技术转让时间的策略选择。

# 第十章　跨国公司财务管理

## (一)学习目的和要求

通过本章的学习,要掌握跨国公司财务管理的内容、目标和特点,理解跨国公司财务管理体制的类型,掌握跨国公司融资经营的放大效应、资金的来源以及融资方式,掌握跨国公司外汇风险的类型、预测和管理技术。

## (二)课程内容

第一节　跨国公司财务管理概述

本节主要介绍跨国公司财务管理的内容、目标、特点及体制。

第二节　跨国公司的融资管理

本节主要介绍公司融资经营的放大效应,跨国公司经营资金的来源,跨国公司的融资决策。

第三节　跨国公司外汇风险管理

本节主要介绍跨国公司外汇风险的类型,跨国公司外汇风险的预测,跨国公司外汇风险管理技术。

## (三)考核知识点

1.跨国公司财务管理的内容、目标、特点及体制。

2.跨国公司融资经营的放大效应。

3.跨国公司经营资金的来源。

4.跨国公司的融资决策。

5.跨国公司外汇风险的类型。

6.跨国公司外汇风险的预测。

7.跨国公司外汇风险管理技术。

（四）考核要求

1.跨国公司财务管理的内容、目标、特点及体制
识记:跨国公司财务管理的内容及特点。
领会:跨国公司财务管理的目标及体制。
2.跨国公司融资经营的放大效应
领会:结构放大效应、交易放大效应、市场放大效应、融资放大效应、时间放大效应、效益放大效应。
3.跨国公司经营资金的来源
领会:来自公司集团内部的资金、来自公司母国的资金、来自东道国的资金、来自国际社会的资金。
4.跨国公司的融资决策
识记:跨国公司的融资方式。
领会:跨国公司融资决策的依据。
5.跨国公司外汇风险的类型
识记:经济风险、交易风险、会计风险和储备风险。
6.跨国公司外汇风险的预测
领会:跨国公司外汇风险的预测。
7.跨国公司外汇风险管理技术
领会:远期市场套头保值、货币互换、外汇储备、提前和延迟。

# 第三部分　有关说明与实施要求

为了使本大纲的规定在个人自学、社会助学和考试命题中得到贯彻与落实,现对有关问题作如下说明,并进而提出具体的实施要求。

（一）关于"课程内容与考核目标"中有关提法的说明

为使考试内容具体化和考试要求标准化,本大纲在列出考核内容的基础上,对各章规定了考核目标,包括考核知识点和考核要求。明确考核目标,使自学应考者能够进一步明确考试内容和要求,更有目的地系统学习教材;使考试命题能够更加明确范围,更准确地安排试题的知识能力层次和难易程度。

本大纲在考核目标中,按照识记、领会、应用三个层次规定其应达到的能力层次要求。这三个层次是循序渐进的。各个能力层次的含义如下。

识记:能知道有关的名词、概念、知识的含义,并能正确认识和表达。这是低层次的要求。

领会:在识记的基础上,能全面把握基本概念、基本原理、基本方法,能够掌握有关概念、原理、方法的区别与联系。这是较高层次的要求。

应用:在领会的基础上,能运用基本概念、基本原理、基本方法来分析和解决有关的理论与现实问题。这是最高层次的要求。

## (二)关于学习教材与主要参考书

1.学习教材:

《跨国公司概论》主编 曲慧梅,丛丽,杨晓丹,史春蕾.哈尔滨工程大学出版社,2015年版.

2.推荐参考教材:

[1]张玮,张宇馨.跨国公司概论[M].北京:清华大学出版社,2013.

[2]卢进勇,刘恩专.跨国公司理论与实务[M].北京:高等教育出版社,2013.

[3]崔日明,徐春祥.跨国公司经营与管理[M].北京:机械工业出版社,2009.

## (三)自学方法指导

1.自学应考者在开始阅读指定教材某一章之前,先翻阅大纲中有关这一章的考核知识点及对知识点的能力层次要求和考核目标,以便在阅读教材时做到心中有数,有的放矢。

2.阅读教材时,要逐段细读,逐句推敲,集中精力,吃透每一个知识点,对基本概念必须深刻理解,对基本理论必须彻底弄清,对基本方法必须牢固掌握。

3.在自学过程中,既要思考问题,也要做好阅读笔记,把教材中的基本概念、原理、方法等加以整理,这可从中加深对问题的认知、理解和记忆,以利于突出重点,并涵盖整个内容,可以不断提高自学能力。

4.完成书后作业和适当的辅导练习是理解、消化和巩固所学知识、培养分析问题、解决问题及提高能力的重要环节,在做练习之前,应认真阅读教材,按考核目标所要求的不同层次,掌握教材内容,在练习过程中对所学知识进行合理的回顾与发挥,注重理论联系实际和具体问题具体分析,解题时应注意培养逻辑性,针对问题围绕相关知识点进行层次(步骤)分明的论述或推导,明确各层次(步骤)间的逻辑关系。

## (四)对社会助学的要求

1.社会助学者应根据本大纲规定的考试内容和考核目标,认真钻研指定的教材,明确本课程与其他课程不同的特点和学习要求,对自学应考者进行切实有效的辅导,引导他们防止自学中的各种偏向,把握社会助学的正确方向。

2.正确处理基础知识与应用能力之间的关系,努力引导自学应考者将识记、领会同应用联系起来,将基础知识和理论转化为应用能力,在全面辅导的基础上,着重培养和提高自学应考者分析和解决问题的能力。

3.要正确处理重点和一般的关系。课程内容有重点与一般之分,但考试内容是全面的,而且重点与一般是相互联系的,不是截然分开的。社会助学者应指导自学应考者全面系统地学习教材,掌握全部考试内容和考核知识点,在此基础上再突出重点。总之,要将重点学习与兼顾一般结合起来,切勿孤立地抓重点,把自学应考者引向猜题押宝的歧途。

## (五)关于考试命题的若干要求

1.本课程的命题考试,应根据本大纲规定的考试内容来确定考试范围和考核要求,不要任意扩大或缩小考试范围,提高或降低考核要求。考试命题要覆盖到各章,并适当突出重点章节,体现本课程的内容重点。

2.本课程在试题中对不同能力层次要求的分数比例,一般为:识记占20%,领会占30%,简单应用占30%,综合应用占20%。

3.试题要合理安排难易结构,试题难易程度可分为易、较易、较难、难四个等级。每份试卷中,不同难易度试题的分数比例一般为:易占20%,较易占30%,较难占30%,难占20%。在不同能力层次中都会存在不同难度的问题,切勿混淆。

4.本课程考试试卷采用的题型,一般有:名词解释型、单项选择型、多项选择型、简答题、论述题、案例分析题。各种题型的具体形式如下。

### 考试题型举例

一、单项选择题(在下列备选答案中只有一个是正确的,将其选出并把它的序号写在题干后面的括号内)

1.跨国公司的所有决策,以全公司在世界各地权益的统筹考虑为依据,这样的公司,称作(    )。

A.民族中心型　　　　　　　　B.多元中心型
C.全球中心型　　　　　　　　D.区域中心型

二、多项选择题(在备选答案中有二至五个是正确的,将其全部选出并把它们的编号写在题干后面的括号内。错选或漏选均不给分)

1.技术的特点包括(    )。

A.知识性　　　　　　　　　　B.继承性
C.时间性　　　　　　　　　　D.垄断性

三、名词解释题

1.国际产品的整体概念。

……

四、简答题

1.简述战略联盟的特点。

……

五、论述题

1.试述跨国公司的技术转让策略。

……

六、案例分析题

1.一家家电企业面临国内市场饱和、竞争激烈的局面,希望能通过海外拓展保持企业的发展势头。但公司过去从未外销过产品,缺乏参与海外市场的经验。你认为该公司应采取什么方式打入海外市场?

……

# 参 考 文 献

[1]　李尔华.跨国公司经营与管理[M].北京:首都经济贸易大学出版社,2001.

[2]　卢进勇,刘恩专.跨国公司理论与实务[M].北京:高等教育出版社,2013.

[3]　林康.跨国公司经营与管理[M].北京:对外经济贸易大学出版社,2008.

[4]　崔日明,徐春祥.跨国公司经营与管理[M].北京:机械工业出版社,2009.

[5]　梁秀伶,王虹.跨国公司管理[M].北京:清华大学出版社,北京交通大学出版社,2010.

[6]　张素芳.跨国公司与跨国经营[M].北京:经济管理出版社,2009.

[7]　陈向东,魏拴成.当代跨国公司管理[M].北京:机械工业出版社,2007.

[8]　范黎波,宋志红.跨国经营理论与实务[M].北京:北京师范大学出版社,2011.

[9]　袁林.跨国公司管理[M].北京:清华大学出版社,2012.

[10]　张玮,张宇馨.跨国公司概论[M].北京:清华大学出版社,2013.

[11]　金润圭.国际企业管理[M].北京:中国人民大学出版社,2005.

[12]　杨海涛.国际企业管理学[M].广州:暨南大学出版社,2003.

[13]　许望武.中国外资企业管理[M].北京:北京大学出版社,2003.

[14]　李雪欣.中国跨国公司论[M].沈阳:辽宁大学出版社,2002.

[15]　鲁桐.中国企业跨国经营战略[M].北京:北京经济管理出版社,2003.

[16]　谭立文.国际企业管理[M].武汉:武汉大学出版社,2001.

[17]　滕维藻.跨国公司战略管理[M].上海:上海人民出版社,1992.

[18]　邹昭晞,李志新.跨国公司管理[M].北京:清华大学出版社,2013.

[19]　甘碧群.国际市场营销学 [M].北京:高等教育出版社,2006.

[20]　范应仁.国际市场营销学[M].北京:中国林业出版社,2008.

[21]　程宝栋,宋维明.国际经营学[M].北京:清华大学出版社,2010.

[22]　石建勋,孙小琰.战略规划:中国跨国公司理论、案例、对策、方案 [M].北京:机械工业出版社,2008.

[23]　原毅军.跨国公司管理[M].大连:大连理工大学出版社,2010.

[24]　胡奕明.跨国公司财务案例 [M].北京:中央财政经济出版社,2008.

[25]　林光.跨国企业运作管理 [M].北京:化学工业出版社,2010.